一九八四

莫干山會議

首届中青年经济科学工作者学术讨论会

柳红 编著

人民东方出版传媒
東方出版社

图书在版编目（CIP）数据

1984：莫干山会议 / 柳红编著 .—北京：东方出版社，2019.9
ISBN 978-7-5207-1136-4

Ⅰ . ① 1…　Ⅱ . ①柳…　Ⅲ . ①经济工作—中国—文集　Ⅳ . ① F12-53

中国版本图书馆 CIP 数据核字（2019）第 177470 号

1984：莫干山会议
（1984：MOGANSHAN HUIYI）

编　　者：柳　红
责任编辑：陈丽娜　李鹏飞
出　　版：东方出版社
发　　行：人民东方出版传媒有限公司
地　　址：北京市朝阳区西坝河北里 51 号
邮　　编：100028
印　　刷：三河市金泰源印务有限公司
版　　次：2019 年 9 月第 1 版
印　　次：2019 年 9 月第 1 次印刷
开　　本：880 毫米 ×1230 毫米　1/32
印　　张：15.75
字　　数：265 千字
书　　号：ISBN 978-7-5207-1136-4
定　　价：59.80 元
发行电话：（010）85924663　85924644　85924641

“莫干山丛书”总序

1984年，中国经济改革进入全方位经济制度转型的关键时期。这年9月，在浙江省德清县莫干山召开了“全国中青年经济科学工作者学术讨论会”（史称莫干山会议）。这次会议的主体，是来自全国的中青年经济科学工作者，他们意气风发，思想解放，面对当时改革与开放的重大问题，在深入思考的基础上争论，最终为相关决策提出具有价值的理论依据、思路和方法。在那个年代，关于经济改革方面的学术或者理论研讨会不知多少，绝大多数已经消失在历史的长河之中。而“全国中青年经济科学工作者学术讨论会”，却随着历史的推移，被不断地再认识，再评价。莫干山会议已经逐渐成为那个时代和那代人的一种象征和符号。

值得庆幸的是，28年之后的2012年，在国家发展和改革委员会国际合作中心的推动下，重启莫干山会议（现称“新莫干山会议”），持续至今，并且搭建起了“北京中青年改革与创新论坛”。自2018年开始，“新莫干山会议”形成了春季论坛和秋季论坛模式，春季论坛以北京为主，秋季论坛以浙江德清县为主。

从1984年的莫干山会议到2012年的“新莫干山会议”，所传承的是人们所说的“莫干山精神”。那么，何谓“莫干山精神”？归纳起来，包括“家国情怀”、“责任担当”、“问题导向”、“不拘一格”和“科学态度”。与“莫干山精神”不可分割的还有那个特定时代的“理想主义”，一种对改革开放过程与结果的期望、执着与奉献。

1984年，莫干山会议的参会者平均年龄为34岁，如今，35 年过后，他们步入60岁，70岁，甚至已有多位“逝者”。但是，更多的“70后”“80后”，甚至“90后”参加“新莫干山会议”，继承莫干山会议的历史遗产，突破莫干山会议的历史局限性，并注入以“创新”为核心的新元素，他们正在成长为“莫干山精神”的新生代。

2018年，值中国改革开放40周年之际，由莫干山研究院牵头组织、出版和发行“莫干山丛书”成为新老“莫干山人”的一种共识。“莫干山丛书”的宗旨：针对21世纪即将进入第三个十年、人类生存与发展的环境正在加速变化和日益复杂的历史大格局，立足中国国情，探讨影响构建人类命运共同体的历史经验、思想成果，以及来自经济、技术、社会、文化的跨界性重要课题。

“莫干山丛书”的主要构成：(1)历史板块，涉及中国经济改革开放以来的历史事件、人物及其理论研究；(2)现实板块，涉及中国现实经济、政治、社会和科学技术的重大课题；(3)科学技术板块，涉及科学技术进步与人类社会发展的关系等，例如，“大数据”“人工智能”“区块链”的开发与应用；(4)国际关系板块，涉及世界主要国家经济社会转型的比较研究及“地缘政治”新形态等；(5)文化艺术板块，涉及当代文化艺术和大众传媒的发展及其趋势分析。

一般来说，丛书是指具有特定宗旨并冠之以一个“总名”，结集若干作者撰写的一系列著作的一种“集群式图书”体例。其形式可分为综合型、专门型两大类。“莫干山丛书”属于综合型丛书，其特色包括：(1)开放性和持续性；(2)思想的独创性和方法的跨学科性；(3)主题的多元性及作品的多样性，实现传统图书与电子书、有声书等多种形式的结合；(4)知识性与可读性，推动作者与读者，出版、媒体与教育之间的互动与分享。

“莫干山丛书”的主要读者对象为大学本科生、研究生，以及相关学术工作者、科技人员和大众读者。

2019 年，是“五四运动”100 周年，是中华人民共和国成立70周年，改革开放进入第五个十年，也是莫干山会议召开35周年，“莫干山丛书”选择这个历史时点推出第一套，希望能对中国与世界的发展与进步有所贡献。

莫干山研究院

2019年8月

目　录

代序

朱嘉明　1984 年莫干山会议：为什么被历史所记忆 / 001

上篇　历史寻踪

柳　红　影响改革进程的莫干山会议 / 003

常修泽　史料版 1984 年莫干山会议 / 025

柳　红　历史之棱镜 / 058

刘佑成　莫干山会议始末 / 090

中篇　亲历者说

华　生　莫干山会议的历史作用 / 112

贾　康　欣逢大时代　意气论兴亡 / 124

王小鲁　关于 1984 年莫干山会议的几段回忆 / 135

李罗力　追忆 1984 年莫干山会议 / 141

马小冈　从莫干山会议到京丰宾馆会议 / 147

孔　丹　我起了联络、沟通和推动的作用 / 152

张维迎　能去莫干山开会运气太好 / 157
郝一生　追忆莫干山会议的前前后后 / 167
黄汉江　亦忆莫干山会议 / 176
阎　淮　我在莫干山会议上做青年知识分子问卷调查 / 187
杜　厦　莫干山会议前后与天津中青年经济学家 / 193
张　钢　关于莫干山会议的若干背景情况 / 202
张　钢　莫干山会议会里会外花絮 / 218
徐景安　改革激情与务实精神 / 226
田　源　莫干山会议的前前后后 / 235
阎卡林　一个特别与会者 / 248

下篇　1984 文献

1. 征文启事 / 258
2. 会议文件 / 260
文件 1　会议通知 / 260
文件 2　会议代表名单 / 262
文件 3　会议日程安排 / 275
文件 4　会议开幕式讲话稿 / 277
文件 5　会议情况 / 286
文件 6　七份报告 / 298
之一：《价格改革的两种思路》/ 298

之二：《与价格改革相关的若干问题》/ 317
之三：《企业实行自负盈亏应从国营小企业和集体企业起步》/ 323
之四：《沿海十四个城市对外开放的若干问题的建议》/ 327
之五：《金融体制改革的若干意见》/ 340
之六：《发展和管理股份经济的几个问题》/ 346
之七：《粮食购销体制的改革和农村产业结构的变动》/ 352
文件 7　中青年经济科学工作者学术讨论会论文摘登十八篇 / 363
文件 8　中青年经济科学工作者学术讨论会纪要 / 379
3.《经济日报》报道 / 387
4. 刘佑成工作笔记本（1984.9.3–9.8）/ 388
5. 翟新华日记本（1984.8–9）/ 426
6. 阎　淮　“一代新人在崛起——代表情况简析”/ 451
外一篇　李锐　一代新人的崛起问题 / 460
7. 贾春峰　理论界，一股新风扑来 / 464
8. 莫干山会议图片集 / 467

跋（柳　红）
发现与记忆：围绕莫干山会议的十年叙事 / 472

代序

1984年莫干山会议：为什么被历史所记忆[①]

朱嘉明

1984年莫干山会议，即“中青年经济科学工作者学术讨论会”，已经过去了35年。这个会议不但没有被历史忘记，还一再回到人们的视野中。近年来，关于莫干山会议的研究与讨论多次进入高潮，正是在这样的历史背景下，这本《1984：莫干山会议》得以出版。由此，我们不得不提出这样一个问题：在20世纪80年代，以及之后的二三十年，会议何其多，为什么莫干山会议为历史所记忆？为此，需要讨论几个相关问题。

（一）会议的起源和本质

维基百科中文版的“会议”定义是：“会议是人类社会的一种社交、公关、政治、意见交流、讯息传播及

① 本文的基础是作者在2014年10月“会议的起源、演变、异化——兼谈1984年莫干山会议的特征及意义”讲话整理稿（孔德继整理），作者于2018年8月和2019年8月作过两次修订。

沟通的活动，由两位或多位人士参与。”维基百科英文版的“会议”定义与中文版略有不同，强调了会议通过语言交流，具有实现“共同目标”和达成“协议”的目的：A meeting is a gathering of two or more people that has been convened for the purpose of achieving a common goal through verbal interaction, such as sharing information or reaching agreement。比较维基百科中文和英文关于“会议”的定义，英文定义强调会议的“目的性”和明确语言交流（verbal interaction）的重要性，所以更为完整。

无论如何，两个人或两个以上的人集中在一个空间中，就一个或者若干主题，发生语言交流的过程，即是会议。按照这样的理解，会议的历史一定与人类文明史是同步的。或者说，人类文明的进展，是与会议不可分割的。所以，在古今中外历史上，关于会议，存留了源远流长的大量记载。例如，在古罗马历史、古埃及历史、拜占庭历史中，不乏关于各种会议的记载。世界主要宗教的历史，都是与若干重大的会议联系在一起。例如，公元4世纪和6世纪的两次君士坦丁堡公会议，对基督教历史影响至深。

人类文明需要两个轮子：其一为物质生产劳动，其二是精神与思想生产。问题是，人类最初的劳动可以独立进行，甚至独立完成。但是，精神思想生产从一开始就注定不可能独立进行，因为思想依赖语言，语言需要交流，否则，个体的思想行为很容易枯竭。不仅如此，无论是物质生产还是精神产品，都要“交流”和“交易”。物质产品的交换场所是市场，而思想交流的场所是“会议”。所以，可以认为，“会议”既是精神生产的一种场所，也是精神与思想交流的“市场”。

（二）会议的演变和“异化”

伴随人类文明程度的提高，会议的重要性不断加大，会议形式变得多样化。在古希腊，“对话”就是一种会议形式。古希腊的思想家，天天在一个广场上讲话，并与学生和听众发生对话和互动，在实现外在的传播思想的同时，完成内在的思辨过程。在那个特定的历史环境下，苏格拉底倡导的“问答法”对后世影响很大，至今仍然是一种重要的教学方法；苏格拉底之后的柏拉图“对话”，又有所创新与发展。可以想象，古希腊的思想广场如同利伯维尔场，这里传播的思想如同一个农夫在叫卖他的农产品。

在中国，《诗经》是通过朗读和唱诵得以传播，一般是有听众的。孔子思想的产生与传播、儒学的形成，也是通过“会议”完成的。《论语》其实是孔子与学生对话的记录，或者说，属于会议记录。

需要强调的是：会议最初的功能，就像在市场上卖东西一样，只不过交换的是多样化思想和信息而已。柏拉图的“对话”，体现了会议所需要的思想、语言、自由、平等和开放“五要素”。其中，自由，思想自由和言论自由最为重要。“会议”是一个“场”，一个现在人们常说的“平台”，在这个“场”中和“平台”上，实现人们之间的交流。在上述要素中，开放的氛围、平等的话语权和自由表达是会议得以进行的基本条件。

教育制度与会议的本质相通，通过创建一个“空间”，我们称之为教室，教师和学生在这里互动、交流，当然，以教师为中心。所以，教育实现知识传播的形式是一种特殊的会议。

但是，会议很快“异化”，超出仅仅产生和交换精神与思想产品的范畴，开始与政治、经济、利益相结合。在上古时期，处于优势的蚩尤选择停战言和，与黄帝开会和签订停战盟约，结果是黄帝反败为胜。中国周代青铜器上记载的祭祀，就是以敬天祭神为形式，实则是稳固君权至上、严格宗法制度和强化国家统治的特殊会议。公元前 203 年，项羽和刘邦召开过签署鸿沟和约的会议，双方接受“楚河汉界”，但是，刘邦却从未遵守这个和约。在西汉，著名的“盐铁会议”奠定了影响中国两千年左右的国家“垄断”模式。

工业革命之后，特别是19世纪以来的现代世界的运行，在很大程度上依赖于各种类型和不同规模的会议。会议的种类和数量呈现爆炸性的发展。如今，对会议加以分类是相当困难的。关于会议类别的比较简单的划分是：政治类型、经济（包括商业）类型、科学技术类型和人文科学类型。会议的主体，可以是主权国家、政府、政党、国际组织、非政府组织（NGO），也可以是一所学校、一个公司、一个社区、一个家庭，甚至个人。会议规模，可以从几个人到几千人，甚至更多。会议的结果，可以是协议、宣言、声明、纪要、共识，也可以是论文、思想。关于会议的效果评估，没有一定标准。有的会议对经济、政治、社会产生重大正面影响，有的可能没有效果，甚至有负面效果。关于会议的形式，因为通信技术的不断创新，已经实现了从传统的电话会议到超越时空的智能手机会议的飞跃，而且会议可以在互联网上直播。

值得注意的是，在过去的二三十年间，会议“异化”现象日益严重，会议已经成为价值链不断延长的新兴产业。“会议产业”涉及交通、房地产、住宿、商业、餐饮、购物、娱乐、服装、旅游、广告和印刷等相关产业，具有规模化、集中化、现代化的特征。在会议产业体系中，包括“购买者”、“提供者”、“中介机构”、新闻媒体机构、培训机构等相关组织。伴随着会议商业因素和会议成本的急剧提高，“会议产业”正在成为高收入、高盈利产业。更多会议正变得越来越物质化和奢靡。这是世界性的问题。

当代中国是世界会议大国。中国有了共产党，共产党和会议就有了不解之缘。中国共产党每至关键时刻，甚至生死存亡时刻，几乎都是与重要会议相联系。例如，八七会议、古田会议、遵义会议、瓦窑堡会议、庐山会议、十一届三中全会，以及历届中国共产党全国代表大会，等等。在过去近 70 年中，国家不断现代化，但是，会议始终维系着在治国中的重要地位。会议一般与意识形态、权力和政治有着不可分割的关系。凡是政府会议和事业单位会议，基本以领导报告，或者重要人物讲话为主要形式。会议设有主席台，会议开始还常有特定歌曲、与会者的座次安排。中央电视台新闻联播节目三十分钟里有大量时间是报道关于各种会议的消息。开会成了中国社会的一种治理方式，一种社会运行的基本形式。

（三）莫干山会议的特征

古今中外，很多会议是以开会所在地命名的，莫干山会议也是如此。1984 年中青年经济科学工作者学术讨论会选择的莫干山，包含着对春秋时代莫邪、干将夫妇受命，莫邪最终舍身投入炉中，以血肉之躯使铁水融合，铸成宝剑事迹的尊崇，也包含了对春秋的思想自由和活跃的历史时代的向往。35 年之后重新审视莫干山会议，其最大特点是：

第一，以中青年为会议主体，开创了他们在改革历史中的话语权的历史先河。改革开始于 1978 年，但是，直到召开莫干山会议的 1984 年，就整体而言，话语权基本掌握和控制在当时 50—60 岁，甚至 70 岁左右的那一代人手中。中青年并没有足够的话语权。这里所说的中青年，是指当时 25 岁左右至 40 岁，进入体制内的年轻人，他们中的多数人是帮助领导写文章，修改发言稿。经过“文化大革命”，十年压抑，那些老同志、老先生中，不乏思想解放者，不乏有真知灼见者，但是，主体而言是经验有余，而思想与知识和改革实践脱节，甚至趋于保守。例如，让他们接受商品经济和市场经济，否定计划经济，在观念上需要相当一个过程。改革需要新思维、新理论、新方法和与之相应的行动。那个时期的中青年学人，大部分经历“文革”，反思“文革”，上山下乡，了解社会底层，又重新得到教育机会，学习了新知识、新理论和新思想，且有实干精神和魄力。这个群体是否拥有话语权，对于改革的进程与局面，至关紧要。戊戌变法失败后不久的1900年，梁启超撰写了《少年中国说》，将当时的中国描述为“老大帝国”，歌颂少年的朝气蓬勃，热切希望出现“少年中国”。后来的历史证明梁启超对了，因为改变20世纪的确实是当时的少年。莫干山会议为这代人提供这样一个场所，让当时的中青年们互相认知，建立全新的网络。在一个全国都没有多少部电话的时代，这样的网络，有利于传播新观念和好思想，形成共识和认同。莫干山会议之后，中青年关于改革的话语权得以全面拓展，确实影响了改革生态。当然，这也孕育了这代人后来的分歧以及不同的人生选择。这个问题后人值得研究。

第二，会议实现了思想创新。没有思想的会议是苍白的会议。思想创新确实是莫干山会议的重要特征，创新的范围涉及了中国的发展和开放模式、银行金融体制、物价机制、通货膨胀理论、分配制度、农村改革、企业改革、城市化，等等。创新是一个相对概念，是在当时历史条件下的创新。莫干山会议之所以有如此多的创新，是与会者长期的学习、思考积累，对中国社会长期的经验，对世界竞争新格局的认识，加之会议过程中的大大小小“思想风暴”的结果。莫干山会议的创新创造了一种氛围，与会者同时感受到了创新和分享的双重喜悦，从中实现自己。

第三，全方位实践平等。所谓全方位平等，是说每个参会人都是平等的。会议消除了等级制度，谁都能发言，此时此刻你的性别、职务、年龄都没有意义。平等包括：（1）不同年龄的与会者之间的平等。（2）不同地区之间与会者的平等。（3）会议程序的平等。会议在任何场合都没有根据地位和职务排座次。（4）会议过程的平等。无论有什么样的意见分歧，与会者彼此自觉保持平等地位。人们思想的分歧是永恒的，思想一定是多元的，人和人的平等，本质上是在思想和言论上的平等。人和人可以有知识的差别，但绝不应该有在思想上的歧视。

第四，无时无处不在的自由氛围。会议需要为自由说话创造一个条件，而自由说话一定是自由思想的缘起。任何一个会议，大家见面，总得讲点有意思的东西，讲点思想出来，这需要自由。所以，没有自由的气氛，就没有自由的交流，就没有真正的会议。进一步说，一个成功的会议，在于可以提供一个自由思考与表达的环境，刺激和激发新的思想的产生。如果说莫干山会议是一个“场”，一个“平台”，这是一个自由“场”和自由“平台”，这还不够，还需要自由氛围。为此，需要每个人认同和支持，自觉摆脱各种类型的精神与思想的束缚，有免于各种恐惧的勇气，以及独立思考，自我主见的能力。

第五，注重会议程序公平。莫干山会议自始至终，不论是发言顺序，还是“挂牌辩论”，都注重程序公平。当时，会议组织者并没有读过《罗伯特议事规则》，但是，却自觉地建立了一系列议事规则，满足了在不同课题组间、不同意见的人群间公平地表达机会和充分地交流，既提高了开会效率，也产生了思想成果，并达成和谐。

第六，质朴。会议原本是严肃的场合。严肃需要质朴的元素。在1984年莫干山会议的那个时代，中国是贫穷的，莫干山会议一方面自始至终，有意识地追求简朴、节俭；另一方面，倡导理想，焕发激情，追求精神产品的质量。这样的反差，构成了这个会议的一种独特的“完美”。

应该说，莫干山会议在一定程度上回归了会议的本源功能，全面体现了一个有价值会议所需要的自由、开放、平等、创新、简朴和务实等要素。正因为如此，莫干山会议在那个时代具备了唯一性，甚至是不可复制性。所以，这个会没有被历史遗忘。35年之后，绝大部分参加者步入老年，他们几经历史分化组合，社会角色变了，对原本的“初衷”也有了不同的解读。但是，令人惊奇的是，这些会议的参加者，还会想念莫干山会议，莫干山成了他们心中保存的一个特殊符号，而这个符号的深层则是久违的良知、理想和浪漫。中国的转型道路，漫长而崎岖，需要莫邪、干将夫妇自我牺牲的精神。

现在，每年在中国大地上有多少各种各样的会议，有多少人参加，投入多少资源，难以统计。可以肯定的是，中国无疑是世界上会议数量最多，参与人数最多，密度最大，人均花费会议小时数最长的国家。[①] 不仅如此，相当多的会议，少有讨论，鲜有争论，思想枯竭，形式主义，空洞化。这样的会议不仅造成了时间和金钱的浪费，而且产生了巨大的精神和物质垃圾。人均年参加会议的小时数，一定是惊人的。

1984 年的莫干山会议，代表的是另一种全然不同的会议。近年形成所谓“莫干山会议热”，是很值得注意的现象。呼唤新思维和新思想，是莫干山会议最重要的主旋律。莫干山会议的思想性和政策性成果，随着

① 据中研普华会议行业分析专家撰写的《2014—2018 年中国会议产业行业全景调研与发展战略研究咨询报告（2014 年）》：目前中国每年举办的会议多达几千万场，参加会议的人数达上亿之多，会议产业直接产值一千多亿元，会议带来的交通、餐饮、住宿等相关行业产值超过万亿元，年均增长幅度在 20% 左右。

时间的流逝，会显现出其历史的局限性，甚至过时，但是，莫干山会议精神却会长存。中国的转型任重道远，漫长崎岖，所以，莫邪、干将夫妇的自我牺牲精神，依然值得尊崇与实践。

2019 年 8 月 16 日

上篇　历史寻踪

经济观察报
编辑：张琪
E-mail：zhangqi@eeo.com.cn
美编：唐文静
2008年10月27日

Observer

41 观察家

莫干山会议真相

——记1984年全国中青年经济科学工作者讨论会

在纪念改革开放三十周年的时候，"莫干山会议"一再被提起。这是指1984年9月3日至10日，在浙江省德清县莫干山上召开的第一次全国性的中青年经济科学工作者讨论会。它被称作"经济改革思想史的开创性事件"，是青年经济工作者"第一次集体发声"。这次会议不仅使一批经济学家脱颖而出，走上舞台，也为八十年代的改革提供了重要的思路，引起中央高层领导的重视。"上山"开会甚至成了一种荣耀。

柳红/文

中国改革时期的会议很多，能被记载的很少。而中青年经济学家的两个会议将被载入史册：一个是1984年9月的莫干山会议；一个是1989年3月的京丰宾馆会议。前者，使中青年会崛起，开始影响中国的改革时代；后者则随着那年初夏的历史事件而暂时销声匿迹。开会的人，各奔东西，有的升官了，有的落野了，有的经商了，有的走远了。

在纪念改革开放三十周年的时候，"莫干山会议"一再被提起。这是指1984年9月3日至10日，在浙江省德清县莫干山上召开的第一次全国性的中青年经济科学工作者讨论会。它被称作"经济改革思想史的开创性事件"，是青年经济工作者"第一次集体发声"。这次会议不仅使一批经济学家脱颖而出，走上舞台，也为八十年代的改革提供了重要的思路，引起中央高层领导的重视。"上山"开会甚至成了一种荣耀。

然而，一直被遗忘、忽略或隐去的是，莫干山会议是怎么开始的？复旦大学的张军研究改革思想史，曾专论莫干山会议，但是他说："我没有找到筹划这个会议的更多细节信息"。既然是这么重要的会议，是谁的动意，谁在组织？一句话，谁搭起了这个台子，推出各路青年登台亮相，脱颖而出？今年5月出版的《体改所与政策制定》一书，用了不小的篇幅讲《1984年和莫干山会议》，但是据一位当事人讲，其中错误不少。

因为特殊的机缘，我熟悉莫干山会议的几位发起和组织者。当我萌生了记述这段历史的念头时，得到了他们的支持。除了一对一采访，也有他们相互间的对话、补正，以及不断追加的新的回忆。这个过程很有乐趣。但愿这篇文字能够加深人们对于那个神龙见首不见尾的会议的了解。

谁是发起人？

莫干山会议真正的始作俑者是朱嘉明、刘佑成、黄江南、张钢这四人。为此，我采访了朱嘉明、张钢、黄江南。

1984年，他们多大年纪？在做什么？

朱嘉明33岁，国务院发展研究中心前身国务院技术经济中心经济师。黄江南34岁，国务院技术经济中心助理研究员。他们俩是中国社会科学院研究生院工业经济系第一届硕士，此时，准备参加社科院举办的第一次博士研究生考试。

张钢，35岁，《经济学周报》负责人，中国经济学团体联合会（简称经团联）联络人。

刘佑成，34岁，浙江经济研究中心研究人员。

缘起

谈及莫干山会的缘起，朱嘉明、张钢、黄江南不约而同地想起天津—北京的火车。

黄江南记得，"那时穿得很少，是夏天，我和嘉明等人去天津南开，在火车上说起来。北京青年经济学界已经动起来了，外地青年经济学家还没有。比如，天津的就特别想参加北京的活动。南开的杜厦把天大和南开的研究生组织起来，经常找我们去讲课"。张钢回忆，"我进一步提出全国性的体制改革的意图。这个会以一个响亮的名字流传，叫'全国改革者大会'。

会议锋芒毕露，遭到了中央领导的批评，'凭什么叫改革者大会，难道说参加是改革者，不参加就不是改革者？'"

张钢说："改革者大会后，草木皆兵，这时开会非常扎眼。为了增加合法性，所以才想到用多家新闻机构联名发起的办法。"

9月份的莫干山会是由《经济学周报》、《经济日报》、中央人民广播电台、《世界经济导报》、《中国青年报》、《中国青年》杂志、《中国村镇百业信息报》、《经济效益报》、浙江省社会科学院、浙江省经济研究中心联合发起召开的，声势不可谓不大。

北京市《经济学周报》社。论文不超过八千字，提纲不超过一千字，并请写清作者姓名、性别、年龄和工作单位。

就是这条200字短讯，吹响了一个[illegible]的集结号。

张钢说："会议筹备组由《经济学周报》承担日常组织工作。还有论文组，审阅应征的所有来稿。临时办公室设在中纪委招待所。论文组组长是王小鲁，副组长是周其仁。他们一篇篇过，严明把关。当时我们定了一个原则，一个省选5人，共150人。选文章的过程中，针对郭凡生的反梯度理论，论文组发生了争执。最终，他还是被选上了。他也是从这次会上崭露头角。根据论文，最终选中了124人，其他26人是原来的经济圈儿里有的人。最终，150人+10个领导小组成员+记者组

柳　红

影响改革进程的莫干山会议

——记 1984 年全国中青年经济科学工作者学术讨论会[①]

中国改革时期的会议很多，能被记载的很少。在纪念改革开放三十周年的时候，莫干山会议一再被提起，这是指 1984 年 9 月 3 日—10 日，在浙江省德清县莫干山上召开的第一次全国性的中青年经济科学工作者学术讨论会。它被称作“经济改革思想史的开创性事件”，是青年经济工作者“第一次集体发声”。这次会议不仅使一批经济学家脱颖而出，走上舞台，也为 20 世纪 80 年代的改革提供了重要的思路，引起中央高层的重视。“上山”开会甚至成了一种荣耀。

然而，一直被遗忘、忽略或隐去的是，莫干山会议是怎么开始的？复旦大学的张军研究改革思想史，曾专论莫干山会议，但是他说：“我没有找到筹划这个会

---

① 原载《经济观察报》2008 年 10 月 27 日。作者于 2008 年 9 月 4 日采访朱嘉明、张钢，9 月 18 日采访黄江南。

议的更多细节信息。”[1] 既然这么重要的会议，是谁的动议？谁在组织？一句话，谁搭起了这个台子，捧出各路青年登台亮相，脱颖而出？2008 年 5 月出版的《体改所与政策制定》[2] 一书，用了不小的篇幅讲《1984 年和莫干山会议》。

因为特殊的机缘，我熟悉莫干山会议的几位发起组织者。当我萌生了想记述这段历史的念头时，得到了他们的支持。除了一对一采访，我也听到他们相互间的对话、补正，以及不断追加新的回忆给我。这个过程极有乐趣。但愿这篇文字能够加深人们对于那个神龙见尾不见首的会议的了解。

一、谁是发起人？

莫干山会议真正的发起者是朱嘉明、刘佑成、黄江南、张钢。为此，我采访了朱嘉明、张钢、黄江南。

1984 年，他们多大年纪？在做什么？

---

① “我没有找到筹划这个会议的更多细节信息，但从我手上仅有的资料显示，这个会议是 3 月份以征文的形式开始筹备的。”张军：“莫干山上的价格论战”，载《经济观察报》2007 年 10 月 14 日。

② 凯瑟琳·奎塞著，《体改所与政策制定》，香港：大风出版社 2008 年版，第 86–96 页（Catherine Keyser，2003. *The System Reform Institute and Policy Making. Armonk*，N.Y：M.E. Sharpe.

朱嘉明33岁、黄江南34岁，同是国务院发展研究中心前身国务院技术经济中心经济师、助理研究员。他们俩是中国社会科学院研究生院工业经济系第一届硕士，此时，刚参加完社科院举办的第一次博士招生考试。

张钢，35岁，《经济学周报》负责人，中国经济学团体联合会（简称经团联）联络人。

刘佑成，34岁，浙江经济研究中心研究人员。

二、缘起

谈及莫干山会议的缘起，朱嘉明、张钢、黄江南不约而同地想起从天津至北京的火车。

黄江南记得“那时穿得很少，是夏天，我和嘉明等人去天津南开，在火车上议起来。北京青年经济学界已经动起来了，外地青年经济学家还没有。比如，天津的就特别想参加北京的活动。南开的杜厦把天大和南开的研究生组织起来，经常找我们去讲课”。张钢回忆：“我和嘉明、江南去天津南开和研究生对话，在回来的路上，大家议起，农村改革已经五年了，不进行城市改革配套不行。各地有人才，应该交叉，于是提出召开一次会议。”朱嘉明说：“我认为光靠老一代不行，年轻一代应该登上历史舞台。1984年1月，我去杭州，和刘佑成谈过。莫干山地点是我提出来的。1984年夏，我们去天津支持南开的活动，当时，天津经济学界还没有形成一个集体的力量，从天津回北京的火车上，我口述，张钢写了'关于召开青年经济科学工作者会议的通知'，是用铅笔，在一张破纸上写的。下了火车，直奔月坛北小街2号院3号楼，在二楼会议室，让乔桐封整理，回到2号楼定下来，定稿是乔桐封写的。"

毕竟二十四年过去了，记忆留下来的是一些零碎的片断和画面。翻阅朱嘉明1984年的日记：[①]

> 9月1日—10日
> 生活工作在莫干山
> 全国中青年经济科学工作者学术讨论会自9月3日—9月10日召开，这是我提议，与佑成、江南在今年3月于杭州发起的。会议成功了，感到由衷的欣慰。
> 在莫干山，住329楼。几乎每天早晨都去爬山。我直接组织"对外开放组"的讨论。基本上是成功的。

至此，可以看到，开会的设想最初萌生于朱嘉明的

① 朱嘉明提供。

头脑，然后在杭州和刘佑成、黄江南交换意见后决定下来，接着张钢加入，讨论、启动、落实，张钢成为会议最重要的组织者。

朱嘉明的日记中有1月份在杭州、3月份在北京与刘佑成详谈、见面的记录。显然，刘佑成是使莫干山会议得以召开的人物之一。我先在网上搜索，知他曾任浙江省社科院副院长，还做过公司董事长以及上市公司的独立董事。可是后来的踪迹就没有了。通过杭州的朋友打听，还是没有联系上。

刘佑成（左一）、黄江南（左二）、朱嘉明（左三）、孙皓晖（右）
1984年1月在杭州西湖新新饭店顶楼合影

三、开会有风险

1984年，农村改革已经大有起色，城市改革尚举步维艰。保守势力很强大，思想意识形态依然比较紧张。人们走得小心翼翼，怕踩雷，怕前功尽弃。党内改革派和民间改革者彼此都需要借势而行。

1984年5月，在安徽合肥，由民间发起组织了一个“世界新技术革命浪潮和中国改革研讨会”，温元凯是组织者之一。他们邀请了改革的先锋人物，凤阳县县委书记翁永曦，浙江海盐衬衫总厂厂长步鑫生，鞍山无缝钢管厂厂长王泽普，意在把全国的改革者联合起来，推动社会进步，甚至有进一步推动政治体制改革的意图。这个会以一个响亮的名字流传，叫“全国改革者大会”。

会议锋芒毕露，遭到了中央领导的批评，“凭什么叫改革者大会，难道说参加是改革者，不参加就不是改革者？”

张钢说：“改革者大会后，草木皆兵，这时开会非常扎眼。为了增加合法性，所以才想到用多家新闻机构联名发起的办法。”

1984年9月份的莫干山会议是由《经济学周报》、《经济日报》、中央人民广播电台、《世界经济导报》、《中国青年报》、《中国青年》杂志、《中国村镇百业信息报》、《经济效益报》、浙江省社会科学院、浙江省经济研究中心联合发起召开的，声势不可谓不大。

张钢说：“会议筹备期间搞了一个会议筹备组，我牵头，现在有的书把我写成‘秘书’了。另外，有很多地方称会议有‘核心小组’，其实根本没有，倒是有一个‘领导小组’，由每个发起单位的领导组成。比如《经济日报》总编辑安岗、副总编辑丁望，《经济学周报》总编辑王瑞荪，《中国青年》杂志副总编辑崔维德，《中国村镇百业信息报》社长白若冰等。开这个会，没有领导表态同意，也没有反对。有人好心对我说：‘出了事，我们都可以脱身，你张钢跑不了。’我说，‘没什么，就是把我打倒，我也没有半截砖头高。’”

黄江南说：“浙江经济研究中心承担办会解决了两大难题：一是地方；二是政府研究部门，从而有了合法性。原来只有报社。中国的事儿，得民办官助。我们要找官方支持。”

四、青年还是中年？

“中青年”“中老年”，现在人们叫得顺口。在中文中，过去只有青年、中年、老年。对此，张钢认为他有“发明权”：“会议起个什么名字呢？青年？我们当时 30 岁左右，不是了；中年？不甘心。我记得特清楚，在月坛北小街的办公室里，有一张行军床。那天我躺在床上，屁股冲着墙，脚翘在墙上，身子在床上，我猛一翻身，叫‘中青年’！后来有人说，‘还中少年、中老年呢’，我们不管，就叫‘中青年’！”就这么定了。会议的全称叫“全国中青年经济科学工作者学术讨论会”。

五、谁上莫干山？

参加会议的正式代表有124人，他们是由会议筹备组根据来自全国29个省、市、自治区的1300余篇应征论文挑选出来的。在选拔过程中，不讲关系、不讲学历、不讲职称、不讲职业、不讲“名气”，凭论文水平确认代表资格。这也就构成了莫干山会议的辉煌。

朱嘉明、黄江南、张钢商量要在报纸上征文，以文选人，于是他们在几家报纸发消息。1984年6月12日的《经济日报》上有这样一条：

本报等五单位将召开中青年经济学术讨论会
广泛征集论文邀请入选者作为正式代表出席

本报讯 《经济日报》、《经济学周报》、《世界经济导报》、《中国青年》等报刊和浙江省社会科学院，将于9月上旬在浙江省联合召开“中青年经济科学工作者学术讨论会”。讨论的中心内容是我国经济体制改革中的重大理论问题和现实问题。从本月中旬开始，向全国广大中青年经济科学工作者广泛征集论文。论文入选将作为正式代表应邀出席会议。论文写明“九

> 月征文”字样，寄北京市《经济学周报》社。论文不超过八千字，提纲不超过一千字，并请写清作者姓名、性别、年龄和工作单位。

就是这条220字短讯，吹响了一个摧枯拉朽的集结号。

张钢说：“会议筹备组由《经济学周报》承担日常组织工作。还有论文组，审阅应征的所有来稿。临时办公室设在中组部招待所。论文组组长是王小鲁，副组长是周其仁。他们一篇篇过，嘉明把关。当时我们定了一个原则，一个省选5人，共150人。选文章的过程中，郭凡生的反梯度理论，论文组发生了争执，最终，他还是被选上了。他也是从这次会上崭露头角。根据论文，最终选中了124人，其他26人是原来的经济圈儿固有的人。最终，150人加10个领导小组成员加记者组10人，因为在莫干山开，多给了浙江10个名额。”

“天津《开发报》一个女记者哭闹着要上山，（周）其仁死活不放。后来实在不行，让她上来一晚上，第二天必须离去。总之，非常严格。”

黄江南则说：“一位民族学院的女士，在山下哭了好长时间，非要上来。阻挡她的人说，你又不是发起单位的，又没有论文被选上，凭什么让你上。结果她说：

'我也是搞改革的啊！'拗不过她的执拗，就说让她上来待一天就离开。结果她留了下来。"

这是趣谈。

朱嘉明回忆："报纸发布开会并征文的消息后，全国影响震撼。不断扩大阅稿队伍，高梁很卖力气，还有蒋跃、张少杰。先看文字，不看作者，选文章时再看地点，平衡地点、题目。比如，讨论价格改革的比较多，从中挑选，再考虑地区。张维迎提交的是价格改革的文章，一开始没有被选上，后来又被选上了。郭凡生因为反梯度理论，脱颖而出。"

朱嘉明在1984年8月13日、14日的日记中都记有："晚上在《经济研究》讨论九月会议名单。"一经敲定，立刻通报。

1984年8月25日《经济日报》报道：

> 截至8月15日止，会议筹备组收到了来自全国各地的一千三百多篇论文。论文作者有从事理论研究的专业人员，更多的是在各条战线基层工作、利用业余时间从事理论研究的同志。……有的作者还附函叙述了他们在十分困难的条件下进行学习、探讨的情况，表达了他们关心四化大业愿为改革献计的强烈责任感。

接着是开会的风险问题，黄江南说："政府是由人和部门组成的，有的人本身，就代表了政府。上山的还有总理的秘书李湘鲁、张劲夫的秘书孔丹，以及王岐山。他们来，我们心里踏实了很多。当时不像现在，没几杆大旗不行。没人出文，一切都在正式和非正式之间。"

"在正式和非正式之间"，这话说得妙！回顾来路，每一个预示改革的动作，都穿行于正式和非正式之间。

朱嘉明也一再强调李湘鲁、孔丹、王岐山上山的作用。因为他们很大程度地代表了某些中央领导的态度。

张钢说："实际上这次会议，不单是地方政府和中央级媒体单位作为全国中青年经济学者建言的合法活动平台，同时，中央最高机构也以不同的方式出现，密切关注。也正因为如此，更要求我们在新闻方面要有严格的纪律。我们规定各新闻单位一律不许报道。好在他们基本遵守了这些要求。"

只有中央人民广播电台周平写的会议报道在当天的《新闻联播》中作了广播。《经济日报》会后转发了周平的报道。[①]

---

① 周平、阎卡林、高善罡："全国首次中青年经济科学工作者学术讨论会探讨经济改革的重大理论和现实问题，勇于探索，深入分析，互相切磋，提出了一些值得重视的见解。"载《经济日报》，1984 年 9 月 12 日。

后人大概不理解为什么不让报道。在当时改革和保守势力胶着对峙的时候，要想前进必须谨言慎行，避免树大招风，坏了大事。

《经济日报》副总编辑丁望、《世界经济导报》副总编辑朱杏清、《中国青年》杂志副总编辑崔维德、《中国村镇百业信息报》社长白若冰、《红旗》杂志编辑陈晓梅等都上了山，还有中宣部理论局局长贾春峰、中央财经领导小组办公室娄建、外经贸部研究室田力维、计委经济研究所赵明，等等。浙江省委宣传部部长也参加了会议，他后来再见到张钢时说，如果没有参加莫干山会议，他不会批准曾经热播的电视专题片《新闻启示录》[①]播映。莫干山会议的启蒙作用可见一斑。这是后话。

黄江南记得，上山者中最高级别的干部是马宾，部级，“他的思想很解放，不是职务行为，是个人行为”。

如今年逾九旬的马宾，被奉为“左”派精神领袖。人在历史中，真是此一时，彼一时啊！

---

① 《新闻启示录》编剧张光照，导演张光照、戚健；浙江电视台1984年摄制的电视单本剧。1985年度全国优秀电视剧（第5届）“飞天奖”单本剧一等奖，在20世纪80年代轰动中国。它记录了当年上海交通大学老校长邓旭初所推行的改革，还有浙江的改革先锋步鑫生等。《新闻启示录》遭遇了不同的审查意见。最终，在中央电视台播放，在全国引起轰动，观众要求重播。

六、新鲜的会风

会上没有宣读论文、交换资料、泛泛议论，而是围绕城市经济体制改革，分若干专题，把探讨理论问题和现实问题结合起来，拿出解决问题的办法和建议。

据张钢回忆，莫干山会议的组织分了五个组，第一是领导小组，由各发起单位的领导组成，他们不负责会议的运作，基本也不参与会议任何决定；第二是大会秘书组，负责会议的组织、议题、讨论、简报，最后报告及各项决定等，张钢任秘书长，成员有朱嘉明、黄江南、徐景安、王岐山、王小鲁、周其仁、刘佑成，后来秘书组会议又增加李湘鲁、金观涛，以及各会议分组的部分组长如杨沐、高梁等人；第三是新闻组，由发起新闻单位各出一人组成，《中国青年报》经济部主任陆薇薇任组长；第四是会务组，由《经济学周报》和浙江省经济研究中心负责，组长是张连城和蒋晓玲。此外，最重要的是学术组，组长和副组长是朱嘉明、黄江南、徐景安，成员为各会议分组组长。

开会时间分三段，上午8:30—12:00，下午2:30—5:30，晚上7:30—11:00。

张钢说："那时，我参加好多会，看着老人打隔山炮，任何会都拿着稿子念。这次我们索性提出，论文不许带上山，只带身子来。没人开过这样的会。第一天让大家放羊。”

黄江南说：“具体组织工作张钢花了力气。我和嘉明主要是设计框架，组织项目内容，考虑设几个组，给每个组出题。这些题目都必须是当时国家经济发展和改革面对的尖锐问题，也只有这样才能保证会议的讨论有的放矢、切中要害。由于我们有在国务院咨询部门工作的背景，以及一直参与国家经济建设和改革重大策略的策划工作，因而有基础拿出一套很有挑战性的各分组讨论课题。这些题目奠定了会议的内容、方向和基础，为会议成功奠定了一块基石。第一天，是上山交朋友，三三五五聊天，互相了解。会议分成几个组，每个组有核心的人主持，没有报告，有中心发言，抛砖引玉，大家讨论，去哪个组听都行。”

朱嘉明说：“我们创造了很多新鲜的形式，挂牌讨论，分组，我负责对外开放组。人们分散在各个小楼里，互相串，任意选择自己感兴趣的问题组参加。”

会议开得热火朝天，有时火药味儿十足。从白天到夜里，讨论、争论不休。人们精神亢奋，专注、高强度，不休息，会议结束时，竟有一大半人生了病。

七、成果

莫干山会议的宗旨是“为党和国家献计献策”，中心议题是城市经济体制改革。

早在开会前，张钢和刘佑成在浙江省委的会议室向省委省政府领导报告了会议的目的及准备情况，获得支持，确定了会议的时间与地点。为保障会议顺利进行，实行了一级保卫、食品检验等各项安全措施。会后，秘书组又向浙江省常委作了汇报。

会议期间，省长薛驹及省委省政府的主要领导人都上山看望了与会代表，并看望因劳累过度胃出血卧床的张钢。

开这么大一个全国性会议，讨论经济改革问题，极其引人注目。各个部门都在静观，观风向，看看是不是这伙青年人这回要挨批评。没想到，中央领导不仅重视会议的成果，也开始重视这伙青年。黄江南说：“年轻人的思路比较活跃，虽然不够专业，但是比官僚专业一点，给他们开阔了思路。”

莫干山会议结束后，一些人继续赶写报告，1984 年 9 月 15 日就完成并上报了七份专题报告：

之一：《价格改革的两种思路》

之二：《与价格改革相关的若干问题》
之三：《企业实行自负盈亏应从国营小企业和集体企业起步》
之四：《沿海十四个城市对外开放的若干问题的建议》
之五：《金融体制改革的若干意见》
之六：《发展和管理股份经济的几个问题》
之七：《粮食购销体制的改革和农村产业结构的变动》

这些报告，以一种崭新的文风示人，一改动辄引用马列经典的陈词滥调，从问题出发，提出政策建议。

此时，市场轨道已经开始铺设，价格改革自然成为迫在眉睫的问题。前两年，东欧改革经济学家奥塔锡克来华讲学，就引起并专门讨论过价格问题。这一次，年轻人拿出了比较务实的解决方案。

会议选了几位代表向主管计委和体改委的国务委员张劲夫作了汇报。1984 年 9 月 20 日，张劲夫批示："中青年经济工作者讨论会上提出的'价格改革的两种思路'，极有参考价值。" 10 月 10 日国务院领导批示："'价格改革的两种思路' 很开脑筋。总题目是如何使放、调结合，灵活运用；因势利导，既避免了大的震动，又可解决问题。广东的从改物价管理体制入手，江苏乡镇企业走过的路，协作煤价的下浮，及粮棉油大量搞超购价的结果带来了比例价，都实质上是放、调结合的成功事例。”[①] 此《价格改革的两种思路》，是由徐景安执笔完成的报告。

黄江南说，会议开得很成功，给年轻人造了一番声势，挖掘了一批人才。他也坦言，那些人被选中上山有很大的偶然性。“同等水平的人，我相信大有人在，有的论文入选，取决于看论文的人。而一旦被选中，他的命运就大不一样了，眼界不一样，认识了核心圈的朋友，有渠道了，可以讨论最重要的改革问题。”概括莫干山会议的成果，他讲了四点：第一是涌现了人才；第二是解放了思想；第三是对决策层的又一次影响。早年，国务院领导约见“改革四君子”（翁永曦、王岐山、朱嘉明、黄江南）是第一次老青对话（那次嘉明去安徽开改革会要作报告，没有参加会见）；这次会后，有了第二次老青对话。这表明，年轻人是为国家着想，是支持改革的，不是反革命。当时，大家的眼睛都看着中央的态度；第四，把经济研究和政策研究结合起来，确立了青年是政策研究的主力军。过去，其实没有政策研

① 徐景安：《“双轨制”改革的由来》，载《财经》2008 年第 5 期。

究，所谓政策研究室是大秘书班子，没有独立研究，负责给领导写文件和发言稿。从这次会上可以看到，青年人根据实际情况研究问题，提出政策建议。从那时起，政府开始注重政策研究了。”

不仅国务院领导找了几位青年，国务院发展研究中心主任马洪也找了他们。会后，很多人进入了政府体改部门，比如田源成为国家体改委委员。从西北来的年纪最小的参会者张维迎只有 24 岁，当时在读研究生的最后半年，这年 12 月，他去体改委报到上班了。会后，还有一批人去江西参加价格改革试点工作。

以前，青年人在社会舞台上一直处于被压抑的状态，哪个领域都由老人、权威占据着，论资排辈。比如，在《经济研究》上发表文章的都是经济学界有名气的“权威”，青年基本不可能在刊物上露面。然而，经历了“文革”之后的思想启蒙，青年人有着强烈的参与社会变革的热情和愿望，其“指点江山，激扬文字”的抱负不负民国时期起于青萍草莽的大风英雄。

莫干山会议之后，“中青年”成了被社会广泛承认的改革时代新名词。在《经济研究》编辑部工作，也是参会者的乔桐封说：“‘中青年’很快就成了气候，青出于蓝而胜于蓝。《经济研究》就是从那以后开始刊登青年人的文章。”

《经济日报》1984年9月下旬辟专版《探讨经济改革中的理论问题——中青年经济科学工作者学术讨论会论文摘登》，他们刊登了天津市经济体制改革办公室郭振英的《自负盈亏与企业扩权》，内蒙古自治区党委政研室郭凡生的《谈谈技术的梯度推移规律》，中国人民大学工业经济系吴克的《计划管理中综合运用各种经济杠杆》，南开大学经济研究所常修泽的《从蛇口工业区的开发得到的启示》，上海市科学研究所夏禹龙、谭大骏、陈平、蔡乃中的《沿海开放地带的战略地位》，复旦大学世界经济研究所、《世界经济导报》陆丁、张一宁的《引进外资引力何在》，清华大学、中国社会科学院研究生院的周小川、楼继伟、李剑阁《价格改革无需增加财政负担》、西北大学经济系张维迎的《价格体制改革是改革的中心环节》，国务院价格研究中心田源、陈德尊的《关于价格改革思路的思路》。其他报刊也有发表。

莫干山会议效应像发射波，一波一波地向外扩展。各地政府开始愿意吸纳青年学者的意见，鼓励年轻人冒头。[1] 河南省政府组织河南省经济咨询团，省长刘杰任

---

① 《上海市长邀请年轻经济学家参加论坛》，载《解放日报》1985年1月19日，《湖北鼓励中青年知识分子冒尖》，载《人民日报》，1985年1月8日。

团长，副省长何竹康任副团长，邀请莫干山会议中的一些骨干人员成为他们的咨询顾问，于1984年12月2日在政协礼堂举行聘请仪式，近百位青年经济学家济济一堂，开创了省一级领导和青年经济学家直接沟通对话、直接形成地区发展战略的先河。

有识之士意识到，要把青年经济学家组织起来，为国家的改革开放献计献策，于是体改委组织了中国经济体制改革研究所，以及随后的北京青年经济学会、各地青年经济学会的成立都是这次会议的直接成果。各省“中青年”对于体制改革的研究也越来越多地介入。

会后，与会者照了一张合影，一共183人。除了前排中间20个座位留给出席会议的领导和会议的主要人员外，其余座位没有作特别安排。

另有一张很多人在山路台阶上的合影，因为天凉和生病，许多人纷纷套上炊事员的白制服，形象颇为滑稽。

回过头来再看几位会议的发起人。

张钢因为忙于筹备，几乎没睡，会议后期，胃出血，1984年9月13日由王小鲁和田源护送回京。不久，便做了胃切除手术。会议后的报告撰写工作，由徐景安、朱嘉明、黄江南组织完成。黄江南说：“我和嘉明是闷头干活的。七份报告，我主笔组织写了两份，一份是与蒋跃，另一份是与刘瑜一起写的。”而对于朱嘉明，莫干山会议简直是刻骨铭心。9 月 12 日，他在杭州讨论报告，13 日给浙江省委省政府作改革报告，这时接“母亲病危”电报，当晚乘机回京。朱镕基也在同一架飞机上，彼此还有交谈。然而，他没赶上见母亲最后一面，从莫干山上给母亲寄的明信片成了他自己接收。二十四年过去了，朱嘉明说：“莫干山会，农历八月十五，母亲之死，对于我是三个分不开的历史符号。”

几位莫干山会议的发起人都已年届六十，笑谈当年，一个又一个今天听上去如雷贯耳的名字从他们口中亲切地溜出来，还是那颗热情而年轻的心。至今人们还在不断地提起莫干山会议，是因为这些会议的发起组织者，聪明巧妙地组合了各种支持力量和资源，把会办得有声有色，从而影响了历史。

作为会议的发起者之一的朱嘉明说：“所谓影响历史，是在这个意义上说的：它是时代的，是集体的。莫干山会议之所以成功，除了组织者搭起了一个平台以外，历史已经具备了水到渠成的条件，人们不仅对于改革有普遍的共识，而且经过五年改革，特别是 1977 年恢复高考以后，大学生、研究生开始成长，积累了相当多的人才，他们有超前的想法。风云际会，机缘巧合，否则，这个会既不会成功，也不会产生如此深远的影响。当时关于改革的很多好的想法和思路，并非来自一个人，常常是不约而同，来自很多人。此外，必须注意‘头脑风暴’的作用，相互刺激，互相启发。这是莫干山会议的贡献。”

如果今天能横空出世几位三十岁的青年，打破陈腐，引领一代新人，掀起思想浪潮，直面社会问题，推动社会进步，让三十年后的人们回忆品评，那该多好啊！

常修泽

史料版1984年莫干山会议[①]

20世纪80年代是中国现代史上思想解放、开拓创新的年代，在那个开启改革开放新纪元的年代，发生了若干流传后世的事件。1984年9月3日至10日，笔者有幸参加的“中青年经济科学工作者学术讨论会”（在浙江省德清县莫干山召开，史称莫干山会议）就是其中之一。这次会议不仅是改革开放以来第一次，也是新中国成立以来第一次中青年经济科学工作者的学术讨论会。[②]用历史的眼光来看，在中共十二届三中全会前夜，中国改革所处的关键时期（是继续坚持计划经济体制，还是实行社会主义商品经济体制，当时正处在博弈时刻），由中青年经济学者自己发起、自己组织召开的这次学术讨论会，标志着中国中青年经济学者作为一个

---

① 此文原载《学术研究》杂志2012年第11期。常修泽为中国宏观经济研究院教授、莫干山研究院学术委员会联系主任。本书在收录此文时作者对个别地方作了订正。

②“《经济学周报》总编辑王瑞荪九月三日开幕式讲话稿”，常修泽保存的原始资料。

有时代责任感的群体的历史性崛起。这次会议不仅为此后的改革开放提供了某些重要的思路，也对后世产生了重要影响。

时隔多年之后，莫干山会议一再被提起：在纪念中国改革开放30周年的时候，莫干山会议被称作“中国改革开放三十年三十件大事之一”。继之，有专门论者以莫干山会议为典型和切入点，探讨并展现“八〇年代中国经济学人的光荣与梦想”。[①] 2012年8月，著名经济学家张卓元等著的《新中国经济学史纲（1949—2011）》把笔者撰写的《1984年莫干山会议》列为“史纲”专门一章（第14章），学术界称为《史纲版1984年莫干山会议》。2012年9月，在中共十八大召开前夕，国家发展和改革委员会国际合作中心和《第一财经日报》等单位，重举莫干山会议之旗，在28年前的会议地址举办“中青年改革开放论坛”，堪称一次新的莫干山会议。

那么，1984年的莫干山会议究竟是一个什么会议？都有哪些中青年学者“上山”？会议当时的背景及过程是怎样的？会议到底围绕哪些学术问题展开了理论争

---

① 柳红：《八〇年代：中国经济学人的光荣与梦想》，广西师范大学出版社2010年版。

辩？各方的主要观点是什么？会议的理论成果如何进入中央决策进程？这次会议对后世产生了什么样的深远影响？这些都是学术界乃至社会各界，特别是年青一代颇为关心的问题。作者根据自己亲历和保存的历史资料，以及其他与会朋友的回忆，并参考相关文献，再作一阐述。

一、莫干山会议的背景、筹备及会议召开概况

（一）会议的背景

在大会开幕式上，主办单位之一《经济学周报》总编辑王瑞荪先生在讲话中曾提到会议背景。他说："这次会议是在我国经济体制改革深入发展、经济科学研究十分活跃的情况下召开的。"[①] 笔者当时作为南开大学经济研究所的一名青年研究人员，此前几年恰好在谷书堂教授带领下从事经济体制改革的理论和实践研究。从研究情况看，当时中国经济体制改革确实面临"战略转型"的宏观背景。

1978年12月，中共十一届三中全会作出经济体制改革的决策，开启了改革开放的新时期。最初几年，改

---

① "《经济学周报》总编辑王瑞荪九月三日开幕式讲话稿"，常修泽保存的原始资料。

革主战场在农村，城市只进行了企业层面局部的放权让利试验。到 1984 年，农村改革已有起色，但城市改革总体尚未起步。随着改革的深化，整个国家面临着如何由农村改革和企业局部试点拓展为全面改革的历史性课题。邓小平适时指出："改革要从农村转到城市。"但从当时情况看，由于计划经济体制根深蒂固的影响，加上意识形态原因（在 1983 年"清污"运动中，党内有人把商品经济理论当成"精神污染"来批判），整个改革举步维艰。此时此刻，无论是在理论上还是实践上，都遇到一些前所未有的新情况和新问题。1984 年春节，邓小平视察南方，返京后于 2 月 24 日发表关于特区和增加开放城市的讲话，吹响了进一步改革开放的号角。如何把中国改革开放事业推向新阶段，这一战略任务历史性地落在决策层身上。基于上述背景，中共高层作出决定，拟在 1984 年 10 月召开中共十二届三中全会，对经济体制改革若干重大问题进行讨论和决策。

从理论上来说，当时遇到的突出问题是关于中国经济体制改革的目标模式问题，即到底是继续按照传统的计划经济体制（或计划经济体制的变形"计划经济为主，市场调节为辅"）惯性运作，还是另辟社会主义商品经济新路？本来，在 20 世纪 80 年代初期，学术界就已经提出了以"社会主义商品经济"作为改革的理论依据。

例如，老一代经济学家薛暮桥在《关于经济体制改革的初步意见》的说明中，就指出“现在我们提出现阶段的社会主义经济，是生产资料公有制占优势，多种经济成分并存的商品经济，是对30年来占统治地位的教条的挑战”。但是，这种观点受到党内另一势力的坚决反对。例如，参加中共十二大报告起草的袁木给胡乔木写信说，“绝不能把我们的经济概括成商品经济”，如作此概括，“必然会削弱计划经济”。胡乔木批转了这封信，此后“社会主义商品经济论”受到批判。到1984年起草中共十二届三中全会《关于经济体制改革的决定》时，就不可避免地遇到这一重大问题。据史料记载：“这一文件的起草于1984年6月开始。用了一个多月时间提出了一个提纲，但这个提纲没有脱离原来的‘计划经济为主，市场调节为辅’的调子，当时的中共中央总书记胡耀邦对此很不满意，因此，重新调整了文件起草班子。”[①] 写什么？写“计划经济”，还是写“商品经济”？莫干山会议前夜，国家正面临历史性抉择。

从实践上来说，遇到的问题更多。1984年6月，中央领导提出：“现在更需要的是大胆探索。”为此，在

---

① 常修泽：“史纲版1984年莫干山会议”，张卓元等：《新中国经济学史纲（1949—2011）》（第14章），中国社会科学出版社2012年版，第172.180-185.186-193页。

中共十二届三中全会拟作出经济体制改革决定之前，需要社会各方面，包括中青年经济学者能够“大胆探索”，为中央献计献策。

中共十一届三中全会以后，随着思想解放运动的展开，一批中青年经济学者开始崭露头角，出现了相当多的人才。此时，大体有三支经济科学工作者队伍引人注目。一是高等学校的青年教师和研究生（例如我所在的南开大学经济研究所的青年学者办有“读书会”，探讨世界和中国的发展问题）；二是中国社会科学院及地方社科院青年研究队伍；三是在京的中央和国家部委的相关研究机构，以及挂靠在相关部委、具有民间“基因”的研究组织（如“中国农村发展问题研究组”，简称“农发组”）的青年研究人员。[①] 除上述专业研究队伍外，在民间还有大量关心改革的中青年在执着探索。

这些不同系统、不同方面的经济科学工作者，深深扎根于中国大地（其中有不少亲身经历过农村生活的磨难），对中国社会底层的真实情况有比较深刻的洞察，对传统计划经济体制所造成的经济衰退及人性遭受的压

① 在中央所在地（北京），由各路青年研究人员发起，自发组成了一些中青年学术圈子。我所知道的有：发展组、流通组、宏观组、财政组、金融组、企业观察组、就业与农村改革组、社会保险组等。但因自己毕竟在地方，与之接触不多。只知这些中青年学术圈子人才济济。

抑有比较深切的体会。他们思想解放，知识新颖，他们敢想敢说，提出了不少有价值的见解。例如，20 世纪 80 年代初期，京城青年经济学者朱嘉明、王岐山、翁永曦、黄江南（时称“改革四君子”）提出了《关于中国经济调整与改革若干阶段问题的看法》。[①] 据笔者了解，当时国务院负责同志曾约见上述几位青年学者，就改革开放听取他们的意见。

1983 年，朱嘉明、黄江南和张钢等发起，以《经济学周报》为平台，先后组织了九次“国民经济讨论会”，每次 30—50 人不等，内部讨论不报道，讨论会已经触及当时中国经济的一些深层理论和实践问题，包括宏观经济问题、财政体制问题、金融体制问题、国有企业改革问题以及社会就业问题等。

与此同时，在京城还出版了一批青年学者的著作。除大家比较熟悉的《走向未来》丛书（金观涛等编著）以外，还有《青年文摘》（中国青年出版社出版）等小册子。例如我看到的《青年文摘》之《历史的沉思》一书，其中，就刊登了四篇后来莫干山会议参加者的论文，包括：黄江南的《三十年来我国需求大于供给趋

① 朱嘉明、王岐山、翁永曦、黄江南：《关于中国经济调整与改革若干阶段问题的看法》，载《红旗》（内部文稿）1981 年第 10 期。

势的初步研究》（第 82 页），张钢的《我国现阶段个体所有制经济的类别和性质》（第 94 页），白南生的《试从信息流角度考察分配的形式》（第 70 页），以及李湘鲁的《论文理两科方法论的共同基础》（第 1 页）等。紧接着下一期的《青年文摘》刊登了三篇后来莫干山会议参加者的论文，包括：朱嘉明的《试论基础结构对工业生产经济效果的重大作用》，刘佑成的《劳动力个人所有是按劳分配的基础》，沈水根的《试现代控制论和金融理论研究》等。

类似有价值的成果，在上海、天津、广东、浙江、内蒙古、陕西等地的青年学者中，也有显露。所有这些都为召开莫干山会议提供了坚实的思想和组织基础。

（二）会议的酝酿和筹备

从笔者掌握的历史资料和亲身经历来看，莫干山会议是由中青年经济学者在民间发起、新闻单位和地方研究机构出面主办、中央和国家有关部门相关人员参与和支持的一次“民办官助”会议。中心议题是“城市经济体制改革”。

现有文献表明，“中青年经济科学工作者学术讨论会”的名称及会议地点“莫干山”，是由当时国务院技术经济研究中心（后并入国务院发展研究中心）朱嘉明、浙江省经济研究中心刘佑成、中国社会科学院工业经济研究所黄江南、《经济学周报》张钢等最初商议提出，并得到中共中央书记处农村政策研究室王岐山的支持。

根据四位发起组织者的有关材料，莫干山会议的酝酿发起不是短暂时间内仓促的决定，而是经过几个月的反复酝酿、商议和策划过程。根据我对历史资料的梳理，从北京初步酝酿，到杭州策划商议，再到天津归来北京最后敲定，大体经历如下“三波”过程。

第一波，北京初步酝酿。

据张钢和刘佑成的资料，1983 年底，时任浙江省经济研究中心副主任的刘佑成因公出差到北京，顺便看望《经济学周报》负责人张钢。那次在京相会时，议论到有必要召开一次青年学者会议，探讨发展商品经济、全面推进经济体制改革和对外开放，并为青年学者提供相互交流思想及为改革开放出谋划策的平台。张钢向刘佑成介绍说：“这个想法国务院技术经济研究中心的朱嘉明和中国社科院的黄江南已经说过，咱们是不谋而合。”

第二波，杭州策划商议。

1984 年 1 月，经张钢介绍，朱嘉明、黄江南到杭州与刘佑成相识，交流对改革开放形势的看法，初议了召开学术研讨会问题。3月份，朱、黄又来杭州与刘佑成具体商议了一次。除了他们三位以外，还有一位很有意思的人物。这一位朋友我不认识，后来问朱嘉明，第四位是谁？他告诉我，他叫孙皓晖（长篇历史小说《大秦帝国》的作者），但是他没有参加莫干山会议。在讨论的时候，刘佑成同志提出说，中青年学者开会，不用到别处，就在我们浙江省德清县“有历史文化背景而又清静的莫干山”。

回京后，朱嘉明、黄江南又与张钢、王岐山等商议，并获得支持。这种支持，既包括思想和组织上的，也包括实务上的。

第三波，天津归来北京最后敲定。

说来也巧，会议的酝酿与南开大学经济研究所的青年学者有一定瓜葛。因该所青年的学术活动比较活跃，遂引起京城中青年朋友关注。1984年初夏的一天，朱嘉明、黄江南、张钢来到该所进行学术交流，还与研究生见面座谈。所里的李罗力、杜厦、金岩石和笔者（此时四人都已是研究人员），还有其他同人，出面与之对话，彼此讨论甚欢。讨论中，朱嘉明等露出希望中青年聚会的意思，南开诸君欣然赞同。临别时大家有点依依不舍，南开诸君一直把嘉明、江南、张钢送到天津火车站的月台上。后来得知，正是在“从天津回北京的火车上”，他们形成比较清晰的构思，并起草了关于召开“青年经济科学工作者会议”的有关材料。[1]

在当时的情况下，由中青年经济学者民间主办这样一个全国性的学术讨论会，实有困难。于是采取由中央级新闻单位和地方研究机构出面主办的会议模式。《经济日报》、《经济学周报》、中央人民广播电台、《世界经济导报》、《中国青年报》、《中国青年》杂志、《中国村镇百业信息报》、《经济效益报》、浙江省社会科学院、浙江省经济研究中心等单位参与作为联合主办单位。

为保证会议按流程顺利进行，会议成立筹备工作组。从现存文字材料看，组长：张钢；副组长：徐景安（国家体改委）、黄江南；成员：卢健（中央财经领导小组办公室），周其仁（中国农村发展问题研究组），高善罡（《经济日报》），崔维德（《中国青年》杂志社），陆薇薇（《中国青年报》），朱杏清（《世界经济导报》），周平（中央人民广播电台），刘佑成、王小鲁（《中国社会科学》杂志社），孙祥剑（国家经委财贸综合局），胡世英（《自学》杂志社），周小川（清华大学），卢迈（北

① 柳红：《八〇年代：中国经济学人的光荣与梦想》，广西师范大学出版社 2010 年版。

京经济学院）。

1984年6月12日，《经济日报》在总编辑安岗、副总编辑丁望的主持下，发布了一条颇为引人注目的新闻，题为《本报等五单位将召开中青年经济学术讨论会，广泛征集论文邀请入选者作为正式代表出席》，消息指出："将于9月上旬在浙江省联合召开'中青年经济科学工作者学术讨论会'。讨论的中心内容是我国经济体制改革中的重大理论问题和现实问题。从本月中旬开始，向全国广大中青年经济科学工作者广泛征集论文。论文入选将作为正式代表应邀出席会议。"

这里最值得关注的是"以文选人"的模式。尤其是提出：不讲关系、不讲学历、不讲职称、不讲职业、不讲名气。就是这条"唯才是举""英雄不问来路"的征文启事，给各行各业、各个层面的中青年带来不小的吸引力，在全国各地引起反响。从6月12日向天下"征文"到8月15日，短短两个月内，会议筹备组收到了来自全国各地的1300多篇论文，平均每天20余篇。论文作者既有从事理论研究的专业人员，也有在各条战线基层工作、利用业余时间从事理论研究的人士，反映了他们"位卑未敢忘忧国"、愿为改革大业贡献才智的使命感。

会议筹备组日常工作由北京的中青年学者承担。论文评审组任务繁重，该组组长为王小鲁、周其仁，副组长为朱嘉明、卢迈、宋廷明、高梁。其中，王小鲁负责基本理论方面，周其仁负责农业经济方面，朱嘉明负责工业经济方面，卢迈负责财政金融商经方面，宋廷明和高梁负责宏观经济体制改革方面。由于来稿踊跃，遂扩大阅稿队伍，张少杰、蒋跃、夏小林、高善罡等先后参与审阅。

在选文章的过程中，执行了“以文选人”的原则。经过两个月的认真审阅和选拔，至8月中旬会议敲定名单。除通过论文入选的代表以外，还有一部分是发起、组织、筹备会议的中青年学者和少数当时已经有一定成就的中青年学者。两部分共计124人（笔者现存名单12页）。

笔者曾对这124名代表作了结构分析。按系统分：高等学校38人，约占30%；中国社科院和地方社科院30人，约占24%；政府所属事业性研究机构18人，约占14%；党政机关干部20人，约占16%（如当时在北京市西城区计委工作的马凯）；企业界12人，约占10%；此外还有新闻界等8人，约占6%。按地区分：北京53人，约占42%；上海11人，约占9%；天津7人，约占6%；此外来自改革开放先行地区的代表也较多，如浙江10人、广东8人；陕西、新疆、西藏等西部地区也有一定数量的代表参加，如陕西 6 人。

除上述 124 位代表外，另确定邀请中央有关部门代表和浙江省代表。特邀的中央有关部门，主要有中共中央书记处农研室、中共中央书记处研究室、中共中央组织部青年干部局、中共中央宣传部理论局和宣教局以及团中央书记处等。会议特邀浙江省委和省政府领导及有关方面负责人出席。会前，筹备组成员向浙江省委、省政府领导报告了会议的准备情况，获得支持。到 8 月底，各项筹备工作准备就绪。

（三）会议的召开概况

经过前期的精心准备，莫干山会议如期举行。1984 年 9 月 3 日，“中青年经济科学工作者学术讨论会”在莫干山 450 号（大教堂）内正式召开。出席会议的有前述论文入选作者及一部分筹备会议和受邀学者代表 124 人、中央有关部委代表 8 人、浙江省特邀及列席代表 19 人，加上会议领导小组成员、新闻界代表、浙江省有关方面负责人等，共计 180 余人。

这里需要指出，在与会者中，有部分在中央和国家有关部门工作的人员，如中共中央书记处农村政策研究室王岐山、中共中央书记处研究室左芳、中宣部理论局贾春峰、中央组织部青干局阎淮、中央办公厅李英汤等。

除中央有关部门负责人参加外，时任浙江省省长、省委副书记薛驹，省委常委、宣传部长罗东，以及浙江省社会科学院、浙江省经济研究中心、浙江大学的领导也出席了会议。浙江省为此次会议是作出了重要贡献的。

在开幕会上，有关各方相继讲话，有的是祝贺性的，有的是实质性的。我印象比较深刻的有主办单位代表《经济学周报》总编辑王瑞荪的讲话[①]和中宣部理论局副局长贾春峰的讲话。[②]开幕式后，全体会议代表合影留念。

为保证会议按既定目标顺利举行，会议期间设有领导小组，由发起单位的领导组成。会议领导小组成员共11人，包括《经济日报》总编辑安岗和副总编辑丁望、《经济学周报》社长冯兰瑞和总编辑王瑞荪、中央人民广播电台理论部副主任张学廉、《经济效益报》负责人刘与任、《中国青年》杂志副总编辑王文起、《中国村镇百业信息报》总编辑白若冰、浙江省经济研究中心主任

---

① “《经济学周报》总编辑王瑞荪9月3日开幕式讲话稿”，常修泽保存的原始资料。

②《时代的召唤、崇高的责任——中共中央宣传部理论局副局长贾春峰讲话稿》，常修泽保存的原始资料。

张奇、浙江省社会科学院经济研究所所长方民生等。秘书处由张钢任秘书长，刘佑成、徐景安、黄江南为副秘书长，朱嘉明、周其仁、王小鲁等为主要成员。

大会后，转入围绕城市经济体制改革的中心议题专题讨论。在北京筹备阶段，初步构想分为5个组，即基本理论组、宏观经济体制改革组、工业经济组、农业经济组、财政金融商经组。到了莫干山上，考虑到改革的全局性和迫切性，加之参加会议的人员较多，故专题讨论组有所拓展，增加到7个，而且顺序有所调整：第一组，主要讨论经济体制改革的关键性问题——价格改革的战略问题；第二组，主要讨论工业管理体制和企业活力问题；第三组，主要讨论对外经济开放问题；第四组，主要讨论发挥中心城市多功能问题；第五组，主要讨论金融体制改革问题；第六组，主要讨论农村产业结构变动问题，以及农村经济体制改革与城市经济体制改革的接口问题；第七组，主要讨论经济体制改革涉及的一些基本理论问题，如商品经济、所有制问题、政府经济职能问题等。

讨论中，打破传统的会议模式，在会上不宣读论文，不作空泛议论，而是紧紧围绕专题，各抒己见，会议还创造了“挂牌讨论”等新鲜形式，洋溢着年轻人特有的朝气和活力。会议期间，大会会务组印发类似简报的《会议情况》，交流各组讨论的信息，加上会外交流比较频繁，与会者对其他组的讨论情况是了解的。9月8日，会议领导小组、各组召集人和会议秘书处曾召开碰头会，对会议前一阶段进行小结。会议领导小组的丁望、冯兰瑞、王瑞荪、张奇、方民生、王文起、张学廉以及中央办公厅李英汤等先后发言，对会议成果充分肯定，对下一步讨论和总结作出安排。

二、讨论的主要问题及进展（上）：价格改革“放调结合”的提出

说来令人颇为感慨，当初在北京开始筹备阶段，原设计的5个组中并没有价格组，但是中国经济体制改革的“时势”，使价格改革问题成为会议讨论最热烈，也是最富有成果的专题。那么，是一种什么“时势”呢？后来我在有关文献中找到了答案。1984年9月9日，国务院主要领导人在给中央常委的报告中，提出经济体制改革的三个重要问题，其中，价格改革是重中之重。并谈到理顺经济的主要标志是建立合理的价格体系。价格改革难度最大，是整个经济体制改革成败的关键。……近几年来，国外许多不同学派的经济专家，都建议在适当时候进行价格改革。他们认为，改革价格最好选在经济发展较顺利、人民生活水平提高较快

的时候。现在中国有此条件，正处在价格改革的黄金时代。[①]

非常巧，9月9日正好是在莫干山会议期间，但国务院主要领导人的构思应该是在莫干山会议之前酝酿已久的。这就是会议所面临的巨大“决策需求”。而从“供给方”来说，莫干山上恰好集中了一批国内“不同学派的经济专家”。这些青年学者不负众望，在“价格改革的黄金时代”，提出了各自看法，成为会议“亮点”。

关于价格改革讨论的主要观点，我在《1984年中青年经济学家讨论会——莫干山会议》中有记载，[②]这里只提纲挈领地提及。

一是关于价格改革的背景及其改革的现实迫切性问题。在会议上，对“价格体系必须改革”，中青年是有共识的。

二是关于价格改革的目标模式及其理论依据问题。一种主张“以计划价格为主体”，同时“放开部分价格”；另一种侧重于强调“导入市场机制”。

三是关于价格改革的路径问题。这是会议讨论最

---

①《十二大以来重要文献选编》，人民出版社1986年版，第514页。

② 常修泽：“史纲版1984年莫干山会议”，张卓元等：《新中国经济学史纲（1949—2011）》（第14章），中国社会科学出版社2012年版，第172页，180—185页，186—193页。

深入、争论也最激烈的问题，形成三种意见：第一种意见主张“以调为主”[①]（以国务院价格研究中心的田源为代表）；第二种意见主张“以放为主”[②]（以西北大学经济系研究生张维迎为代表）；第三种意见主张“调改结合”（以中国社科院研究生院研究生华生、何家成等为代表）。

四是价格改革报告的形成、上报及中央决策层批示。在讨论基础上，会后，会议副秘书长徐景安以会议讨论的有关价格改革的思路（加上他自己的考虑）专门

① 所谓以“调”为主，用我们今天形象的话来讲，就是以政府及其相关的价格组织来调整，包括用计算机计算。其调整构思，把全部商品大体分成三类：第一类：能源、原材料、公用事业，维持国家统一定价（由国家管价）；第二类：浮动价（由国家划定浮动区间，指导价）；第三类：一部分小商品，他们也认为这一块政府就不用调了，就干脆放开。同时，以调为主并主张“价格管理权应适当由中央政府下放到地方政府”。这一派的代表人物除当时国务院价格研究中心的田源外，还有国家物价总局价格研究所的陈德尊（提供论文）以及当时在清华大学攻读研究生的几位青年学者等。

② 以“放”为主，也不排斥对关系国计民生的、关系国家安全的某些商品，国家要调控，但对于一般商品“以放为主”。张维迎在会上用了一个形象的比喻，说温度计中的水银柱是上还是下，是根据气候温度的变化，价格就跟那个水银柱一样，它是根据价值和社会供求关系的变化而上升或者下降。其根据是商品价值和市场供求，发言基点是放开价格，由市场来决定。当然，他也不是说“一刀切”，也保留着一个小小的余地。

撰写了一份报告，题为《价格改革的两种思路》，指出“上述两种思路，侧重点有所不同，但并不互相排斥和对立，在改革中可把‘调’与‘放’结合起来，能放的先放，能调的先调，互相促进、相辅而行。”[①]

实践表明，在调放结合、双轨推进的改革思路的形成过程中，无论是“以调为主”，“以放为主”，还是“调改结合”或“放调结合”，都从不同方面、在不同程度上做出了贡献。从更大视野审视，中国价格双轨制改革的思路是莫干山会议诸多中青年学者共同讨论、集体智慧的结晶。

三、讨论的主要问题及进展（下）：其他领域的改革思路

关于其他领域改革思路讨论的主要观点，笔者在《1984 年中青年经济学家讨论会——莫干山会议》中有记载，[②] 这里也只提纲挈领地提及。

---

① 徐景安：《价格改革的两种思路》，《中青年经济科学工作者学术报告》，《经济文稿》1984 年第 1 期。

② 常修泽：“史纲版 1984 年莫干山会议”，张卓元等：《新中国经济学史纲（1949—2011）》（第 14 章），中国社会科学出版社 2012 年版，第 172 页、180—185 页、186—193 页。

（一）关于进一步扩大对外开放问题

莫干山会议的讨论，除了价格改革争论激烈之外，还有一组讨论也十分活跃，这就是“对外开放组”，会场设在329牧师别墅。大会印发的《会议情况》第一期，就是“第三组（对外开放组）的讨论综述”，题为《以沿海开放地带为先导推动我国经济体制的全面改革》。可见这组在会议上的活跃程度。该组组长是会议主要发起人之一朱嘉明，成员有上海的陈申申、陈平、蔡乃中，天津的杜厦、李罗力、金岩石、常修泽、郝一生、杨海田，广州的张向荣，香港招商局蛇口工业区的梁宪等（除沿海城市外，内蒙古的郭凡生、陕西的张宝通等内地代表也曾到组参与讨论）。

由于该组成员总体而言有国际视野，开放意识比较强（有人戏称该组为“当代洋务派”），而且在此前多数成员对深圳经济特区和沿海开放地区做过实际调查和理论研究，[①②]因此讨论的焦点并不在于要不要扩大对外开

---

① 谷书堂（主编）、杨玉川（副主编）、常修泽（副主编）、李罗力、马建堂、柳欣等：《深圳经济特区调查和经济开放区研究》，南开大学出版社1984年版。

② 杜厦、李罗力、常修泽、金岩石、郝一生、马建堂、姚林、张志超等：《对于天津滨海经济开放区建设的一些设想和建议》（蓝皮书）1984年版。

放，而是如何进一步实施扩大开放的战略问题（如前所述，1984 年春节后，邓小平提出了进一步扩大开放的问题，本组讨论即是对邓小平广东视察谈话的回应）。

笔者参加了这组的讨论，且有写随记习惯，掌握的情况比较详细。一是关于沿海地带的开放战略问题。与会代表提出了许多使沿海地带形成一个既有分工又有联系的有机结构与系统的建议。二是关于沿海开放城市的改革问题。与会代表一致认为，沿海开放城市作为中国战略发展的前沿阵地，需要一整套新的经济体制与之适应。不仅如此，沿海开放城市的改革，还可能成为全国改革的突破口。有必要在“区域的整体改革”和“整体的局部改革”两个方面摸索新的改革路子。三是关于沿海地区开放与内地协调发展问题。上海代表陈申申等十分重视沿海地区吸引外资的重要作用，郭凡生（内蒙古自治区党委研究室）对经济界长期以来存在的“梯度推移”理论提出了挑战。在上述讨论基础上，朱嘉明执笔的专题报告指出，沿海对外开放，内地也应对外开放。这是一个大宏观决策，需要国家统筹考虑。

（二）关于国有企业改革问题

与上述价格改革和对外开放战略问题相联的，是企业改革，特别是国有企业（当时称国营企业）改革问题。

会议组织者在确定选题时意识到，价格改革和对外开放需要相应的微观基础，那就是国有企业必须成为“自负盈亏”的市场主体。唯有如此，才能对价格信号和国内外市场作出理性的反应。围绕此问题，讨论中要点有三：一是关于国有企业改革的基本方向和启动点问题，二是关于“利润留成”和“股份制”两种改革方式问题，三是关于国有企业破产问题。

（三）关于金融体制改革问题

也许是与金融改革组曾经聚会的原因，笔者在会议期间一直关注并钟情于金融改革的讨论。这个组有一批金融专家，包括中国人民银行总行金融研究所的蔡重直、刘渝、齐永贵，广东深圳市国际信托投资公司的沈水根，武汉大学经济系的肖帆等。9月4日，全组首先从宏观上讨论“我国经济体制改革的基本路子”。9月5日在蔡重直主持下，重点讨论“我国经济体制改革和商品生产对金融提出了哪些最为迫切的要求”“我国应建立什么样的金融体系”“当前金融改革主要抓哪些环节”等问题。9月6日在沈水根主持下，重点讨论“区域性金融中心”和“开放金融市场”问题。9月7日在肖帆主持下，重点讨论由开放金融市场（资本市场）引发的“股份经济”问题。从发言看，这些代表对金融体制改革尤其是银行体制改革和发行股票问题，颇为积极。这是本次会议触及的最为敏感和最有挑战性的议题之一。

（四）关于农村改革和发展问题

依笔者在莫干山上之观察，农发组和中央书记处农研室的力量，是本次会议上一支很有影响的力量。由于有一批对农村发展素有研究的学者，如王岐山、陈一谘、周其仁、裴长洪、白南生、左芳等代表参加，所以农业和农村改革发展问题讨论比较深入且居于前沿。[①]一是关于农村改革和发展总体形势判断问题。会议认为，我国农村面临着新的转折。连续几年成功的改革，一方面提出了深入改革农村经济体制、全面改组农村产业结构的新历史任务，另一方面也为完成这个更深刻的变革准备了条件。特别是整个经济体制全面改革的酝酿，城市和大工业中长期受到束缚的巨大生产力的初步释放，同农村已经实行的改革汇聚到一起，相互激发、势不可当。新的形势提出了一系列新的问题，迫切需要在系统的调查研究基础上，提出可供决策参考的思想认识和解决办法（注意：本组一开始就提出“决策参

① 柳红：“脚踏实地的农发组”，《八〇年代：中国经济学人的光荣与梦想》，广西师范大学出版社2010年版，第407—426页。

考”问题)。二是关于农产品(首先是粮食)购销体制改革问题。三是关于变革农村产业结构问题。讨论成果最后形成由王岐山、周其仁执笔完成题为《改革粮食购销体制和农村产业结构》的报告，上报中央。3个月后，1985年中央一号文件明确提出“农村进行第二步农产品的统派购制度改革”。

除上述议题外，会议还讨论了关于发挥中心城市功能问题、关于政府经济职能问题以及基本理论组讨论的社会主义基本理论问题等。因篇幅所限，不再一一阐述。当然，在当时的背景下，对于与“人的发展”相关的公平与效率关系，以及收入分配和社会保障体系的建立问题，还没有顾及。笔者在会上结识了浙江大学经济系的姚先国(一天早晨相遇时他正在读德文，准备到德国某大学进修)，他曾提交了《社会主义劳动基金的两重性与我国工资改革》论文，会议未能设小组专题讨论，有点遗憾。

四、莫干山会议的效应和影响

(一)直接为中央改革决策提供思路和方略

莫干山会议结束后，根据会议讨论的情况，徐景安、朱嘉明、王岐山、黄江南、周其仁等负责起草拟向高层汇报的专题报告，杜厦、蔡重直、田源、华生、蒋跃、刘渝等多位青年学者参与了执笔（或提纲写作）。经过几天紧张的分析和整理，于9月15日完成7份专题报告：《价格改革的两种思路》（后有两个附件）、《与价格改革相关的若干问题》、《沿海十四个城市对外开放的若干问题的建议》、《企业实行自负盈亏应从国营小企业和集体企业起步》、《金融体制改革的若干意见》、《发展和管理股份经济的几个问题》和《粮食购销体制的改革和农村产业结构的变动》。

7份专题报告完成后，遂派代表向主管国家计委和国家体改委的国务委员张劲夫作了汇报。张劲夫听后，问了一些情况，于9月20日首先批示："中青年经济工作者讨论会上提出的'价格改革的两种思路'，极有参考价值。"继之，10月10日国务院领导批示："'价格改革的两种思路'很开脑筋。总题目是如何使放调结合，灵活运用；因势利导，既避免了大的震动，又可解决问题。广东的从改物价管理体制入手，江苏乡镇企业走过的路，协作煤价的下浮，以及粮、棉、油大量搞超购价的结果带来了比例价，都实质上是放调结合的成功事例。"可以说，莫干山会议从一个方面为中央决策提供了有力的智力支撑。

当然，在看到"价格双轨制"改革思路积极效应的同时，也应看到其历史局限性和给改革带来的负面效应，特别是从双轨价格中套利所产生的寻租行为，导致社会腐败问题的孳生，从而带来新的社会矛盾，对此要有客观的评价。

（二）推动中国经济改革理论研究的深化

莫干山会议除了为中央献计献策以外，还推动了关于中国经济改革理论的深入探讨。就在会议开过不久，《经济日报》接连开辟五个专版，以《探讨经济改革中的理论问题——中青年经济科学工作者学术讨论会论文摘登》刊登会议 18 篇理论成果。9 月 25 日，选登了 2 篇，分别是郭振英的《自负盈亏与企业扩权》，吴克的《计划管理中综合运用各种经济杠杆》；9 月 28 日，选登了 4 篇，分别是常修泽的《从蛇口工业区的开发得到的启示》，郭凡生的《谈谈技术的梯度推移规律》，夏禹龙、谭大骏、陈平、蔡乃中的《沿海开放地带的战略地位》，陆丁、张一宁的《引进外资引力何在》；9 月 29 日，选登了 3 篇，分别是周小川、楼继伟、李剑阁的《价格改革无需增加财政负担》，张维迎的《价格体制改革是改革的中心环节》，田源、陈德尊的《关于价格改革思路的思路》；10 月 4 日，选登了 3 篇，分别是张宝通的《联产承包制适合当前生产力状况》，张太平、王凤春的

《农村家庭经济及其发展趋势》，王长远的《县级经济管理体制改革的趋势》；10月11日，选登了6篇，分别是郝一生、杜厦的《搞好沿海开放城市的产业配置》，夏禹龙等的《借鉴特区形式，开发新兴工业》，朱嘉明、何伟文的《引进先进技术与保护民族工业》，金岩石的《内地资源开发与沿海对外开放》，沈水根的《对外开放与人民币汇兑制度的改革》，李弘、蔡重直的《建立我国的金融中心》；其他报刊也有论作发表。上述刊发的会议成果，涉及改革发展的重要理论问题。发表之后引发了对其他一些重要问题，如宏观经济调节与控制、财政金融体制改革、产业结构调整以及所有制关系改革基本理论问题的研究，在研究中开始注意引进西方经济学的有益成分，中西结合，洋为中用。不少青年经济学者积极发表文章阐释其观点，形成了20世纪80年代中后期中青年经济学者从事深度学术研究的高潮，并对20世纪90年代乃至21世纪前期的经济学研究产生影响。

（三）促进中青年经济学者队伍的成长

从历史长河来分析，在20世纪80年代前半期，青年一代的崛起是必然的，莫干山会议则对这一代青年的崛起起了相当大的助推作用。

第一，把一批中青年推上历史舞台。在此次会议中涌现出一批人才，中央领导不仅重视会议的成果，也开始重视这批中青年，并找中青年座谈。会后，一批中青年进入政府部门（比如田源被任命为国家体改委委员）。体改委还专门成立了中国经济体制改革研究所，吸纳“上山者”参加，如张维迎就是在西北大学研究生毕业后到体制改革研究所工作的。这些中青年进入政府部门和相关机构后，为这些部门和机构注入了新鲜血液（当然，同时也面临着如何应对“体制同化”的考验）。

除中央外，地方政府也注重发挥青年学者的作用。有两个典型事例，一是莫干山会议之后，河南省委书记刘杰、副省长何竹康，曾到北京邀请莫干山会议骨干组成河南咨询团，团员包括王岐山、朱嘉明、黄江南等（笔者曾参加了在全国政协礼堂召开的河南咨询团会议）；二是会议刚刚开过，上海市委、市政府就委托经济日报社组成“上海经济工程组”，探讨上海振兴与发展方略。北京、天津等中央直辖市和有关省份也纷纷成立中青年经济学会。

第二，直接催生《中青年经济论坛》创刊。根据莫干山会上商量的意向，会后不久，由中青年自己创办的刊物——《中青年经济论坛》于 1985 年 4 月在天津创刊。它的横空出世，标志着中国中青年经济学者有了自己的学术阵地。这家事实上民间的学术刊物，以京津沪为核心，聚集了全国各地有影响和活动力的中青年经济学者。

第一届编委会由36位中青年学者组成，总编辑为丁望，副总编辑为王小鲁、邢元敏、陈申申、金观涛、郝一生，委员中有24位是莫干山会议参加者（占全体编委的67%），包括（以姓氏笔画为序）丁望、王小鲁、卢健、田源、刘安、刘佑成、乔桐封、朱嘉明、李罗力、杜厦、杨沐、陈一谘、陈申申、陈伟恕、周天豹、周其仁、金岩石、金观涛、张钢、郝一生、郭凡生、黄江南、常修泽、蔡重直，以及王洛林、王战、左志、邢元敏、孙恒志、刘景林、朱民、巫继学、罗保铭、姚林、张朝中、高铁生等12人。

第二年即1986年，编委会有所调整，朱嘉明改任总编辑，增加罗保铭、黄江南任副总编辑，另增加孙衔、朱小平、伍晓鹰、华生、何凌、杨小凯、陈琦伟、张向荣、张炜、张思平、徐景安、袁中印、散襄军等13人为编委，其中，华生、张向荣、徐景安3人是莫干山会议参加者。《中青年经济论坛》成为当时颇有影响的经济理论刊物之一。

第三，促进新人才进一步涌现。莫干山会议所展现的中青年“闪亮登场”的情形，唤起了更多中青年学者的热情。1985年，第二届中青年经济科学工作者学术讨论会在天津举行。笔者受命担任论文评审组组长，与另一组长金岩石等十几位青年学者一起，在《红旗》杂志社地下室招待所内精心审稿，从 2615 篇论文中，选出 125 位作者，其中有 30 多位是莫干山会议参加者（戏称“双连冠”），名单如下（以姓氏笔画为序）：马凯、贝多广、卢健、田源、孙鸿武、刘安、朱嘉明、华生、李克华、李罗力、李剑阁、李晓西、杜厦、时正新、何家成、陈申申、陈晓梅、周其仁、张钢、张少杰、张向荣、张宝通、张维迎、周小川、金岩石、郝一生、杨海田、郭凡生、高梁、夏小林、徐景安、梁秩森、黄维德、常修泽、蒋跃、楼继伟、蔡重直。总计曾经“上山者”占入选者近三成。

其余七成多的代表，是评审组从全国来稿中新选出来的。其中包括（以姓氏笔画为序）：马飚、马建堂、王战、冯仑、刘伟、朱民、卢中原、宋国青、李江帆、李维森（即韦森）、沈骥如、吴晓求、卓勇良、洪银兴、陈琦伟、唐杰、郭振英、郭树清，等等。

这些入选的论文作者，除个别因事外，都参加了在天津举行的“第二届中青年经济科学工作者学术讨论会”，其论文被收入论文集，书名为《腾飞的构想》。当然，这里的“腾飞”是指国家的“腾飞”，但我想，就个人成长而言，何尝不是他们自己人生中“腾飞”

的一步呢。而这一步，是与莫干山会议的牵动效应直接相关的。

（四）形成一股新的会风并影响后世

莫干山会议的会风和文风是比较独特的，这群年轻的经济科学工作者携带一股清新的空气，向长期以来国内盛行的沉闷、僵化的会风和党八股的文风提出挑战。中共中央宣传部理论局贾春峰先生当时曾专门写了一篇《理论界，一股新风扑面来》，予以赞扬。[①]

突出的有两点：一是“以文选人”。这是会风最闪光之处。在充斥着“等级制”、“关系学”和“学历至上”的社会氛围中，“五不讲”无疑是一道亮光。此后“第二届中青年经济科学工作者学术讨论会”的125位代表，就是依据“以文选人”原则筛选出来，并在《经济日报》上昭示天下。为此，老一辈经济学家薛暮桥先生题写了著名题词：“济济英才，满腹经纶，青出于蓝，后继有人。”

二是自由讨论。莫干山会议除了“以文选人”以外，还特别鼓励学术争鸣，注重维护学术民主和学术自由。王岐山说，保持学术研究的独立性很重要，“怀才不遇

① 贾春峰：《理论界，一股新风扑面来》，《红旗》1985年第7期。

可怕，身不由己更可怕”。会议倡导批评，追求真理，注意“头脑风暴”的作用。贾春峰说：“当我听到那些富有哲理和激情的发言时，阅读到那些来自改革第一线的调查报告时，似乎有一种清新的空气迎面而来。”[①] 由于争论非常激烈，会议还发明了“挂牌辩论”的方式，并延续下来。这种自由讨论、追求真理的会风对日后的学术研究产生重大影响。

当然，在阐述莫干山会议历史作用的同时，也应该进行冷静的思考。当时有学者曾指出，“在这一代经济科学工作者中，应当产生经济学大师。”三十多年过去了，到目前为止，经济学大师还没有产生的迹象。或许时间依然短暂，或许条件还不成熟，但这也恰好说明，中国经济学未来的发展路程还很漫长，还很艰难，有待于全体经济学人，特别是中青年学者矢志不渝的探索和努力。

---

① 贾春峰：《理论界，一股新风扑面来》，《红旗》1985 年第 7 期。

柳 红

历史之棱镜[①]

——莫干山会议三十周年再记

1984年9月3日至10日，在浙江莫干山上举办了一个全国性的会议——“中青年经济科学工作者学术讨论会”，史称莫干山会议。1978年以来，与改革有关的经济理论研讨会不计其数，但是没有哪一个像莫干山会议那样被持续关注，被视作可以发掘利用的遗产。国家发改委国际合作交流中心自2012年起，开始每年9月在莫干山召开中青年学术讨论会。2014年是第三年，题目是“2014年中青年改革开放论坛暨1984年莫干山会议30周年”。

莫干山会议具备什么品质，有什么独到之处，怎么会产生这样的效果？2008年，我根据采访和文字资料，撰写了《影响改革进程的莫干山会议——记1984年中

① 原载《经济观察报》2014年9月8日。

观察家
Observer

为什么城市化离不开农地农房入市 50

经济观察报 45

2014.09.08

安倍的"惊天赌局" 47

我们应该怎样认识武士道 48

日本文化之武士道(下)

当我们谈论韩寒的时候我们在谈论什么 49

一个人名变成了一个名词

历史之棱镜

——莫干山会议三十周年再记

柳红/文

创意、设计和组织

青年经济科学工作者学术讨论会》一文。[1]此后，在研究20世纪80年代经济学家的过程中，得见更多相关的史料，深感莫干山会议是面历史棱镜，可以折射出会议本身的有情有理、有神有趣；也可以折射出会议之后的风云变幻，人生冷暖，以及中国历史演变的有升有沉、有明有暗。值此三十周年纪念再记，力求将所知的个人记忆融入整体，将零碎记录拼成图像。

一、创意、设计和组织

莫干山会议不是一个自上而下，官方发起，而是自下而上，“民间发起”，得到体制内机构和一些开明人士支持的会议。其创意来自当时国务院技术经济研究中心的朱嘉明（1950年生）和中国社会科学院工业经济研究所的黄江南（1950年生）。他们是中国社会科学院现实经济系78级研究生同学，此时职务是助理研究员。

1978年以后，随着“上山下乡”北京知识青年回城、上大学、读研究生，一些在“文革”期间开始思考中国现实和命运的青年人聚集起来，形成一个个讨论问

① 柳红：《影响改革进程的莫干山会议——记1984年中青年经济科学工作者学术讨论会》，《经济观察报》2008年10月24日，发表时题目被改成《莫干山会议真相》。

题，调查研究的圈、组，或称“民间思想部落”[①]。比如：1980年聚在一起的“改革四君子”[②]、“中国农村发展问题研究组”[③]，1982年的“青年就业研究组”[④]，1983年的“流通组”[⑤]、“国情组”[⑥]，以及“国民经济双周讨论会”[⑦]。栖息于这些群落的年轻人，遍及各个大学、社科院、中

① 钱理群语，见钱理群为孙方明著《潮聚潮散——记中国农村发展问题研究组》（大风出版社2011年版）所写的序言。

② 翁永曦、王岐山、黄江南、朱嘉明自1980到1982年，合作五篇文章：a.“关于我国当前经济形势和国民经济调整问题的若干看法”；b.“关于我国经济调整与改革若干阶段问题的看法”；c.“对我国农业发展问题的若干看法”；d.“关于当前我国国民经济问题的若干看法”；e.“思考与选择”。起初被称作“四签名”，后来被称作“改革四君子”。

③ 中国农村发展问题研究组（简称发展组）于1980年底组建，陈一谘任组长，何维凌、王小强等任副组长，主要成员是在校大学生。该组运行到1985年，一分为三，一部分人转入国家体改委中国经济体制改革研究所，研究城市改革。

④ 青年就业研究组于1982年成立，蔡晓鹏任组长，李振宁、张学军、卢迈为副组长，主要成员为各校研究生。

⑤ 1983年，王岐山将“青年就业研究组”转变成“流通组”，直到1985年。蔡晓鹏任组长，成员皆为研究生。

⑥ 1983年3月，陈子明、姜洪、石小敏创建国情组，后更名“国情与青年发展研究组”，当年“清除精神污染”运动后被取缔。

⑦ 北京的青年人自发组织的定期讨论，参加者有大学生、研究生、研究人员、记者、教师、机关干部，等等。

科院、报社、党政机关，形成了很强的势力和场，并且与上海、天津、武汉的年轻人遥相呼应。然而，朱嘉明、黄江南他们更希望出现这样一种局面，那就是在全国范围内，特别是边远地区的有为青年也能参与到改革理论的研究和实践中来，他们把召开全国性的会议当作一个途径。[①] 这个想法最先说与刘佑成（1949 年生）和孙皓晖（1949 年生）。刘、孙是陕西人，刘佑成从复旦大学获得经济学硕士学位，时任浙江省经济研究中心副主任；孙皓晖[②] 是法学出身，在西北大学任教。召开会议的时间是 1984 年 1 月，地点在杭州。他们设想把会议地点选在浙江，最好是莫干山。这年春天，朱嘉明、黄江南和《经济学周报》的张钢（1948 年生）去南开大学，和那里的朋友谈了关于莫干山会的具体设想。张钢成为会议筹备和举办的重要操持者。

---

① 据原南开大学经济研究所李罗力回忆："朱嘉明最早提出召开这个会议的具体设想，就是他到天津与我们这些朋友见面后产生的想法，认为不仅要把北京的中青年学者动员起来，还应该把全国的有志于中国改革开放的中青年经济学者都发动起来。因此，他在回北京的火车上提出了筹备召开全国中青年经济工作者会议的最初构想。"（李罗力：追忆 1984 年莫干山会议，作者：汪时锋，《第一财经日报》，2012 年 8 月 13 日。）所说天津之行是在 1984 年春天，朱嘉明、黄江南和《经济学周报》的张钢（1948 年生）同行。

② 孙皓晖著有 6 部 11 卷《大秦帝国》，河南文艺出版社 2008 年版。

朱嘉明和黄江南所在的国务院技术经济中心和中国社会科学院工经所，负责人是马洪（1920—2007）和蒋一苇（1920—1993）。虽然他们都是极有创造力、组织力的人，但是难以承担发起和组织全国中青年会议的责任。既然不能使用自己所在单位的名义，只能寻求外援，找到发起单位，名正言顺地撑起这个架子来。在那时的中国，并不存在一个纯粹的“体制外”，也没有与国家相对应的“社会”，只有年轻人自己培育的自由组合空间。至于选择标准：一是处于改革先锋的新兴媒体；二是多家媒体联合发起。那是1949年以来，少有的媒体宽松时期，创办一份报纸并不难。首先是《经济学周报》(1982—1989)，它是由中国经济学团体联合会的发起人于光远（1915—2013)、冯兰瑞（1920年生）等创办的，王瑞荪任总编辑；其次是安岗（1918—2013)、丁望（1926—2003）担任总编辑、副总编辑的《经济日报》。这份报纸于1983年1月1日创刊，影响力和发展势头强劲；再次是实行主编负责制的《世界经济导报》(1980—1989)，是由中国世界经济学会和上海社会科学院世界经济研究所创办，主编叫钦本立(1918—1991)。此外还有《中国村镇百业信息报》，它是由参与过中国农村发展问题研究组的青年白若冰等人于1984年刚刚创办的，中国第一家系列报刊，由主报和系列专刊组成；曾任于光远秘书的刘与任主编的《经济效益报》（1980—1989）；老媒体有《中国青年报》、《中国青年》杂志、中央人民广播电台等。几家媒体都十分愿意承担发起单位的责任。与此同时，刘佑成争取到浙江省委省政府全力支持。私下里，中央书记处农研室主任杜润生向浙江省省长薛驹打了招呼。浙江省社会科学院和经济研究中心也作为联合发起单位，加起来总共十家，数量相当可观。6月12日，《经济日报》发出消息：《本报等五单位将召开中青年经济学术讨论会，广泛征集论文邀请入选者作为正式代表出席》。

与此同时，成立了三个组。一是领导小组，由各发起单位负责人担任；[①]二是筹备组，尽可能广泛地把在京机关中有密切联系的青年人囊括进来，包括各发起单位中年轻一代的干将。组长是张钢（《经济学周报》）；副组长是徐景安（1941年生）（国家体改委）、黄江南（中国社科院工经所）；组员有卢健（中央财经领导小组办

① 领导小组成员即各发起单位代表，他们是：《经济日报》总编辑安岗、副总编辑丁望；《经济学周报》编委会主任冯兰瑞、总编辑王瑞荪；《世界经济导报》社长钦本立；中央人民广播电台理论部张学廉；《经济效益报》主编刘与任；《中国村镇百业信息报》白若冰；《中国青年》杂志副总编辑王文起；浙江经济研究中心主任张奇；浙江省社科院经济所所长方民生。

公室）、周其仁（中国农村发展问题研究组）、高善罡（经济日报）、崔维德（《中国青年》杂志社）、陆薇薇（《中国青年报》）、朱杏清（《世界经济导报》）、周平（中央人民广播电台）、刘佑成（浙江省经济研究中心）、王小鲁（中国社会科学杂志社）、孙祥剑（国家经委财贸综合局）、胡世英（《自学》杂志社）、周小川（清华大学）、卢迈（北京经济学院）。三是论文组，组长是王小鲁（1951 年生）、周其仁（1950 年生），副组长是朱嘉明、卢迈（1949 生）、宋廷明（1945 年生）、高梁（1948 年生）。[①] 参加阅稿的还有张少杰（1953—2011）、蒋跃（1958 年生）、夏小林、高善罡（1955 年生），等等[②]。临时办公地点在北京燕京饭店。他们几乎都是“知青一代”，身上有着“江湖”精神，不惜出力流汗。对收到的 1300 多篇论文，他们进行了七次评审，[③] 不徇私情、不讲关系、遵守程序，最终挑选出 120 余篇。据高梁回忆：“整整一个暑假没有回家，看了一个月的稿。”张少杰做过一个统计，选中的代表按校别算，中国人民大学最多；按组别算，则是流通组最多。

---

① 徐景安莫干山会议筹备资料，来自徐景安个人空间。

② 据常修泽：史料版 1984 年莫干山会议，载共识网 2013 年 6 月 8 日。

③ 根据《经济学周报》总编辑王瑞荪在开幕式上的发言，油印件。

8月27日，《经济学周报》刊出：《长江后浪推前浪——中青年经济科学工作者学术讨论会即将在浙江省召开》。[1]朱嘉明以该报评论员的名义发表《祝贺与希望》：

这是经济学界的一件大事。……经济科学工作者队伍急需一大批新生力量来补充。召开中青年经济科学工作者学术讨论会，就是发现、汇集、扩大经济科学工作者大军的一个具体的行动。

这次讨论会，在开会方式上也有所改革。参加者的入场券是自己提交大会的论文。大会只以文取人，不计其他，入选者才能出席。会上也不是各念各的文章，文章另行印发，由会议选择几个我国社会主义经济建设中的重大理论问题和现实问题进行讨论。在认真讨论的基础上，形成若干建议。这样，会议的参加者不再是一些老面孔，给一些确有研究的中青年提供了施展才学的机会；同时，会散人走也留下了成果。可能这样的开会方法，也会为今后召开类似会议开创一种新的风气。

---

① 张钢撰写。

經濟學周報

中國經濟學團体聯合会主办　1984年8月27日　第85期　（总139号）　本期共8版

一周经济要闻

长江后浪推前浪

中青年经济科学工作者学术讨论会即将在浙江省召开

祝贺与希望

中国经济体制改革研究会总干事童大林谈

企业改革　在城市经济改革中　的地位和作用

1984 年 8 月 27 日，《经济学周报》刊文

一切进行得有条不紊。进入会议阶段，筹备组和论文组转换成大会秘书处[1]及七个课题组召集人，加上原有的领导小组，构成保障会议顺利进行的金三角结构。八天的会议中，秘书处编印了至少四期《会议情况》。9 月 10 日会议结束后，各组报告起草人赶写，15 日就已完成七份专题报告，加上两个附件，共九份文件上报。

① 与筹备组人员有个别出入。会议秘书长是张钢，副秘书长是刘佑成、徐景安（1941 年生）、黄江南；成员有：章荣高、陈晓玲、杨沐、朱嘉明、卢健、蔡重直（1953 年生）、周其仁、王小鲁、高善罡（1955 年生）、周平（1952 年生）、朱杏清（1949 年生）、陆薇薇、王晓华、崔维德。

国家体改委的徐景安在改稿和呈送过程中都起了重要作用。9 月下旬，朱嘉明、黄江南等几位经秦皇岛去北戴河做了最后的修订工作，同行的还有《经济学周报》的马力和中央人民广播电台的周平等。[①]

课题组是围绕城市经济体制改革及相关问题设置的。按照论文内容和专业兴趣，将与会者分配在七个课题组内。第一组是宏观组，讨论经济体制改革中的宏观问题，召集人是国务院经济研究中心的马小冈；第二组是企业组，讨论工业管理体制和企业活力问题，召集人是重庆社科院周天豹和中国社会科学院工业经济所杨沐（1946 年生）；第三组是开放组，召集人是国务院技术经济研究中心朱嘉明；第四组是流通组，讨论发挥中心城市多功能问题，召集人是商业部办公厅蔡晓鹏（1950 年生）；第五组，金融组，讨论经济体制改革中的新课题，诸如金融市场、股份经济、劳动力流动等问题，召集人是中国人民银行研究生部蔡重直；第六组，农村组，讨论农村经济体制改革和城市经济体制改革的接口问题，比如农村产业结构变化、农副产品购销政策等问题，召集人是中国农村发展问题研究组周其仁；第七组，理论组，讨论基本理论问题，如政府职能等，

---

① 根据对马力的采访和相应图片资料。

召集人是《中国社会科学》杂志社编辑王小鲁和社科院经济所研究生高梁。

会议的资金来源，用今天的话说，就是“20世纪80年代的众筹”。中央书记处农研室资助10000元；各发起单位资助1000—2000元不等，其支出项目主要是印制材料、会场、交通和伙食补贴等。[①]从8月15日筹备组寄出的《会议注意事项》中可见：“会议代表差旅费、住宿费回本单位报销”；“由于住宿安排条件有限，请不要提前到达”。因为不负担食宿，所费并不太多。

在交通基础设施极为落后的年代，不仅办会不易，很多受邀代表来开会也难。要不是看到一份记录，似乎那个时代的困境都被彻底淹没了。来自山东济宁印染厂的翟新华（1949年生），9月1日下午乘公共汽车一路站到兖州，买不到当日到杭州的车票，四处托人，好不容易才登上了夜里两点的火车：“车上人多得出奇。不要说没有座位，就是坐在地板上的地方，蹲下去的地方都没有。站着也不能自主。人贴着人，脚挪动一寸就要碰到别人。车窗都关着，又闷又热，加上挤，人们都很烦躁，时有争吵。火车过了徐州，又过了南京，本以为到上海会有座了，不料，常州、无锡、苏州过了，上海

① 根据徐景安公布的资料，载徐景安博客。

到了，仍没有座。一直站到杭州。从凌晨2点一直站到下午5点，15个小时，没有喝一口水，没有吃一个苹果，没有上一次厕所，同时大汗不止，口渴难忍。对我来说，这是历史最高水平，就是‘文革’大串联，也没有此景况！”[①]

东道主方面承担会务的主要是浙江省经济研究中心和社科院，组成有24名成员的会务组，打头的是后来担任浙江省体改委主任的章荣高。省政府汽车队、莫干山管理处各派出5人。他们竭尽全力。中秋节前两天的8日，给大家发梨和苹果；10日晚上加餐、赏月，为各组准备月饼、糖、瓜子，组织中秋之夜舞会。

组织这么大规模的会议，困难来自方方面面，只是，从未听到任何当事人口里吐出过一个难字，完全是众人拾柴、热气腾腾的感觉。

二、与会者的草根性、广泛性及多元化特征

莫干山会议参加者的草根性、广泛性和多元化特征决定了会议的品质。而以为它是“精英”集会，是对历史的误读。问题是何来与会者的草根性、广泛性和多元化呢？它是以在报纸上征文得到响应为基础的。可惜

① 根据翟新华笔记。

1300多份应征论文的资料未保存，难以对作者、选题进行分析。在通信条件差，连电话和传真都未普及的年代，达到如此深而广的动员程度，是人心所向的反映。会议发起组织者创造性地调动各种社会资源，将大批名不见经传的学生、教师、研究人员、企业人员、军人，还有从中央到省、市、县、从中心到边远城市研究经济改革的青年人组织在了一起。

针对《中青年经济科学工作者学术讨论会名单》，笔者对近180位代表，作了一个按地域、身份、行业的分类（表略），由此可以清楚地看到谁是会议的参加者[①]。

第一，区域分布广泛，涵盖24个省、市、自治区。90多人来自研究机构，或为在校研究生；36人来自党政部门；12人来自企业；34人来自媒体。

第二，以青年为主，老、中、青结合。青年又以20世纪50年代出生，30岁左右，经历"文革"、上山下乡，恢复高考之后考取大学和研究生的为主。研究生多是用自己的硕士论文来参选。像参与价格双轨制讨论的华生（1953年生）、何家成（1956年生）、张少杰（1953年生）、高梁、张维迎（1959年生）等，都是82级研究生。

① 按照实际参会情况增加了原来名单上没有的李湘鲁、孔丹等；而未参会，名单上有的则没有去掉。

中老年则包括：50 岁以上的大约 10 人，最年长者是国务院技术经济研究中心副总干事马宾（1913 年生），时年 71 岁；安岗 66 岁、丁望 58 岁；冯兰瑞 64 岁、钦本立 66 岁等，以及浙江省省长薛驹 62 岁、中共浙江省顾问委员会副主任崔健 66 岁等，省委常委、宣传部部长罗东、省社会科学院院长沈善洪（1931—2013）53 岁、浙江大学党委副书记周文骞（1931 年生），53 岁。他们既为年轻人保驾护航，也有借青年之锐气，造势、推行改革之意，渴望从这些“自命不凡”、敢想敢说的年轻学者，包括研究生那里听取新思想、新知识，也感受新会风。

第三，中央和地方党政机关人员的参与。从北京来的有中组部、中宣部，中央财经领导小组，中央书记处农研室、国家计委、国家体改委、商业部、北京市委、市政府、北京西城区等机构的工作人员。浙江省更是倾巢出动：除了省长、宣传部长，社科院院长，浙大副书记，还有省委宣传部、办公厅、组织部、体改委、省经济研究中心、浙江人民出版社、浙江社会科学界联合会的代表。浙江省还有 20 余位特邀代表和列席代表，分属研究机构和省委省政府。

特别值得一提的是国务院总理秘书李湘鲁（1948 年生）和国务委员兼国家经济委员会主任张劲夫的秘书

孔丹（1947年生），以及中央书记处农村政策研究室的王岐山（1948年生），他们起着上引下连，穿针引线，内外呼应，无可替代的作用。虽然1983年的“清除精神污染”运动时间不长即被叫停，但是，政治经济上的保守力量，对改革或充满疑义，或反对者，对于此次青年们大张旗鼓讨论经济改革理论与实践问题，是特别盯牢的。国家体改委就有领导顾虑这个会是媒体与民间组织的，而劝体改委宏观规划组的徐景安不要参加，是徐景安执意赴会。会议组织者十分清楚局势，既保障安全，又不失锐气，尽量使会议有利于改革的整体事业。众多党政机关人士的出席，无疑给会议增添了底气、合法性和保护色。值得提及的是，这些与会者没有官气，谦恭，行事低调，平等讨论，甚至忘乎所以地争论。中组部青干局还带来一张由中组部、中宣部、国家人事局制作的《社会科学专门人才登记表》，请与会者登记，想发现和聚焦人才。

第四，媒体代表。参与会议的媒体本身就是改革的产物，为改革鼓与呼是他们的使命。特别是经历了“反右”“文革”之后的老报人，重新拥有一块媒体阵地时，思想已十分成熟，且有魄力和经验，深知如何给予青年人最有力支持。以《经济日报》为例，安岗和丁望总是说他们义不容辞，要给予青年人最好的“后勤”保障。会后，《经济日报》辟专版先后刊发莫干山会议文章18篇。在共同的理想追求下，学界与媒体相得益彰。

第五，企业代表。会议邀请了12位来自企业的代表，他们是国有企业体制中潜藏着“企业家”精神的思变之人，像西单商场的赵聚武、泰州炼油厂的阎卡林、山东兖州印染厂的翟新华等。

三、覆盖城市改革的七个专题

即便30年后回过头再看莫干山会议的主题和7个课题组的设计，都不得不说它们既有新意，又从现实出发，覆盖了改革所涉及的各个领域。这是会议的“骨架”。而能不能把问题讨论透，讨论充分，而不是开那种流行的“神仙会”，说“神仙话”，确实需要创造新式的开会方法。在这方面，莫干山会议无疑是“创新”：会议论文只是入场券，会议期间不宣读论文。

9月3日一早，在杭州报了到的代表4点多钟起床，乘车行80多公里上莫干山。开幕式于9点钟在莫干山450号大教堂旧址内举行。上午发言的是东道主浙江省省长薛驹，《经济学周报》总编辑王瑞荪（1925年生），国务院技术经济研究中心副总干事马宾。下午发言的有中宣部理论局副局长贾春峰（1938年生），中组部青干局阎淮，大会秘书长张钢，国务院体改委徐景安等。

王瑞荪和贾春峰的讲话给人印象较深。王瑞荪说："改革实践提出许多新情况，新问题，需要从理论上和实践上给予回答。老一辈经济科学工作者在丰富的现实生活中获得新的动力，也涌现出一批中青年经济科学工作者……这次会议是新中国成立三十五年以来第一次中青年经济科学工作者的学术讨论会。我们希望……能够体现出讲求实际，追求真理的科学精神；能够体现出'百花齐放、百家争鸣'的民主精神；能够体现出'五湖四海'、同心同德的团结精神；能够体现出不屈不挠、勇往直前的进取精神。"[①] 贾春峰的发言题目是《时代的召唤、崇高的责任》："对于改革实践提出的许多课题，在过去的书本上是找不到现成结论和具体答案的。这就需要运用马克思主义的世界观和方法论，对于错综复杂、急剧变化的现实经济生活进行科学的分析和研究，从而作出新的理论概括。这种研究，是需要付出巨大心血的崇高的科学工作，要有献身精神、求实态度、创新勇气和科学的思维方式，绝不能复述已有的结论，或者在经典著作中寻章摘句、机械套用某些原理所能完成。改革的实践日新月异，

① 根据讲话稿，油印件。

现实生活在大踏步前进。”“大变革要注重理论的大发展，也必然促进理论的大发展。”[①]

并没有例行的大会发言，就进入三天分组讨论，之后才是大会，然后再回到小组，归纳整理课题报告。它既是开会，又是共同研究、完成课题的过程。以第二组日程安排[②]为例：

> 9月3日：上午、下午参加全体大会。晚上开碰头会：1）自我介绍、相互认识；2）谈谈自己参会想法（5分钟）；3）介绍小组讨论日程安排的设想。
> 9月4日：全天小组讨论。1）工业企业自负盈亏、自主经营的实质和含义；2）怎样使企业的盈余和职工的自身利益相结合；3）社会主义国家是否要有破产法，为什么？
> 9月5日，全天小组讨论。1）我国工业企业的自负盈亏可采取哪些不同的模式；2）以指令性计划为主的大型骨干企业是否可实行自负盈亏；3）我国工业企业实行自负盈亏可采取

① 根据讲话稿，油印件。

② 第二小组讨论日程安排，油印件。

哪些步骤？

9月6日，全天小组讨论。1）工业部门管理和工业行业管理的主要不同点；2）加强工业行业管理的现实意义；3）工业行业管理应有哪些内容和形式？

9月7日，上午大会发言，下午小组讨论。

9月8日，小组讨论：1）当前工业行业管理的情况，什么是急需改革的问题；2）加强工业行业管理的步骤和措施；3）加强行业管理和发挥中心城市的作用的关系；

9月9日，小组讨论：1）讨论并通过小组的讨论《课题汇报》；a）关于工业企业自负盈亏问题的探讨；b）关于实行工业行业管理的设想和建议；2）当前妨碍我国工业技术进步的主要因素有哪些；3）在体制改革中我们能采取哪些措施加快工业技术进步。

这里，非常有必要对莫干山会议的分组顺序及各组论题作个简略叙述：

第一组，宏观组。聚焦于价格改革，认为现有价格体系有两大弊病：一是官定价格太多；二是价格结构不合理，彻底进行价格改革的时机已经成熟。针对价格改革的目标模式、原则部署和相关的财政、物价水平、工资和计划体制的配套措施，有三种意见：（1）强调以调为主，以改为辅，即对能源、原材料、重要农产品和公用事业费价格必须管住，对其他一、二、三类产品价格能放的，而且市场有可能调节好的就放；（2）以放为主，以调为辅，认为上述基本产品有的也可以放，尤其是替代弹性较大的产品，要管的只是那些震荡大而替代弹性小的产品价格，同时，对所有放的价格以分次逐步扩大幅度的浮动价格形式过渡，从长远看，实行计划指导下的自由价格；（3）先放，然后放调结合，经五六年时间达到该放的放开，该调的调好，以便在某些产品上实行官价与自由价并存的价格双轨制。[1]

第二组，企业组。集中讨论关于国有企业改革的基本方向和启动点；关于“利润留成”和“股份制”两种改革方式；关于国有企业破产问题。题目似乎不够刺激，却是最重要的课题，这些问题是建立所谓现代企业制度，废除国家所有制的根本问题。

第三组，开放组。这是一个东西对话的阵势，成员来自沿海开放地区和西部地区，有上海的陈申申、陈乐波、陈平、蔡乃中，天津的杜厦、李罗力、金岩石、常

① 根据《会议情况二》，油印件。

修泽、郝一生、杨海田，广州的张向荣，香港招商局蛇口工业区的梁宪等；内蒙古的郭凡生、曹征海，陕西的张宝通、刘安等。来自北京的朱嘉明作为召集人，有点居中裁判的味道。讨论涉及面相当广泛：（1）扩大开放战略，包括建立以市场调节为主的经济环境，通过市场机制为外资企业的生产经营活动提供保证，打破条条与块块束缚，允许各种类型的经济实体对外进行经济活动，颁布各种经济法规、法令，在条件不成熟时颁布临时措置法或试行方案。（2）沿海开放和中西部地区开发的关系。形成了由东到西的“梯度开发理论”和“反梯度开发理论”，以及在内地“中心开花”理论的争论。郭凡生是“反梯度推移理论”的代表人物。该组的专题报告提出：“沿海对外开放，内地也应对外开放，是一个大宏观决策，需要国家统筹考虑。”[①]（3）金融、外汇管理体制，集中讨论在对外开放形势下的汇率制度改革问题。提出在短期内将双重汇率向单一汇率靠拢，实施有限浮动性汇率和差额财政出口补贴。特别是，建立一篮子加权平均指数以取代人民币只钉住美元的做法。（4）特区货币问题，包括特区货币的特征，与主权货币的关系，管理体制。虽然最终没有发行特区货币，但是这一

① 根据常修泽：史料版1984年莫干山会议，载共识网2013年6月8日。

讨论对后来的金融货币体制改革还是具有参考意义的。

第四组，流通组。主要集中在讨论如何发挥城市多种功能：（1）城市功能发挥和建立全国统一市场之间具有相关性，为此需要全方位开发城市多种经济功能，不能依靠行政力量组织，只有依靠市场机制。（2）政府在发挥城市功能方面的作用，主要包括改革城市基础设施，建立人口自由流动制度，推动城市发挥贸易中心、资本中心、金融中心的作用，并建立相关的法律体系。所以，中央对地方的考核指标不应该仅仅是工农业总产值。因为为了完成总产值计划，会耗尽城市的全部力量，阻碍和压制城市多种功能的发育。（3）调整城市产业结构，改变大城市单一工业生产功能，着力解决交通拥堵、环境污染、水电煤气供应不足，生活质量下降等严重问题，着力发展服务部门。（4）实现理论上的突破，纠正那种认为只有物质生产部门才创造价值，不承认城市多种功能，以及第三产业对社会利益的贡献的思想。[①]

第五组，金融组。召集人是中国人民银行总行金融研究所的蔡重直，[②]成员有刘渝、齐永贵，广东深圳市国

---

① 根据《会议情况二》，油印件。

② 蔡重直、刘渝、齐永贵均为中国人民银行研究生部研究生。

际信托投资公司的沈水根，武汉大学经济系的肖帆等。重点讨论“我国经济体制改革和商品生产对金融提出了哪些最为迫切的要求”“我国应建立什么样的金融体系”“当前金融改革主要抓哪些环节”等问题，“区域性金融中心”和“开放金融市场”问题，由开放金融市场（资本市场）引发的“股份经济”问题。[①]

第六组，农村组。主要成员是中国农村发展问题研究组和中央书记处农研室成员，如王岐山、陈一谘、裴长洪、白南生、左芳等，讨论的主要问题是：（1）如何判断农村改革和发展总体形势；（2）改革农产品（首先是粮食）购销体制，建立新型粮食流通渠道和粮食部门经营模式；（3）农村产业结构。[②]该组就粮食问题提出的建议是：粮食收购倒三七计价后实行限额收购；把财政对粮食的补贴放到省，由省灵活使用；在当时，国家粮食库存保持在1000亿斤左右为宜。[③]

第七组，理论组。讨论集中在：（1）经济体制改革的总体设想；（2）政企分离及国家的经济职能；（3）所有制形式以及经济模式选择。他们认为，国家的经济职

① 根据常修泽：史料版1984年莫干山会议，载共识网2013年6月8日。

② 同上。

③ 根据《会议情况二》，油印件。

能并不等于用行政办法管理经济，政企分离就是要改变过去企业隶属于国家行政机关，缺乏相对独立的生产经营自主权力和相对独立的经济利益的状况，而政企不分的根本原因在于国家所有制。[①]

近年来，“价格双轨制”“发明权”的争论，和相关人员获得经济理论创新奖，引发了媒体关注。“价格改革”，确实是1984年前后迫切需要求解的现实问题，会上的讨论和建议受到了张劲夫的赞赏，呈报总理并得到批示。但是，价格双轨制讨论仅仅是莫干山会议的一个问题。如果将这个会议的成果只局限在这一个问题上，而不了解会议对其他问题的讨论和贡献，则是莫大的误解和偏差。

挂牌讨论，是莫干山会的一大发明，即任何人可以提议讨论某个问题，陈述理论，经过大会学术组认可，即可挂牌讨论。6日晚上，第一组的挂牌讨论达到高峰。据马小冈回忆：“我这个召集人不得不采取发言限时15分钟的规定，到点敲茶杯。其他组代表纷纷跑到我们组加入论战，挤一百多人，许多人站着。我把茶杯几乎敲碎，无法阻止激辩。”[②] 原《经济学周报》的马力对那个场

① 根据《会议情况》，油印件。

② 马小冈：“从莫干山到京丰宾馆”，《炎黄春秋》2012年第9期。

景印象深刻：“人多得啊，里屋小，桌子板凳，大家挤在上面，连外屋都堆满了人。大家使劲吵，各种观点的人在争吵中做了修正，最后，谁都不是完全固守原来的观点。”她提到一个趣事：张维迎陕西口音特重，让人听不懂，能在会上发言吗？她去问张维迎。张维迎回答说自己行，“都答辩过了，还得了优呢。”

会议进行到第六天，9 月 8 日，领导小组、各组召集人和会议秘书处召开了一次碰头会，对前一阶段进行小结。好在有历史记录，让我们得见这些前辈对会议的观察和评论。丁望发言说：“会议的性质还是学术会议，衡量会议成果要用多方位尺度，如青年人有许多好的思路是成果，各地把会风带回去也是成果。不要把全部精力都放在书上。”冯兰瑞则说：“讨论侧重建议当然很重要，突出了从实际出发；另一方面，从实际中提出一些政策的理论问题，让同志们回去研究。学术讨论会都是政策也不成。”王瑞荪说：“这次会议不同的就是从当前社会主义建设和改革的现实问题出发，提出解决问题的看法和建议。因此，难度比较高，要求熟练运用理论，判断分析问题，因而会议有深度，交锋激烈。这样开会，值得学术讨论会提倡。从政策上提出某些建议是符合改革要求的。”浙江省经济研究中心主任张奇说：“我们省正在搞城市综合体制改革，探讨如何发挥中心城市多功能问题，如何把企业搞活。”浙江省社科院经济研究所所长的发言是：“我们准备召集浙江的同志开个会，讨论应当吸取什么。”中共中央办公厅李应堂说：“大家为此绞尽脑汁，常常讨论到深夜，很晚才休息，看到青年人的活力。在讨论中是平等的，谁也不去压谁。”[①]

总的来说，莫干山会是讨论企业改革、价格改革、股份制、金融市场、中心城市多功能、政府职能转变等一系列涉及城市改革关键问题的会。从以上 7 个组的讨论内容不难看出这样三个特点：一是务实，从国情出发。二是自由讨论、观点交锋，不讲套话废话，畅所欲言。虽然，从计划经济向市场经济转型已经悄然开始，但是，计划经济的影响力依然强大，官方话语还守着“计划经济”，会上却很少囿于教条。并且，在开放之初讨论深层开放问题。三是有学术精神。讲经济理论，讲学术根据，创造出一个自由的学术空间。

如果说会议有主导者的话，主导者主要是那些已经大学或者研究生毕业，进入工作岗位的人。发起、组织者与大多数参会者是同代人，年纪相仿。他们在历史的呼唤下作出了呼应，再将这种呼应作为新的信号发送出

① 根据《会议情况四》，油印件。

去，得到更大范围的响应，从而成就了这一跨越空间、地域、行业、职阶，全方位的协作。

四、响彻山谷的大合唱[①]

这是2011年5月29日高梁在张少杰追思会上说的："少杰，还记得莫干山上彻夜讨论和响彻山谷的大合唱吗？"潸然泪下啊！那是1984年9月10日中秋节晚上聚餐，他们理论组的同伴喝了很多酒，醉了，回到所住的小楼使劲儿侃，使劲儿唱，把能想到的歌全唱了一遍，直唱到后半夜。用"响彻山谷的大合唱"来描述莫干山会议的本质再恰当不过了，不是独唱，没有明星，是合唱。三十多年后的今天，如果说莫干山会议值得纪念，那么纪念的不是媒体上重新塑造的莫干山会议，而是昔日响彻山谷的大合唱。

纪念不是为了荣耀，是为了怀念。曾经发出天籁之音响彻山谷的合唱队，已经零落，缺音少人。第一是逝者。当年意气风发的前辈安岗、丁望、钦本立，风华正茂的中青年，周天豹、高小蒙、白南生、齐永贵、张少杰、陈一谘等相继离世；其次是老者。倾心支持青年的百岁马宾、90岁冯兰瑞，和众多进入古稀之年的兄长。

① 2011年5月29日，高梁在张少杰追思会上发言时说的话。

还有令人感叹的是人生之歧路：居庙堂之高，处江湖之远。有的老病交加；有的漂泊海外；有的回归山野；有的被迫中断学术生涯；还有一些人被边缘或自我边缘，被迫沉默或选择沉默。无论世事如何纷繁，在每个人心底里想必都还存有难以割舍的一份莫干山情怀。

第二，不是为了“大道理”，是为了情谊。有一段佳话：中国农村发展问题研究组的白南风和中国社会科学院研究生张少杰在山上一见如故。下山之后，少杰给南风写信说，你到我们这儿来，烟管够，侃大山。于是南风去了。再之后，南风带少杰去王小鲁家，见到随总理出访而未上山开会的中国农村发展问题副组长王小强。1985 年当少杰研究生毕业时，选择了加入这些气味相投的朋友和事业，进入体改所担任微观室主任，成为企业研究领域的学术带头人。南风作为少杰儿子的义父，去年代亡友赴美参加儿子的毕业典礼。在情谊之后是对彼此价值观的认同，肝胆相照。上山与下山，冷与热，中心与边缘，这一代“莫干山人”对这些习以为常。

第三，不是为了个人记忆，是为了群体的历史。它是在“文革”后老人复出占据学界，在论资排辈时代打破陈规，开天辟地的会，是一场头脑风暴。除了那么多小组会、全体会，以及打破组别的挂牌讨论等规定形式外，还有各式各样的会中会、会外会，各种各样组合的夜谈。比如，在某次小范围夜谈中，王岐山讲他最近去苏联的面面观。这里简直就是一个“思想市场”，人们睁大眼睛竖起耳朵，吸取、学习、思考。会外会是另一处精彩。

莫干山会议是一次知识共同体的聚合和创造。将个人的记忆组合起来，拼凑整个图景，是为了开掘和拓展其思想资源。据说索尔仁尼琴说过这样一句话：“总盯着过去，你会瞎掉一只眼；然而忘记历史，你会双目失明。”在现代传媒之下，某些未经佐证按照个人记忆的反复言说，有可能会出现过分美化和突出自己在历史上的表现，导致历史事件总体失真。

如果说莫干山会议存在什么历史遗产的话，绝对不仅仅是曾经为改革献计献策，曾经得到总理批示，曾经对改革决策发生过影响；也不仅仅是什么经济学和其他学科的学术性贡献。道理很简单，莫干山会议所讨论的议题，无论在当时的历史条件下多么重要，随着时间推移，要么不复存在，要么过于陈旧，要么无法跨越。30多年前经济学和其他学科的训练不足，在理论体系和方法方面，存在显而易见的局限性，难以产生具有国际意义的理论突破和创新。固然莫干山会议的与会者中有一些今日之人物，但是，仅仅因为名贵人物而津津乐道显然难以持久，因为单一的色彩经不起反复渲染。那么，什么是莫干山会议的历史遗产？莫干山会议的历史遗产其实是一种精神，一种传承与越王勾践的卧薪尝胆和奋发努力，通过“十年生聚，十年教训”，用22年打败号称春秋五霸之一吴国的精神。这是接地气、有底气的一代人。1984年的中国，刚刚告别“文革”十年，计划经济和人民公社制度还在，在人民币价值被严重高估的情况下，人均国民生产总值不足300美元，排名世界120名之后，是一个贫困的“超级大国”。这些与会者经历了艰难贫困的漫长岁月，有独立思考能力和追求真理的勇气，渴望中国的全面现代化，并且相信改革开放是唯一选择。莫干山会议为他们提供了一个平台，没有思想禁锢。他们把一个个历史课题抛向天空，再给予回答。莫干山会议将青年人推上历史舞台，使新生的改革力量得以聚集，从而改写了20世纪80年代各种社会力量的版图。

每年农历八月十八前后，是钱江涌潮之最，排山倒海，声浪震天。莫干山会议散会那天是9月10日，农历八月十五。第二天，9月11日早晨8点，与会者乘车前往海宁，赶在下午2点观大潮。刚刚下山的青年，聚精会神于潮涨之壮丽，意气风发，踌躇满志，眺望潮水涌来退去，对改革前景充满乐观憧憬。他们无法预见，往后三十年中国社会转型的潮起潮落是那么惊心动魄；走向市场经济、民主法治和社会公正的道路是那么曲折艰辛；历史和社会的代价是那么沉重。尽管如此，“莫干山人”的独立思考能力和追求真理的勇气，却不会因为转型过程的困苦而失去价值。

刘佑成

莫干山会议始末[1]

1984年9月上旬，在浙江省德清县莫干山举行的“全国中青年经济科学工作者学术讨论会”（以下简称莫干山会议），是我国经济体制转型关键时期的一次“民办官助”的重要学术会议。作为这次会议的发起、组织者之一，我依据亲身经历和自己当时做的记录，将会议始末叙述如下，以纪念我国改革开放四十周年。

一、会议酝酿、筹备过程

莫干山会议对外公布的发起单位是：《经济学周报》、《经济日报》、中央人民广播电台、《世界经济导报》、《中国青年》杂志、《中国村镇百业信息报》、《经济效益报》、浙江省社会科学院、浙江省经济研究中

① 原载《经济观察报》2018年6月11日。作者刘佑成为原浙江省政府经济研究中心副主任、浙江省社科院副院长，现为中国南京国际经济技术合作有限公司董事长。

34 历史 | History

经济观察报 The Economic Observer << 2018.06.18

编辑：林密 e-mail: linmi@eeo.com.cn 美编：刘会芹

——柳红（独立学者，著有《八〇年代：中国经济学人的光荣与梦想》）

| 纪念改革开放 40 周年 |

莫干山会议始末

刘佑成 / 文

会议酝酿筹备过程

莫干山会议研讨改革开放的一些意见，通过几个渠道传达到了最高层，吸收进了党中央、国务院的决策，在从计划经济向社会主义市场经济体制转型的初期阶段起到很大作用

会议期间

心。这些参与发起的单位，是由朱嘉明、黄江南、张钢和我联系安排的。其中媒体单位主要是张钢联系安排的（实际起作用的主要是《经济学周报》《经济日报》），浙江省社科院和经济研究中心是由我联系安排的。这次会议最初的实际发起人是我们四位，但后来一些在中央、国务院部门工作的同志介入进来，实际主导、影响着会议。

莫干山会议的酝酿、筹备工作自 1983 年冬至 1984 年 8 月 31 日，历时九个多月。1983 年底，我因公出差到北京，顺便看望《经济学周报》编辑张钢。我与张钢是以文相识的。1981 年我俩曾合作撰写论文《从中西方历史的比较中探寻中国封建社会停滞的经济原因》（发表于《人文杂志》1981 年第 5 期），指出中国近代落后于西方的经济原因是没有从自然经济转变为商品经济；而未实现这个经济形态转变的主要原因，是对外封闭。那次在京相会时，议论到有必要召开一次全国性的中青年经济学者会议，探讨发展商品经济、全面推进经济体制改革和对外开放，并为中青年学者提供相互交流思想及为改革开放出谋划策的平台。张钢向我介绍说，这个想法国务院技术经济研究中心的朱嘉明和中国社科院黄江南已经同他说过，咱们是不谋而合。我即表示这个会议可由我协助安排在浙江省召开。我其时任浙江省政府经济研究中心副主任，有些便利条件。

1984 年 1 月，经张钢介绍，朱嘉明、黄江南到杭州与我相识，交流对改革开放形势的看法，初议了召开中青年经济学者学术研讨会问题。3 月份，朱、黄又来杭州与我具体商议了一次，确定会议名称为“全国中青年经济科学工作者学术讨论会”，会址选定在有历史文化背景而又清静的莫干山，选拔参会人员采取公开招贤，面向全国登报征集专业论文，以文选人。这些创意基本都出自朱嘉明。柳红著《八〇年代：中国经济学人的光荣与梦想》中提到，朱嘉明 1984 年日记中记载：“1984 年 1 月我去杭州，和刘佑成谈过。”“全国中青年经济科学工作者学术讨论会自 9 月 3 日—9 月 10 日召开，这是我提议，与佑成、江南在今年 3 月于杭州发起的。”即是上述情况。

1984 年 3 月份商议后，莫干山会议筹备工作正式启动，大致分三方面同时进行：1. 拟定会议框架、研讨课题及选定参会中青年学者（浙江除外）的工作，由朱嘉明、黄江南为主负责。2. 联系媒体及除浙江以外的发起单位工作，主要由张钢负责。3. 与浙江省委、省政府沟通，联系安排浙江省参与发起单位及参会中青年学者选定工作，以及安排会场、食宿、接送等会务工作，由我负责。

朱嘉明、黄江南、张钢在北京开展了主要的筹备工作。具体过程我不清楚，只知最后完成了以下工作：设计了会议框架和讨论课题；成立了由《未定稿》编辑王小鲁等负责的论文组，从1300多篇应征论文中筛选出114名中青年学者参会（加上浙江10人，总计124人），并联系了国家体改委、农研室、书记处研究室、中宣部、中组部等党政部门领导干部到会。我在浙江进行的工作是：向省委常委、秘书长兼经济研究中心主任王维澄（后任中央政研室主任）、省长薛驹（后任中央党校常务副校长）详细汇报了召开莫干山会议的动议、方案和筹备情况，得到他们大力支持。确定让浙江省政府经济研究中心、浙江省社会科学院参与会议发起单位，由省政府机关事务管理局协助安排莫干山会议的会务工作。

截至1984年8月30日，各项筹备工作就绪。8月31日在浙江省府大楼会议室召开了预备会，参加人员有浙江省省长薛驹、《经济日报》总编辑安岗、国家体改委徐景安、以及张钢和我等。安岗通报了《经济日报》征集论文情况，说自从6月12日登出征集会议论文通知，共收到来自全国各地中青年学者的1300多篇论文。张钢讲了联系组织发起单位情况。徐景安代表北京方面讲了会议框架，会议中心议题是讨论城市经济体制改革的路子，基本思路是以企业自负盈亏为中心，以计划体制和价格改革为两翼。我汇报了落实浙江省参与会议的发起单位、参加会议人员以及会务安排情况。薛驹省长最后说，这个会在浙江开我们很欢迎。我们的任务一是从会议中汲取智慧，二是尽东道主之谊。

二、会议期间

从9月1日起，参加莫干山会议的人员陆续从全国各地到达杭州。我们在西湖边的新新饭店和市区的红楼饭店设了两个接待站，安排参会人员当晚食宿。从北京来的人员除筹备组班子和以文选定的中青年学者外，还有国务院经济研究中心副总干事马宾、全国经团联执行主席和《经济学周报》社长冯兰瑞，书记处农研室的王岐山、中宣部理论局贾春峰、中组部青干局阎淮等。

9月1日、2日与会人员分乘专车从杭州出发抵达莫干山。领导干部及少数人员住在莫干山荫山街公寓楼招待所，大部分人员分散住在莫干山芦苇荡等避暑别墅。会议成立了领导小组，由主要发起单位的领导组成。浙江方面参加领导小组的有经济研究中心副主任张奇、社科院经济研究所所长方民生。会议设秘书处，张钢任秘书长，徐景安、黄江南和我任副秘书长。秘书处实际负责会议组织工作。参加会议的中青年学者共 124 人，分别编入七个专题研讨小组：1. 价格改革；2. 企业体制；3. 对外开放；4. 发挥中心城市多功能；5. 金融体制；6. 农村经济；7. 基础理论（我和王小鲁为该组召集人。我俩曾于 1980 年在《未定稿》杂志上发表合作论文《论商品经济基础》，阐述了商品经济发展的历史必然性）。全体会议的会场在荫山街的大教堂，各小组会场分散在各个别墅住地。

9 月 3 日上午在荫山街大教堂举行开幕式。《经济学周报》主编王瑞荪主持会议并致辞。浙江省长薛驹到会讲话。薛驹说："这次会议的召开具有历史意义，标志着中青年学者在政治上、理论上已经成熟。"他接着简要介绍了浙江省"两改"（体制改革、技术改造）、"两开"（对内、对外开放）的情况，以及改革发展中遇到的一些实际问题。薛驹讲话后，中组部青干局阎淮作了即兴发言，会场气氛热烈。

9 月 3 日下午，国家体改委徐景安发言，类似会议的主题报告。徐景安抛出一个供大会研讨的城市经济体制改革的思路：以国有企业自负盈亏为中心、以计划体制和价格体制改革为两翼。（随着会议研讨的深入，后来会议重点转为以价格改革为中心的各方面配套改革。）

当天晚上，在荫山街招待所开了一次领导小组和各组召集人碰头会，传达了国务委员张劲夫在信托投资公司会议上的讲话，内容主要是传达国务院领导的一个讲话。我保存的当时笔记内容要点如下：我们发展经济的目标是富民兴邦。改革的必要性：农村、财政等。改革的复杂性。我们还要搞计划经济，但要搞活，减少指令性计划，扩大指导性计划，二者加起来就是计划经济为主。国营企业要独立核算、自负盈亏。所有权同经营权不能画等号。经济发展的部署：一是老企业技术改造，一是对外开放，引进技术和设备，手段是用技术换市场。此外抓先进的、优质的产品。最后强调说，现在要采取一个主要的工作方法：两代人对话。

9月4日至6日，各小组在住地进行专题研讨。价格组讨论是最热烈，几种不同观点辩论，发展到对外“挂牌”研讨。其间西北大学经济系研究生张维迎作了精彩发言，阐述价格对资源配置的作用、供求关系决定价格；价格改革应该以放为主。他的观点引起会议普遍关注。

9月6日，领导小组和召集人召开碰头会，交流各小组讨论成果。我当时作的记录要点如下：

第一组：价格改革

1. 模式：改革计划管理体制。核心：企业活力，自负盈亏。条件：计划——物资——价格，以价格改革为中心的配套改革。

2. 价格改革三方案：a. 调整价格，先调后放。价格不合理不是由国家管价造成的。调整思路，分三类调：一是维持统一定价（能源、原材料、公用事业）。二是浮动价。三是自由价。价格管理权应适当由中央下放到地方。价格改革的约束条件：财政、收入、市场波动。b. 逐步放开。基点是国家不应管制物价。几种放的意见：第一种，全部放开。指令转指导，统配转市场，定价转自由。第二种，生产资料统，其他放。第三种，分批放，分步放。c. 两派的共同点：第一，紧缺的生产资料统一定价。第二，农产品和公用事业价格变动要慎重。

第二组：自负盈亏、行业管理

1. 自负盈亏（两个问题：中小企业自负盈亏；大企业的优惠政策）。a. 概念：企业是资产所有者还是独立经营者，企业应拥有的是所有权还是经营权。几种观点：国家所有、国家经营；国家所有、集体经营；国家所有、承包经营；国家所有、租赁经营。总之要自负盈亏，使企业成为相对独立的经营主体。b. 自负盈亏的实现条件：第一，改变计划体制，扩大指导性计划。第二，价格体制必须改革。第三，扩大再生产的权要给企业。企业留利形成的固定资产应留给企业，但不改变所有者。第四，其他改革的配套。c. 中小企业放权后，大企业怎么办？要给优惠政策：折旧率提高。减免调节税。对短线产品实行递增包干。实行低息无期贷款，搞补偿贸易，股份制。改变指令性计划层层加码。

2. 行业管理。

第三组：对外开放

1. 几个理论问题：a. 目的和含义。目标一是追求宏观和社会效益，提高现代化实力。二是探索有中国特色社会主义模式。含义有三：一是多方面开放。二是多层次开放。三是既进又出。b. 以沿海地带开放为先导，推动全面改革。这条路子比从某个环节改实在，比从农村改有先进性。要解决好区域发展平衡问题。c. 对外开放和改革的关系。

2. 我国投资环境分析。a. 税率不是吸引外资的主要因素。基础设施也不是决定条件。基本条件是：第一，提供外资得以生存的环境。第二，对外谈判双方都应是经营实体，而不是政府。第三，要有稳定的法制条件。b. 协调区域关系。沿海开放和内地开发相结合，以平衡外汇。沿海带动内地，解决原料、上游、下游产品扩大。

3. 引进来与走出去的问题。

4. 加快技术引进的步伐。中国要强调引进适用技术，不是只引进高技术，因后者暂无消化、配套能力。具体：交通能源、通信技术，我国急需而国外又不是尖端。传统产业的改造技术。新兴产业。

5. 对外开放的实体。开放实体应是企业，不是政府。开发区首先实行政企分开。外贸单位应企业化。

6. 提高对外开放的宏观经济效益。沿海地区可形成四个对外开放的经济圈：a. 大连，为东北圈，成为大陆桥。b. 天津。c. 上海，搞高精尖。d. 珠江三角洲。南海油田储量保守估计二十亿吨。

第四组：发挥中心城市多功能

怎样发挥贸易中心功能，形成全国统一市场问题。

第五组：金融问题

1. 对外开放同人民币制的矛盾。a. 汇率。现有两种，价差达 47%。现在结算按法定汇率，因而外商不愿把外汇带进来，而宁愿在国外买设备。这已成为引进外资的一个障碍。先用发特区货币的办法解决。b. 人民币不能自由兑换。c. 沿海搞优惠汇率。

2. 银行改革要扩大地方的权限。分行独立。改变现在统筹统贷的办法。

3. 宏观信贷规模控制。货币发行量现在从两点考虑：

一是商品流通需要量；二是信贷需要量。从后者出发，货币发行过多，关键是从宏观上控制信贷规模。信贷不足，不平衡，可以通过提高利率、限制贷款、发股票、搞证券市场等形式解决。

4. 社会集资和股份经济。

第六组：农村经济

1. 土地承包以来农村经济形势。改组农村产业结构已成新任务。

2. 粮食购销体制改革。

第七组：基础理论和政府职能

1. 所有制问题：a. 所有权同经营权分离的依据和后果。b. 不同所有制的相互融合。

2. 政府的经济职能。由经营型转为调控服务型。政企分离，微观放开、宏观调控。

3. 体改目标模式的选择问题。商品经济是人类历史发展的必经阶段。经济体制改革的总方向是发展商品经济。

会议中间，总理秘书李湘鲁、张劲夫秘书孔丹上山，了解会议情况，与部分中青年学者交谈（我也参加了）。9 月 8 日晚，徐景安通知少数与会中青年学者乘专车下山到杭州，等待翌日张劲夫接见。

9 月 8 日上午，国务委员张劲夫在杭州汪庄二号楼接见部分莫干山会议人员。时间上午8时至12时，参加人员：张劲夫、李湘鲁、孔丹、张钢、徐景安、华生、田源、周其仁、陈申申、刘渝、沈水根、刘佑成、天津一位代表。

会议内容：张劲夫先说，国务院领导最近提出两代人对话，理论与实际对话，中央同地方对话。我们随便谈谈，交换看法。现在中央正研究城市经济体制改革问题，你们有好的意见，可以吸收进去。

接着自由发言。田源、华生、周其仁等先后讲价格、粮食、金融改革和对外开放问题。我记录的发言要点如下：

1. 价格改革：a. 价格改革要加快进行。因为第一，城市体制改革的主要问题是计划体制，而计划实质是分配物资，物资实质上是价格。价格不改，各方面都无法改。第二，现在生产资料价格偏低，浪费很大，早改可增加财政收入。第三，对外开放要求改价格，否则汇率无法定。因此，建议中央提前进行价格改革。b. 价格改革的两种方案：第一，调放结合，以调为主。调价三块：工业品出厂价、消费品、农产品，以工业品为先。此方案的主要问题是调价的连锁反应不可预见，难下决心。同时价格将会是上涨趋势，财政负担会增加。第二，调放结合，以放为主。好处是能缩小可控、可预见范围，减少财政负担。办法是先放长线的、非垄断的，并定浮动价，逐步把全部价格放开，让供求来决定。价格上涨后，一方面会促进生产，改变供求关系；另一方面会迫使企业进行技术改造，相对减少需求。待供求平衡后，价格稳定下来，然后再调整。放的办法是，产品计划、价格、物资供应同时放，顺序可考虑从长线和短线两个方面开始。这是价格改革的新思路。c. 价格改革存在的问题：竞争环境，与工资挂钩，以及预测。

2. 农村经济：a. 怎样进一步发展粮食生产。农村承包责任制后，粮食生产形势很好。但要看到近几年属于非正常增长，局面不能维持下去了，要采取新的政策。目前形势是粮食在低消费水平上的相对过剩。一方面，国家用财政补贴粮价的办法刺激生产，另一方面收购的粮食又销不出去，大量堆积在仓库，仓库已容纳不了。所以，粮食生产的政策，要由靠财政补贴改为增加有支付能力的需求。办法是不再增加粮贴，中央和地方财政补贴按现在比例三七开，切开负责。地方粮食自主权灵活使用，促进产业结构变化，特别是要发展第二粮食。b. 农村要发展新的产业结构，转向带头产业。为此要搞活资金、劳力、技术。

3. 金融：a. 扩大地方银行权利，加强横向资金流动。b. 股票问题。现在财政每年赤字 30 亿元，国债 40 亿元，向银行透支 60 亿元。需要建立资本市场。

4. 对外开放：主要问题是外资引不进来。问题在投资环境，环境在改革。拟采取的政策是以改革促开放，以外资引外资。先在小区域推行全面改革。以外引外就是先搞小的，以小引大。外汇平衡：以内地资源开发同沿海开放平行展开，来解决外汇大平衡和促进基础产业。引进三类技术：传统产业改造的适用技术、基础结构的尖端技术、高技术的配套工业。沿海开放拟设四个经济圈。开发区的地理界限要打破，要同老市区的投资结合起来。因为开发区的资金要靠在老市区投资来积累。

张劲夫在田源等讲价格调整时插话说：请浙江同志研究一个问题，搞一个材料：为什么浙江的企业用协作煤、价格高，产品的效益还高呢？财政收入还改善了呢？价格放开后，肯定是一个上涨的趋势，因为我们的基础工业落后，生产资料不足。但价格上涨可以迫使企业节约材料，找代用品，江浙就是现实的例证。

自由发言结束后，张劲夫同志讲话：1. 听了汇报后，感到基本的精神是放。不要都挑在中央的肩上。问题和责任分散，大系统分解。但同时不要增加财政负担，要算算账。2. 要研究改革同建设的关系。体制改革的主要困难是，目前基本建设的规模还是大。要搞改革不能火上添油，要釜底抽薪。改革怎样才不导致通货膨胀？如果搞价格等改革，要不要控制货币发行量？货币每年搞三位数行不行？要考虑经济承受力。总之，体改的目标看准，步子走稳。3. 城市体制改革，大事是计划经济为主、市场调节为辅。怎样理解，怎样具体化？首先要明确社会主义社会还是商品生产、商品交换，不承认商品生产就变成了自然经济。国务院领导讲，我们是计划经济，但计划不等于指令性计划。现在要扩大指导性计划，缩小指令性计划。市场经济有广狭之分，广义的市场经济是西方那种，我们讲的市场调节是狭义的，就是陈云同志讲的小商品。现在改革的方向不是搞广义的市场经济，而是扩大指导性计划，指令性计划也要运用价值规律。4. 我想同研究世界经济的人接触一下。战后资本主义是如何运转的，用什么办法减缓衰老？有些值得我们研究。例如，目前西方的新自由主义，现在真正在起作用。列宁当年很重视研究资本主义的东西，这种辩证的方法我们要学习。

座谈会最后，徐景安等提出要帮助中青年研究问题。张劲夫讲，你们开一个名单，我给有关方面打招呼。

9 月 10 日是莫干山会议的最后一天。上午在荫山街大礼堂开全体会议，由小组讨论中推举出的三位代表发言。第一位讲城市多功能问题，第二位讲国营企业自负盈亏问题，第三位是周其仁，讲粮食购销体制改革，反响较大。其仁讲的要点是：不能用财政补贴来促进粮食生产，这不仅因为财政补不起，而且因为它不能促进由第一粮食向第二粮食转化。要靠产业结构变化，由购买力来引导粮食生产增长。办法是中央财政补贴同省切开，由省自主。中央建立粮食保险制度、粮价保护制度和统计制度。

当天下午举行闭幕大会。先由浙江省经济研究中心顾问、原省委副书记崔健和浙江省委宣传部长罗东讲话，内容都是表态、答谢、希望之意。然后由全国经团联和《经济学周报》领导冯兰瑞作大会总结，记录要点如下：

一、会议评价：1. 开出了青年人的精神。2. 出了一些可供中央参考的研究成果。3. 提出了一些有待研究的问题。

二、会议提出有待研究的问题归纳：1. 关于计划经济。市场调节部分是否脱离计划指导。指导性计划和指令性计划要不要使用市场机制。国家对经济的宏观调控要不要经济杠杆。商品经济问题。2. 价格改革。理论依据是什么。价格应该是由国家制定还是由市场机制自然地形成。价格改革两方案的预测。粮食价格问题，补贴是否继续，暗补还是明补？3. 农村经济。农村产业结构的变动，涉及我国农业现代化的道路问题。4. 中心城市。发挥城市多功能是在什么条件下提出来的，指什么？这个问题同商品经济是分不开的。

三、会议不足之处。1. 理论准备不足。2. 献计献策事先没有打招呼。

9 月 10 日是中秋节，当晚会议安排了节庆聚餐，大家都很高兴。饭后，一些参会中青年学者相聚在住地放声高歌，欢声笑语和歌声响彻山谷。莫干山会议在一片欢庆气氛中结束。

三、会议成果

历时八天的莫干山会议，收获了丰硕成果：

一、莫干山会议研讨改革开放的一些意见，通过几个渠道传达到最高层，吸收进党中央、国务院的决策，在从计划经济向社会主义市场经济体制转型的初期阶段起到很大作用。

在莫干山会议后期，经孔丹、李湘鲁联络安排，当时主管计委和体改委的国务委员张劲夫在杭州直接与莫干山会议部分中青年学者座谈，听取了会议研讨的主要意见。会议结束后，至 9 月 15 日写成了《价格改革的两种思路》《改革粮食购销体制和农村产业结构》等七个专题研究咨询报告，报送张劲夫及总理。同时，浙江省的主要领导，也以他们的方式和渠道向上反映了会议情况。9 月 11 日，浙江省委书记王芳（后任国务委员、公安部长）和省长薛驹，让人通知我，邀请徐景安、王岐山等莫干山会议代表，到浙江省府大楼常委会议室座谈，详细听取了七个专题组的研讨意见。（王芳和薛驹都是中央委员，正在上升中，且数月前在杭州刚接待过邓小平、陈云，当时与国务院领导也有接触。）参加莫干山会议还有一些能“通天”的人，也向上反映了情况。

据我所知，莫干山会议研讨形成的意见，大体有以下几个方面被中央、国务院采纳：1. 经济体制改革的总体模式。在莫干山会议之前，国务院领导的讲法还是计划经济为主、市场调节为辅。只是强调要搞活，缩小指令性计划、扩大指导性计划、运用经济杠杆。莫干山会议研讨中，讲清了商品经济与计划经济的关系；商品经济作为独立经济形态发展的历史必然性；建议经济体制改革的总方向是发展商品经济。在莫干山会议结束一个月后的中共十二届三中全会《关于城市经济体制改革的决定》中，第一次明确提出体制改革的方向是发展社会主义有计划的商品经济，指出“商品经济的充分发展，是社会经济发展的不可逾越的阶段。是实现我国经济现代化的必要条件”。这个认识和决策上的重大转变，与莫干山会议的意见有很大关系。2. 价格改革实行调放结合、最终完全放开，由市场供求关系决定。在上报的价格改革专题研究报告上，时任国务院总理和张劲夫都直接作了肯定的批示。3. 农村粮食购销体制改革的意见，写进了一九八五年中共中央一号文件。4. 国有企业所有权与经营权分离、自负盈亏的意见，后来导致国资委成立、国企委托授权独立经营。5. 调整政府的经济职能，实行政企分开。政府对经济生活的管理要由经营型转为调控服务型，由统管转为微观放开、宏观调控。这些以莫干山会议第七组为主研讨形成的意见，基本写进了中共中央关于城市经济体制改革的决定。6. 沿海开放带、中心城市多功能、金融体制改革、发展资本市场等意见，后来也都程度不同地被吸收进中央决策。

二、提供优秀中青年学者集中展示报国情怀和才华的机会，为国家选拔年轻干部提供了储备人才。

浙江省省长薛驹在莫干山会议开幕式上说，这次会议的召开标志着中青年在政治上思想上已经成熟。这句意味深长的话代表了当时老一辈党政领导的共识。莫干山会议是对中青年学者的一次集中检阅，从中涌现出的俊才引起从中央到地方党政领导的关注。会议期间，朱嘉明曾领我去参加会议的中组部青干局人员住地，我亲眼看到他们收集、研究、登记莫干山会议中青年学者资料的情景。我也亲耳听到国务委员张劲夫让秘书处写一个参加莫干山会议的主要中青年学者的名单。不能说所有参加过莫干山会议后来成为重要党政领导干部的人，都是以莫干山会议为起点；但可以说这次会议为一些优秀中青年学者此后在政治上、学术上的发展提供了机会，埋下了伏笔。

中篇　亲历者说

华 生

莫干山会议的历史作用[1]

1984年9月3日至10日，全国首届中青年经济科学工作者学术讨论会在浙江省德清县莫干山举行。这时正值农村的家庭承包责任制改革取得了空前成功，城市经济改革已拉开序幕，势不可当。改革的好处开始充分体现，改革的困难和弊病还没有被人们感受到。

中央高层正在酝酿和交换意见，提出了一个月后在党的十二届三中全会报告中正式公布的“社会主义有计划的商品经济”的概念，被邓小平认为是讲出了老祖宗没有讲过的新话，是马克思主义政治经济学的重大突破。

一、价格讨论最有成果

莫干山会议由《经济日报》、《中国青年报》、《经济学周刊》、《中国青年》杂志、中央人民广播电台等媒体出面组织，用以文选人的原则，从全国1300余篇应征论文的作者中，选拔出124名代表参会。

① 原载华生新浪博客2008年9月27日。

这次会议更深的背景是一批在中央工作和接近上层领导的同志，意图集全国中青年经济改革者的思想精华，碰撞聚焦即将全面展开的城市经济体制改革，并提出具体的改革方案和思路，供中央决策参考。因此这次会上，不仅有中央书记处研究室、农村政研室、中宣部、中组部、中央财经领导小组办公室和国务院各研究中心、国家体改委的干部与会，还能间或见到一些领导同志的秘书。

现已进入国家领导人行列的王岐山、马凯等人，当时就参与了这个中青年会议的核心领导和组织。

莫干山会议将与会者分成了七八个小组进行讨论，并形成了七个专题报告。包括价格改革、企业改革、对外开放、金融体制改革、股份制经济和农村改革等议题，其中关于金融体制改革和股份制经济的探索在当时是极其前沿的。但是，由于城市改革起步的焦点是价格问题，政府有关部门多年来对此又已经有了比较充分的研究和论证，这样，围绕价格改革的战略争论最为激烈，也最富有成果，并由于会后很快被中央正式采纳而产生了重大的历史影响。

价格成为城市改革起步的中心并不偶然。因为扩大企业自主权的各种激励在价格信号失真的情况下就失去了正确的导向。而生产资料尤其是基础能源和原材料价格极度偏低，供求失衡必然导致整个价格体系严重扭曲。

国务院从改革开放之初就专门设立价格研究中心进行了论证、测算和准备。因此，在价格组讨论中，国务院价格研究中心常务干事田源首先带来了他们的方案，主张对严重失衡的价格体系进行大步调整，介绍了这种调整的可能性及其对财政、税收和经济的影响，论证了方案测算和不同力度方案的比较，令大家耳目一新。

会上，当时来自中国社科院的李剑阁则介绍了周小川和楼继伟提出的另一种方案，就是用小步快调的方法，不断校正价格体系，既可以减少价格改革过程中的震动，又可以逐步逼近市场均衡价格。他们提出，在市场发育不全、非完全竞争的国情下，不能简单靠市场，而是要以“供求平衡指导价格”为目标，将价格政策与税收、财政补贴政策等相结合，控制总需求，逐步上调初级品价格，使价格体系合理化。

为此，他们使用了现代经济学供给和需求弹性的概念，进行了动态线性规划模型、投入产出和按国情改造的一般均衡模型的对比测算。应当说，他们的模型和论证，在当时是非常前沿的现代经济学包括数理经济分析在中国的引进和运用，在讨论中对我们这些当时还是在校文科研究生产生了相当大的冲击。

打破调派和模型派一统天下局面的是来自西北大

学的研究生张维迎。虽然与会者大多数是首次在会上见面，但张维迎因一年前在《中国青年报》上发表《为钱正名》文章引起讨论，因而比起参会的一般在校研究生，算是有点知名度。

张维迎当时持有可贵的完全市场派观点，而且他的硕士论文好像就是以价格改革为题，已经作了相当的投入和研究。他认为不能寄希望于价格调整，那至多是宴会前的一点零食，不解决根本问题。关键是放开价格，让市场起作用。同时，也不要被有人用财政负担问题吓住，不敢搞价格改革。他把计划价格比喻为装了不锈钢的温度计，僵死过时。价格放开，搞市场化是给这个温度计换上水银，能根据市场供求灵活反应。因此，他主张采用放的方针，对能源、原材料等差价很大的生产资料，采用分批、分步、分类放的办法。这样，大调、小调的调派和以张维迎为代表的放派，就在会上产生了激烈的讨论。

当时参会的大多是二三十岁的年轻人，意气风发，思想单纯，得理不让人，争论从组内到场外和饭桌上。因此，会议还发明了挂牌辩论的方式，向各组开放，挑灯夜战。

当时，我是两年前从南京考入中国社科院财贸所的研究生，过去对价格问题并没有很深的研究。但很快就为价格论战所吸引，我与社科院经济所的研究生何家成、高梁、张少杰以及在会上刚认识的中国人民大学的研究生蒋跃，虽然并不是都分在价格组，但也卷入了讨论。

经过几天通宵达旦的争论和讨论，觉得可以采纳和综合双方观点的精华，采取放调结合、两条腿走路的方针，用先放的办法促进市场价平稳下浮，然后上调计划牌价向上，有些产品也可以同时外放内调。同时我们特别强调组织生产资料市场和物资部门主动进入市场，发挥平抑供需和价格水平的主渠道作用。我们把这套“改、调、放、导”的思路简括为放调结合的双轨制。

记得在一天晚上的挂牌辩论时，我代表我们5个人上台发言，表述这个第三种思路，其他人在回答问题时又做了补充。放调结合的双轨推进思路一经提出，就引起了相当多与会者的共鸣。因为对当时参会的中青年改革者来说，大家在改革的市场化取向、财产权多元化、政治体制的民主化等目标模式上并没有什么明显分歧。讨论和争论的焦点，往往是可行性和过渡模式问题。而对于这批大多经过“文化大革命”和上山下乡的老三届来说，多数人对改革的艰巨性和复杂性都有潜意识，因此，走理想务实的增量渐进改革路线是各组讨论的整体氛围，这样，放调结合、双轨制的提法就比较容易被接受。

不过，更重要的是，放调结合的双轨制很快引起会议组织者和领导者的关注和肯定。他们认为，调的思路领导已经知道，放的思路过于激进、缺乏可行性。因此，当会议领导带队，各个专题组选派一个代表下山去杭州向时任中央财经领导小组秘书长、国务委员张劲夫同志汇报时，我被指定作为价格组的代表汇报放调结合的双轨制思路。

记得张劲夫同志当时听得非常认真，站起来来回踱步，就双轨制怎么讲，放调结合怎么搞，物资市场如何组织，怎样引导多轨价格归一，防止倒卖等提了很多问题，但当场并未明确表态。后来我去国务院开会时才有人告诉我，张劲夫同志回到北京就在国务院会议上介绍，说莫干山会上提出的那个放调结合的双轨制，很有意思，是个可以考虑的好办法。

二、极有参考价值的改革思路

莫干山会议结束后，留下几个人写报告。总报告由王岐山点将的国家体改委的笔杆子徐景安主刀。在当时的印象中徐景安是个挺挑剔的上海人，不太好交流，但他确实挺有智慧，很会提炼讨论的要点和精华，也很懂给中央写报告的语言和分寸。他没有可能让人费解和责疑的双轨制概念，按照会议领导们议论的意思，把放派的观点给融合和省略了，把放调的次序也动了一下，在调放结合的大标题下把价格组的意见归纳为两种思路：第一种为“调放结合，以调为主”，主要讲了“调派”的建议；第二种为“调放结合，先放后调”，主要讲了我们组织市场、先放后调、以放促调的思路。

七个小组的报告都出来后，会议的组织、领导者认为，价格组报告是重头戏，要另外专门加两个附件。这样就让田源写了一个以调为主的建议，要我写一个关于放调结合双轨制的建议。我以“用自觉的双轨制平稳地完成价格改革”为题，提出总思路是因势利导，外改内调。即利用扩大企业自主权后计划牌价已经全面受到冲击之势，改革价格制度，放开和组织计划外市场，使计划外多价归一和下浮，同时调整计划价格向上，逐步使二者靠近。步骤是先改后调，改中有调，控制每年物价上涨5%—6%的幅度，用5—6年平稳完成中国价格改革。落笔的时候，我把“放调结合”变为“改调结合”，是因为张劲夫同志听汇报时非常关心放开后的市场问题，因此我想用改来概括放开价格和组织市场两个含义。

这七个专题报告和两个附件上报之后，9月20日张劲夫同志就批示“中青年经济工作者讨论会上提出的‘价格改革的两种思路’，极有参考价值”。10月10日，国务院领导批示：“‘价格改革的两种思路’很开脑筋。

总题目是如何使放调结合，灵活运用；因势利导，既避免了大的震动，又可解决问题。广东从改物价管理体制入手，江苏乡镇企业走过的路，协作煤价的下浮，以及粮、棉、油大量搞超购价的结果带来了比例价，都实质上是放调结合的成功事例。”注意，国务院领导的批示把莫干山会议主报告中“调放结合”的提法，又改了一个顺序，为“放调结合”，并明确肯定了第二种思路。

随后在国务院会议讨论时，部长和领导们都赞同与其计划外限价20%涨幅，让中间环节抬价倒卖牟利，不如让生产企业直接卖高价进入市场得到好处。同年12月24日，中央书记处批复同意《国务院物价小组关于1985年价格改革方案的汇报提纲》。国家物价局、国家物资局根据国务院的指示，于1985年1月发出了《关于放开工业品生产资料超产自销产品价格的通知》。同时，1985年中央一号文件，又决定取消自1953年起实行了30多年的农产品统购统销制度，改为合同定购和市场收购的合同内外双轨制。

1985年4月12日，按照中央的安排，史无前例地由国家物价局局长成致平在中央电视台19点30分黄金时间发布关于价格改革的长篇电视讲话，公布1985年的价格改革方案，宣布“1985年价格改革的基本方针是：放调结合，小步前进。就是放活价格与调整价格相结合，走小步子，稳步前进”。

至此，莫干山会议提出的放调结合平稳过渡的思路被完全采纳。放调结合过程中计划内外两种价格合法的普遍化，后来被认为是双轨制战略的正式实施。但应当指出，中央采纳的价格改革方针，就是放调结合，本身并没有双轨制的提法。

三、集体智慧

不难看出，莫干山会议上中青年的意见能够在几个月内就成为中央的重大决策，并不是这个意见真有多高明，而是有多方面因素的巧合。

首先，1984 年 10 月召开的党的十二届三中全会，鉴于苏联和东欧国家改革的经验教训，正式提出，“价格体系的改革是整个经济体制改革成败的关键”，因此价格改革的决策适逢中央关注的焦点。

其次，放调结合的思路，其实是自 1978 年改革开放以来，在邓小平“摸着石头过河”的总方针指导下，中国在价格改革方面不知不觉已经走的道路，国务院领导批示提到的各个案例，说明这个思路得到领导的经验和改革成功历程的印证，这一点其实是任何建议能够被采纳极为核心的一环。

最后，从农村到城市的放权松绑，价格松动，计划内价格五花八门，计划外价格时隐时现，但又未形成合法和有效市场，随着改革推进，弊病日益明显，冲突日烈。因此，因势利导，用自觉的放调结合和合法地组织两个市场，来引导多轨价格逐步归一，渐进完成价格改革，自然被认为是一个合理的选择。

可见，莫干山会议其实并没有发明任何新东西，只是在因势利导和把放调结合、组织市场自觉地作为价格改革的战略上点明和拨动了领导头脑中的那根弦，因而影响了价格改革这个关键决策的方向选择。从这个意义上说，莫干山会议确实没有创造出早已存在的放调结合和双轨推进，而真正的贡献就是在一个适当的时间和地点推动其成为中央主动自觉的战略。

从另一方面说，年轻人的思想要能提出、聚焦、形成主导意见并能传递给决策者，也要很多条件的配合。在改革开放初期，已经有一些中青年活跃在改革前沿，并因各种工作或个人的因素，为领导同志所知晓。特别是在农村改革中，中央农村政策研究室和农村发展组周围已经凝聚了不少中青年改革者。

当时我们这些在校研究生都经常到中央农研室联络部负责人王岐山那里领课题、领出差费，到各地调研再上交报告。因此农村发展组和后来很著名的国家体改委下辖的中国经济体制改革研究所的主要骨干都在这个会上，并是会议秘书处的主要成员。会议的组织者在会前就公开声明会议是要为中央决策提供建议，设计了用论文选人的办法，以保证尽可能不拘一格网罗人才。到会后又根本不看不交流每个人的文章（当然当时的印刷条件也是很大的限制），完全按照会议组织的专题进行讨论和辩论，让来自不同部门和有不同信息背景的人能平等交流、相互补充，力争在会议的有限时间内碰撞产生有价值的思想。同时不仅积极引导讨论的方向，还对讨论成果进行加工提炼，并精心安排会议代表当面向国务委员张劲夫汇报，又在会议结束、报告后出来的短短几天内将会议报告送到相关领导手上。

再以我们 5 个人为例，本来都是不同单位的在校研究生，同时又不是专门研究价格的，会前基本不知道中央机关正在研究、关注什么，没有调派、放派的热烈争论和激荡头脑，我们根本不可能急中生智，提出什么放调结合的双轨制战略来，搞出来也不会表达得那么准确、清晰，更不可能作为什么重要会议的成果报送中央领导。

以至后来张维迎对我们第三种观点一直不以为然，说我们没有什么创造，只是“勾兑”了他们两派的观点，不能算一派。其“不满”也不能说没一点道理。你想人家调派、放派争得那么辛苦，我们最后就现炒现卖地一综合，说放调结合吧，外放内调，两条腿走路，双轨前进，然后就像天上掉馅饼似的一下子出了名，很快我和何家成都被评为国家级有突出贡献的专家。但这确实就是那个时代的特点。因此，2004 年底，我应约给《中国改革》杂志写稿回忆这段历史时，称莫干山会议的成果是时势所然和“集体智慧的结晶”，一点也不是故作谦虚，而是历史的真实。

从价格起步推动城市改革的选择和平稳推进的战略得到了邓小平的充分肯定。1984 年底他就指出，“城市经济改革有不少问题，首要的问题是物价问题”。1985 年 7 月 11 日，他在听取中央领导同志汇报经济情况时表示，前一段北京出现一阵抢购，人心惶惶的时候，他的心里是踏实的。他指出，“物价改革是个很大的难关，但这个关非过不可”。“十二届三中全会以来九个月的实践证明，物价改革是对的。”

小平同志认为，“如果用五年时间理顺物价关系，就是了不起的事”。“今后即使出现风波，甚至出现大的风波，改革也必须坚持。”（见中共中央文献编辑委员会出版的《邓小平年谱》和《邓小平文选第三卷》）。对于物价改革过程中的风险和困难，他也是有充分思想准备的。

不过在那个时候，我们这些热情单纯的年轻人，还根本没意识到领导人承受的这些压力以及价格改革将来可能遇到的困难和曲折。

贾　康

欣逢大时代　意气论兴亡[1]

——80年代中青年经济改革研究活动的一些回忆

改革开放三十年了。波澜壮阔的洪流，改天换地的历程，其中有一段中青年经济改革研究活动的活跃时期，可称得上是洪波曲中的一朵潮头浪花。

1984年，我是财政部科研所研究生部的一名硕士研究生，集自己前面若干年学习与思考形成的认识，写了一篇题为《论广义狭义价值规律》的论文，发表在当时被认为是经济学界最高层级理论刊物的《经济研究》上。这通常被认为是学术水平被社会所认可的一种标志，于是，客观上使我开始在经济理论界“小有知名度”，并由此而引出转过年头，蔡重直同志找我参加中青年论文初评和莫干山会议。

蔡当时在中国人民银行下辖的研究生部（人称“五道口”）读硕士，参加了后来广为人们谈论的莫干山会议（即全国第一次中青年经济科学工作者学术讨论会，

---

① 原载《中国财政》2008年第20期；2018年秋几处文字略作修改。

在浙江杭州附近的莫干山举行）的筹备工作。他想到我，联系我参加会前对征文的初评工作。莫干山会议的背景在这里需要多说几句：改革开放初期，久已沉寂、万马齐喑的思想界在“真理标准”大讨论后活跃起来，经济理论界也随之有“社会主义生产目的”等讨论热潮。而当时最为决策层所需要的，是关于改革思路和方案设计方面的研究，正是在这个特定领域（或可称为“关于改革的现实重大问题研究”领域）之内，中青年的研究力量开始崭露头角。当时已有传闻，王岐山等四位年轻人在 20 世纪 80 年代初上书中央，提出“重调整，缓改革”的阶段性要领建议，得到高层人士肯定；后来，最初以民间身份活动的农村问题研究小组的一些年轻人，开始进入中央农村政研室（领导者为杜润生同志）工作；再后来，在国家体改办之下，成立了体改研究所，成员是一批十分有朝气的年轻人，如王小强、李峻、张刚、张少杰、赵榆江等。我的印象，莫干山会议是在 1984 年秋天。莫干山会议的筹备者，是一群“热血青年”，联络了方方面面的人士，得到浙江省的省级研究机构的支持，举办了全国征文来选取参会者，而后聚于一山，共商国家改革大计。

我在筹备组那里领到一大捆征文的应征稿，逐一阅读后标明自己的看法（这样的初读者被分成若干组），还记得很清楚的是，我推荐的与会作者中，有后来在人民大学读完博士入财政部工作过、又进入金融界的贝多广，他的那篇文章写的是什么我现已记不清了，但水平明显高于一般的征文作者；还有一位是西藏交通局的作者，题目好像是关于交通管理体制改革的，我觉得这样的文章作者有其独特的地区代表性，所以作了推荐，后来还真的入选，到会上见到他，感觉是超乎想象地年轻，看去也就是二十挂零的一个小伙子。

在莫干山会议召开的大会上，气氛十分热烈，主持人专门强调了这个空前的中青年会议的意义，并介绍了那位西藏小伙子一波三折的参会过程（开始其所在单位不同意，是筹备者抬出了中宣部、中组部这样的名义才最终解决了问题，好像交通费也专门作了特殊处理，他才成行）。另外还介绍一位浙江的年轻人阎卡林，在工作单位坚持自学和撰写经济方面的文章，但遇到不好的待遇，单位领导卡他治他——可能仅是出于心理不平衡，这在那个年代十分常见——会上当场有中组部青年干部局的阎淮同志宣布，已向北京打长途电话请示后决定，推荐阎卡林到《经济日报》工作，摆脱他的不良环境，全场马上爆发出极为热烈的掌声（阎卡林后来在《经济日报》写过大量文章，主持过专栏）。

莫干山会议上的一大特点，是在各个分组讨论之外，有“挂牌讨论”即专题讨论，题目张贴出来，同时注明时间、地点，与会者自愿参加。我印象较深的一次挂牌讨论，主题是价格改革问题，田源、华生、张维迎作重点发言后，大家可以自由提问或发表自己的见解，会议场所被挤得满满的，气氛热烈，基本观点记得像是有“调放派”、“双轨派”和“放形派”，前者强调先调后放、调放结合来理顺价格体系和价格形成机制；中者则强调可以先形成价格的计划控制轨和自主（市场）定价轨双轨运行的局面，在边际上和增量上逐步扩大市场调节的作用，最后再并为市场一轨；后者则强烈主张积极放开价格。如今大家知道，价格调放和价格双轨制的思路，后来在中国改革发展的现实生活中产生了重大的影响作用，特别是双轨制，其功过到现在还存在争论——顺便说一句，也存在到底谁是“第一提出人”的不同说法。会后，应是由时任体改所副所长的徐景安与还是社科院研究生身份的华生等形成内部报告，向高层领导报送了“价格双轨制”的思路建议，张劲夫同志也应听取过这方面的口头汇报。

莫干山会议上讨论的问题是相当广泛的，在我头脑中印象深刻的，还有在关于改革发展区域战略的讨论中，提出了“梯度推移”和“反梯度推移”的不同思路；关于“综合平衡”理论是否应被突破——一位叫王史华的年轻人强烈主张应突破，主要论据是货币金融可以实现“跨空分配”，等等。至今记忆犹新的，还有大会发言时周其仁等人的好口才，以及青年人中间那种相互激励的、极有感染力的“天下兴亡，匹夫有责”的气氛。

莫干山会议之后较快出现了以体改所为代表、农发所也发挥较大影响作用的中青年经济改革及相关研究的活跃期，一直延续到1989年夏，其间体改所发表了与世界银行考察团关于中国改革的报告类似的较系统的改革研究报告，好评如潮（似乎争议也如潮），先后成立了体改所起中坚作用的北京青年经济学会，以及陈元、马凯等已走上北京市政府系统内较高领导岗位的中青年同志领导下的北京市青年经济研究会。这两个青年研究团体的活动我都参加了。特别值得一提的是1986年，由当时的国务院领导同志要求，各部门和已经为人们所知的在京中青年研究力量都参加的“价税财连动”改革方案的研究活动，其基本意图是在1987年于我国推出价格、税收、财政体制的配套改革，形成宏观层面以间接调控取代直接调控的新体制框架。研究活动几乎是从年头持续到年尾，但最后传来的消息，是领导同志去东北考察国企情况后，决心动摇了，所谓追求规范化的“利改税”改革之后，国企效益出现20多个月连续下滑之说，使他不再看重“规范化”之路，此时另外一种“包字进城，一包就灵”的思路打动了他，于是从 1987 年起，转而推行企业的多种形式的承包责任制，并自 1988 年起在财政体制上也实行多种形式的地方大包干。解决“价税财连动”改革所内含的历史任务的实践，最后主要是落在了 1994 年由朱镕基同志主持推行的财税配套改革方案的实施上（由于 90 年代初治理整顿期间在没有通胀预期压力的情况下，已经较顺利地解决了价格调放问题，所以“价税财”三字在 1994 年实际上剩下了“税财”二字）。1994 年的改革取得了巨大成功，具有里程碑式的意义，但那是后话了。

北京青年经济学会在其活跃期，每月有一次“研讨沙龙”方式的活动，最初地点设在陶然亭公园内，后来又曾改在北京天文馆等地，大家自愿参加，每次有至少一个主讲人，讲后与会者提问、讨论。周小川、刘克崮等后来的部门领导者，当时都以中青年研究者的身份当过主讲人，刘克崮主讲的题目我还记得是行政体制改革的思路与方案设想，听后颇为其清楚明晰、深化务实的特点所折服。关于这个“沙龙”的活动，在当时风行的柯云路改革系列小说中曾有过生动的场景描写。

另一个北京青年经济研究会的活动，最值得提到的是 1986 年后陈元同志主持的“中国经济紧运行”大型专题研究，被列入国家社科重点课题，动员了约百名在京的中青年研究者，办过数次大型研讨会，中小型的研讨会议就更多了。这个课题研究的背景，是1985年我国城市改革出师不利、改革意图实际受挫之后，“改革综合疲劳症”之说开始有所表现，前两年最热、青年人专心致志投入大量精力进行的方案设计研究，开始表明有浓厚的急功近利色彩，引出“改革方案万万千，各领风骚三五天”的俏皮话，而匈牙利人科尔奈从社会主义经济运行机制角度切入引出的“短缺经济学”研究成果，给了中国人重要的启示，于是一群中青年开始在“紧运行”课题研究中，准备静下心来力求系统、深入地进行中国经济运行机制的实证研究，认为真正解决了社会主义经济运行“是怎样”和“为什么这样”的实证考察分析之后，改革何去何从的“应该怎样”的问题，就可能“呼之欲出”了。我在“紧运行”课题研究中的任务，是负责“财政”组，并有若干次参与核心组的讨论。这个课题研究虽由于1988年后的种种原因没有达到原来的一些预想目标，但还是形成了一批有价值的阶段性成果和研究资料。从我个人来说，参加研讨中所受到的启发，对以后的一些个人研究成果应说潜移默化地发生了影响。比如，获1988年中央国家机关中青年研究成果一等奖的论文《抽紧银根与压缩规模——论我国需求控制的着力点及转换条件》（发表于《经济研究》1988年第 5 期）和 90 年代获中国财政学会组织的全国财经科研成果一等奖的论文《论我国宏观经济不稳定的制度性原因》（发表于《财贸经济》1994 年第 6 期），都是循着运行机制实证研究的路径而得到的成果。

在前面所提到的体改所和青年学会、研究会的研讨活动蓬勃展开的情况下，财政系统内的一批中青年感觉坐不住了，并且受到了“中青年”概念的很大启发。作为一个部门或工作系统，财政系统内部氛围比之社会上要更为“严肃”和“沉稳”。我是 1985 年春末硕士研究生毕业后留在财科所工作的，听到的以往传下来的规矩（特别是业务司局的规矩），是开会时中青年只能坐后排听着，不能说话，想说话表达见解得不到机会。但这时有了莫干山会议及其后社会上中青年研究活动的样板，几位财科所的中青年（我是其中之一）也产生了举办财政系统中青年研究活动的想法，这种想法得到了财政理论界前辈的代表人物、时任财科所所长的许毅同志的大力支持，于是我们仿照莫干山会议的模式，举办了全国征文，以文选人，在宁学平同志任厅长的吉林省财政厅的鼎力相助之下，于 1985 年冬在长春举办了第一次全国中青年财政理论研讨会，并成立了全国中青年财政理论研究会（第一任总干事是许老的第一位博士生刘桂苏，后来她曾任海南省财政厅厅长；我是副总干事）。

长春会议的气氛极为热烈，来自全国的近200位中青年各抒己见，“挂牌讨论”直到深夜乃至凌晨两点（散会时回北京的列车上还有在车厢内的“挂牌讨论”）。会议所在宾馆的工作人员说：“从来没见过你们这样开会的！”财政部业务司局的一些同志（如张家伦、高坚、丁学东等）也应邀到会发言和参加讨论，积聚在年轻人心中的许多思想和不吐不快的建议，得到了充分表达的机会。后来，全国中青年财政理论研讨会，曾先后在淄博、抚顺、郑州、上海、苏州、四川等地举行过年会与专题研讨会，客观上培养了一大批年轻人。

后来，随着时间流逝，时移势易，促成中青年研究活动形成活跃期的许多因素发生了变化。一方面，意见表达上“论资排辈”的习惯和氛围在淡化，另一方面，对于“思想特别活跃”的年轻人参与改革设计的决策需求也逐渐淡化，加之80年代中后期中青年研究活动中的不少骨干成员，90年代以后陆续走上领导岗位，有了更为正式的话语权，已不再需要中青年研究活动这个特殊的意愿表达平台。

但是，一大批投身于、活跃于80年代中后期中青年研究活动的当时的年轻人，却在其后的中国改革开放事业中发挥了举足轻重的作用，其中一些人士现已担当起国家领导集体成员的重任，有的也早已是重要部门的领导者，比如王岐山、马凯、周小川、陈元、孔丹、楼继伟、郭树清、肖捷、吴晓灵、陈锡文、刘克崮、许善达、鲁昕，等等。除了这些人士外，周其仁、张维迎、王小鲁、常修泽、宋国青等作为学者，至今都是学术理论界的带头人，华生、曹远征等作为颇具影响力的证券、金融界人士，也继续活跃。当然，曾经的一些风云人物，也因各种缘由，有不少已淡出人们的视野，有的与我们已属“道不同，不相与谋”。应提到的，还有后来张少杰等才俊人士的英年早逝，令人扼腕。

可以说，以 1985—1989 年为活跃期的中青年研究活动，是中国改革开放实行现代化转轨伟大征程特定阶段上因特定需要应运而生的特定现象，是一大批热血青年欣逢新的伟大时代而一展书生意气、试图谋划天下兴亡、为改革建功、为人生注彩的群体行为。作为其中的一员，我自己的特点是其后一直留在了研究工作岗位上，几十年不曾变动（这比较罕见）。在那个阶段所参加的活动之中得到的启发教益，以及从那时的观察中就开始领悟到的中青年研究群体佼佼者的长处和短处，自己应当努力学习、“见贤思齐”的方面，以及需要引以为戒、警醒于心的方面，都对我形成不小的影响，而且至今仍在继续感受之中。

人并不能选择所处的时代，但时代在选择人。欣逢邓小平开启的改革开放时代，使中国人看到了百多年来梦寐以求的伟大民族复兴的曙光，并引升至当下和谐社会、和谐世界的愿景，也使我们这些个人，有可能幸运地成为其中的一小束光。改革决定中国的命运，当然也在总体上决定着我们的人生，并要求我们对其作出积极的回应。改革初期的年轻人，现在已步入中老年，不论具体的人生轨迹如何，都十分值得回忆。我特述以上的片断回忆于此，意在继续努力自强不息，并与同时代人共勉。

王小鲁

关于1984年莫干山会议的几段回忆[①]

一、关于论文评选

可能是1984年春天，当时在《经济学周报》工作的张钢找我，代表几位最初的发起人邀请我参加莫干山中青年经济科学工作者学术讨论会的筹备工作。一开始的发起人除了张钢还有朱嘉明、黄江南、刘佑成。我当时在《中国社会科学》杂志社任编辑，他们请我负责参会征文的审稿和评选工作。

初夏，《经济日报》等五家作为发起单位的新闻媒体和研究机构联合向全国中青年经济科学工作者发布了征稿启事，邀请投寄论文，由《经济学周报》社收稿。入选论文作者将被邀请作为正式代表参会。此后陆续从全国各地寄来稿件1300余篇，作者除了专业的中青年研究人员和中青年教师、在校研究生外，还有一些在厂矿和基层政府机关工作、用业余时间进行经济学研究的学术和改革“发烧友”。

① 此文基础是作者在2011年接受采访所说，2018年12月补充修订。

论文评审组由我和周其仁负责，成员不太固定，因为大家都是抽时间或业余时间参加，人员根据各人的时间情况有所变动。记得参加过论文评审的还有卢迈、高梁、蒋悦、夏小林、蔡重直、贾康等人，可能还有其他人，都是中青年学者。我们评审论文的原则是以文选人，不讲学历、资历，更不讲关系。

一开始租了复兴饭店（即后来的燕京饭店，再后来改称唐拉雅秀饭店）的房间作为审稿地点，后来审稿地点好像是移到万寿路一个招待所。记得一摞摞待审的论文堆在地板上，正在审的稿件分类摆在床上，审稿人看过的论文互相交换阅读，然后讨论，评选出邀请参会的论文作者。那时是夏天，有时很热，只能穿着背心短裤，一边扇扇子一边看稿子。也有人把稿子背回家，看过后再拿回来交换意见。

最后确定的正式代表 124 人，除包括少数会议发起和组织者外，绝大部分都是以论文评选出来的。此外，由作为发起单位的新闻媒体负责人 11 人组成了会议领导小组，应邀参会的有浙江省政府和中央各部委的代表 11 人，来自浙江省的特邀代表和列席代表 19 人，新闻媒体记者 21 人。参会代表中有不少后来成为知名学者、企业家和党政官员，像当时在社科院经济所的张少杰、华生、李剑阁，工经所杨沐，南开大学常修泽、李罗力等“四条汉子”，西北大学的张维迎，北京西城区计委的马凯，内蒙古自治区的郭凡生，重庆市的周天豹，浙江大学的姚先国等都在其中。

二、关于价格双轨制的讨论

1984 年 9 月，中青年经济学者的研讨会在莫干山召开。记得当时的浙江省长薛驹在开幕式上致辞，用“崇山峻岭，茂林修竹”形容莫干山的环境，祝愿大家在这个环境中畅所欲言，好好讨论，为改革献计献策。记得会上一个突出的热点议题是价格改革，白天讨论言犹未尽，有人倡议晚上搞“挂牌讨论”，自由参加，响应者众多。房间里坐不下，还有人站在门外走廊里。

当时，围绕价格改革以调为主还是以放为主，展开了激烈的争论。一派意见以田源为代表，主张主要靠行政手段调整价格，实现供求平衡。另一派意见以张维迎为代表，主张价格要放开，让市场调节起作用。但一下子放开价格必然对经济形成巨大的冲击。于是华生、张少杰、高梁等人提出了“调放结合”的意见，主张在暂时保留计划价格的同时，一方面对价格进行调整，另一方面逐步放开价格控制，让市场发挥作用。这后来被概括为“价格双轨制”。会后徐景安执笔整理了书面材料，也有重要贡献。应该说，这一思路是在讨论中形成的，参与者都作出了贡献。但“调放结合”的意见比较全面。这一意见会后向国务委员张劲夫汇报，迅速得到国务院领导批示、中央采纳，成为莫干山会议的一个重要贡献。与俄罗斯等实行“休克疗法”的转轨国家相比，“价格双轨制”改革避免了大的经济震荡，实现了价格体系平稳转轨。20世纪80年代末，经济中的市场价格调节部分超过了一半，到20世纪90年代中期，市场价格已经占据了绝对统治地位。

价格双轨制改革思路，就是存量暂时不动，增量放开的边际改革思路。实际上这在实践中已经有了雏形。1978年四川省率先进行国有企业扩大自主权试点，允许试点企业超额完成生产任务后产品可以自销，价格随行就市浮动。就是说，国有企业在计划生产范围内还采取老办法，保持计划价格，但增产的部分允许进入市场，允许按照市场价格浮动。超额完成的利润可以提取生产发展基金、奖金和职工福利基金，由企业支配。试验效果良好，于1980年推广到全国6000家企业。这实际上已经是价格双轨制。同时受市场调节的乡镇企业也在迅速发展，市场价格调节范围已经在扩大。而莫干山会议上的讨论则对价格双轨制作了比较完整清晰的阐述。从而形成了一项明确的改革政策，在全国逐步推开。

价格双轨制是一个向市场转轨的动态过程。因为计划任务基本不变，而增长的部分进入市场，市场调节的比重就从10%到20%、30%、40%不断上升。在这种激励之下，市场由小做大，实际上形成了向市场价格体系的平稳过渡。

以普通钢材为例，20世纪80年代中期计划价格每吨600元左右；由于需求增长快，但企业生产与自身利益无关，缺乏积极性，又受到体制约束，生产不足，供应长期短缺。企业扩权后，超产产品可以按市场价格销售，价格达到每吨1500元以上。企业利润能快速提高，又能够提取三项基金，增加职工奖金和福利，对企业是很大的激励，使之想方设法提高产量，促进市场销售。这对解决当时的短缺问题起了很大的作用。过去政府发愁的是生产上不来，经过价格双轨制改革，生产增长了，市场调节的比重也随之逐步扩大。

三、其他讨论议题

1984年的莫干山会议除了价格问题外，还讨论了其他若干重大改革问题。会上根据议题分了几个组讨论，刘佑成和我担任了理论组的召集人。理论组讨论了改革的目标模式选择问题，提出商品经济是历史发展的必然阶段。在当时的语境下，商品经济就是市场经济。关于这个观点，我和刘佑成1980年就在社科院内部刊物《未定稿》上共同发表了题为《商品经济客观基础考察》的文章进行阐述。1984 年 10 月下旬，中共十二届三中全会通过了《中共中央关于经济体制改革的决定》，提出实行“有计划的商品经济”，比过去的“计划经济为主，市场调节为辅”前进了一大步。

理论组还讨论了所有制问题，所有权与经营权分离的问题，政府职能转变问题，政企分离问题（参见刘佑成的回忆录，依据了他当时的会议笔记）。这些在当时都是改革中具有前瞻性的重要问题。

其他各组也讨论了很多重大议题。例如对外开放组提出发展沿海开放地带经济圈；金融组提出银行改革要扩大地方权限，以及控制信贷规模、解决货币发行过多问题；农村组提出粮食购销体制改革问题；等等。这些讨论，在当时都具有开拓性，走在了改革的前沿。

莫干山会议可以说是一个缩影，集中反映了 20 世纪 80 年代基层大胆创新，各界热情参与，学界积极推进，决策层广开言路、从谏如流、上下互动的大好改革局面。

李罗力

追忆1984年莫干山会议[①]

《第一财经日报》（以下简称日报）：莫干山会议已经过去30年了，作为当时的亲历者，你能否为我们回顾一下当时参会的机缘和契机？

李罗力：莫干山会议的设想最早是由北京中青年学者朱嘉明、黄江南等人提出的。那时大家对中国的改革开放、对中国的经济和社会发展都特别关心，有很强的时代责任感。特别是我们这些年轻人，更是觉得天下兴亡、匹夫有责。

当时，我和杜厦、金岩石（我们三人是南开大学刚刚毕业留校的中青年老师）以及郝一生（天津社科院的中青年学者）等人，作为天津的中青年经济学者经常参加北京中青年经济学会的活动，与朱嘉明、黄江南及北京很多中青年经济学者都十分熟识并成了好朋友。所以我们很早就知道朱嘉明等人想筹办一次中青年经济工作者会议的想法。事实上朱嘉明最早提出召开这个会议的

① 原载《第一财经日报》2012年8月13日。

具体设想，就是在他到天津与我们这些朋友见面后产生的想法，他认为不仅要把北京的中青年学者动员起来，还应该把全国各地的有志于中国改革开放的中青年经济学者都发动起来。因此他在回北京的火车上提出了筹备召开全国中青年经济工作者会议的最初构想。所以从某种意义上说，我们天津的几个中青年学者，也可以说是最初策划莫干山会议的知情者和支持者。

日报：你和天津的这些中青年经济学者参加莫干山会议时都分在开放组。据说当时开放组的讨论十分激烈，你能回忆一下当时的情况吗？

李罗力：莫干山会议的开法很特别，没有开大会，上山后就分为若干组进行专题讨论，并且要求每个专题最终都要形成给中央的决策报告。开放组是其中的一个组，专门研究中国的开放问题。

开放组的组长是朱嘉明。当时参加开放组的主要是来自上海、天津、广州等沿海城市和来自呼和浩特、西安等内地城市的代表。来自天津的代表除杜厦、郝一生、金岩石和我外，还有南开大学的常修泽和天津农业银行的杨海田；来自上海的代表有陈申申、陈乐波、陈平等；来自广州的代表是张尚荣；来自呼和浩特的代表是郭凡生和曹征海；来自西安的代表是张宝通和刘安。可能开放组还有一些代表我没想起名字，也可能记错了。

开放组讨论最激烈的问题是由郭凡生的“反梯度理论”挑起的，郭凡生也是由于写了一篇“反梯度理论”的文章而入选莫干山会议的。当时国内理论界都认为，中国的开放应该是由沿海逐步向内地中西部次第循序渐进地开放，而且中央当时的开放政策部署也是先开放沿海 14 个城市。但郭凡生等人认为，开放也可以是跨越式的，也可以先在内地“中心开花”，然后再向周边扩散，带动内地的周边地区也形成开放态势。开放组的大多数代表都不同意这个观点，基本观点主要是开放必须有一定的经济基础和观念基础，沿海地区之所以能够更先一步开放，就是因为从历史传统和客观条件上看，更具备这两个基本前提。

中国改革开放 30 多年的实践证明，从总体形势上看，开放毫无疑问是由东向西、由沿海向内地有梯度地逐步进行的（当然也不排除内地少数条件特别好的地区会在对外开放的某些方面走在全国的前列）。

当然，开放组的讨论并不只是限于对“反梯度理论”的争论，大家主要还是围绕当时中央部署的 14 个沿海开放城市如何进行开放来讨论的。最后形成了给中央的政策建议报告——《沿海十四个城市对外开放的若干问题的建议》。

不过，现在回头来客观地看，尽管那时天津正在积极筹建天津开发区，从而在中国的北方走在开放的前列，同时广东也正在尝试搞经济特区，从而走在全国开放的前列，但是中国当时总体上是以改革为主，开放只处于小范围试验的阶段。这从莫干山会议对决策的建议中也可以看出来。

当时在莫干山上争论最激烈的就是中国的价格改革，而对决策影响最大的也是如何进行价格改革的政策建议。在我看来，中国开放的真正转折点还是1992年邓小平南方谈话。邓小平南方谈话之后，深圳等经济特区以及珠三角地区率先开放的经验和示范才推广到全国，也才带来全国范围真正的大开放。

日报：你如何评价莫干山会议的意义？

李罗力：莫干山会议不仅对中国的改革开放具有里程碑的意义，对中国经济学界也具有里程碑意义。

对中国的改革开放具有里程碑意义是指，莫干山会议对中国改革中具有关键意义的价格改革起到了重要的影响和作用。因为当时价格改革迫在眉睫，到底是搞价格双轨制还是全面放开市场价格，路径到底应该怎么走？莫干山会议的讨论和建议在这方面为中央决策提供了重要的参考意见。因此直到今天，这仍然是中国理论界津津乐道的一个话题。

对中国经济学界也具有里程碑意义是指，在莫干山会议之前，经济学界活跃的、对中央决策起重要建议作用的，基本上都是中老年经济学家。而我们这些中青年学者，虽然也有少数人开始小有名气，但绝大部分都还是“沉默的一代”，并且没有形成一种“合力”，没有整合成一支对决策具有影响力的队伍。莫干山会议是一个转折点，它标志着这些“文革”后毕业的中青年学者开始走上历史舞台。他们集体亮相，集体发声，第一次作为一支重要的力量对国家决策直接献策建言，推动了国家的改革开放和经济发展。

同时，莫干山会议也对全国中青年学者起到了重要的鼓舞和带动作用，使更多的中青年经济学者走出校门，走出理论的象牙塔，走向改革开放的第一线。其影响和意义在我们天津中青年经济学者于 1985 年主办的第二届全国中青年经济科学工作者会上可见一斑：参加的中青年学者数量更多，所代表的地区更加广泛，参会的讨论和话题更加丰富多样，对国家改革开放的政策建议也更加积极和踊跃。从这一点来看，莫干山会议也必将载入新中国的史册。

日报：莫干山会议当时正处于一个重大历史改革节点，很多人认为，今天的中国也处于一个重大历史改革节点。你如何看待今天的改革和 30 年前改革在背景和侧重上的相似点和不同点？

李罗力：在我看来，最大的区别是改革主要任务的区别，当时是经济体制改革，而当前所面临的主要是政治体制改革。另外一个重要的区别是，改革的效果和动力已经完全不同。尽管那时经济改革也是困难重重，包括保守的经济体制和传统的观念桎梏也很严重，问题也很复杂，前进一步也很难，但是包括农村改革、价格改革和国企改革在内，每前进一步都会给中国的经济和社会发展带来明显的正面效果，都符合绝大多数老百姓的利益，从而得到绝大多数人的拥护。所以那时人们对改革的欲望和动力非常强，从上到下几乎都希望改，这也是中国的改革开放能够取得巨大成功的根本原因。

然而当前的政治体制改革则不同。经过改革开放30年，中国的社会分层已经非常复杂，整个社会已经形成了不同的利益群体。由于利益不同且盘根错节，所以改革每前进一步都会具有极大的社会风险，一部分人受益就意味着另一部分人的利益会受到冲击。加之现在进入网络时代，各种舆论会对各社会层面产生巨大影响，大家在思想观念和心态上对于改革的态度是十分复杂和不一致的。这些方面对改革所产生的阻力和复杂性，与当年的经济体制改革完全不可同日而语。

马小冈

从莫干山会议到京丰宾馆会议[①]

1982年毕业后，我被分配到国务院经济研究中心的财经组，师从金融专家徐雪寒进行财政、金融和税务的宏观经济研究。与我同时分配到该中心的大学同学共有6人，后来我们共同的感觉是，中心是个专门收留老干部的“清谈馆”。眼看着红墙外面改革热潮大起，我们这些中青年心生躁动。

1984年6月，《经济日报》刊登了一篇征文启事：9月份将在杭州召开一个经济理论研讨会，凡投稿获奖者将自动取得参会代表资格。我投寄了一篇题为《从经济发展历史阶段看税收制度的演变》的论文，大约一个月后，我收到了获奖通知书。会议秘书处张钢打电话约我到万寿路西街的中组部招待所谈话，去了之后才知道，这个会议由经济日报社、世界经济导报社、浙江省社会科学院等10家单位联合发起，是改革开放后第一次以中青年经济学者为主体召开的研讨会。筹备组共收

① 原载2012年第9期《炎黄春秋》。

到全国应征论文1300余篇，代表资格一律凭论文水平确定，最后有120篇论文入选，会议秘书处请我担任大会综合组召集人。

国务院经济研究中心的副主任马宾是这次会议的特邀代表，于是我以会议代表和马宾临时助手的双重身份赴杭州参加会议。后来我才知道，这次会议对改革开放极具标志性意义，那时我国的经济改革如旭日初升，需要新兴力量构想和探索改革方案，于是这批中青年同人成了开风气之先的探路者。

1984年9月3日，我们这些北京地区的代表一起登机。大多数都是中青年，在飞机上大家很快就成为朋友并交谈甚欢，但是飞行途中遭遇强气流，飞机长时间剧烈颠簸，一些人竟因为晕机呕吐了，此尴尬一景后来成为大家的笑料，可谁也没想到这群人后来的命运犹如这次飞行颠簸一样，大起大落。

我们到杭州开完预备会后得知，会议地点定在莫干山。

莫干山在浙江省德清县西北，距杭州60公里。此山篁竹漫谷，清泉竞流，常年轻雾缠绕，云气氤氲，与北戴河、庐山、鸡公山并称为中国四大避暑胜地。莫干山之名缘于春秋战国时代，相传吴王阖闾命干将及妻莫邪铸一对无敌利剑，夫妻两人在山中因久炼不成，莫邪竟纵入炉火乃成。后人有感于他们的敬业献身精神，遂将此山命名为莫干山。现在想起，当年这群上山的代表，似乎也有一种“莫干”精神。

会议的主会场设在山上的芦花荡宾馆，此地离莫干山中心景区的剑池近在咫尺。但会议秘书处特别规定，参会代表一律不许游山玩水，秘书处也不组织与研讨会无关的任何活动，因此我们这些代表上山以后日夜集中讨论，那种敬业状态全然出于一种发自内心的改革参与之情。尽管莫干山风光旖旎，名胜很多，但我们这些代表直到下山都没有时间在山间游览。

莫干山会议的代表来自全国各地，以 30 多岁从事经济理论研究工作的中青年人为主。会议以城市经济改革作为中心议题，分 7 个专题小组展开讨论，而我们综合组讨论价格议题的场面最为火爆，由于代表发言过于踊跃，我这个召集人不得不采取发言限时 15 分钟的规定，到点则以敲茶杯提示。但研讨会上，华生、田源、张维迎等人在价格改革的核心问题上争论异常激烈，其他组的代表闻声后纷纷跑到我们组加入论战，我们这间小会议室一时间竟然挤进一百多人，因为坐椅不够，许多人便站在桌子上或听或辩。我把茶杯几乎敲碎，仍然无法阻止激辩者之间的唇枪舌剑，那种热闹火爆的场景犹如打擂台一般，各种观点你来我往轮番上阵，各派代表慷慨陈词，彻夜不眠。

后来华生等人在莫干山上提出的价格双轨制议案被纳入国家经济改革试点，虽未能实现理想效果，但1984年的莫干山会议把一批当时的中青年精英推上了中国的历史舞台。王岐山、马凯、周小川、楼继伟、郭凡生、张维迎等人都是莫干山会议的参加者。

我从莫干山返回北京后，当年10月离开国务院经济研究中心，白手起家创建了中国经济信息公司、《中国经济信息》杂志社、中国经济音像出版社这三块“中国经济”牌子的企业机构，成为中南海下海第一人。

如果说1984年9月的莫干山会议是那一批中青年经济同人走上改革舞台的起点的话，那么1989年4月北京的京丰宾馆会议——“改革10年：中青年理论与实践研讨会”，则是这一批人命运的岔路口，同时也是一个时代的转折点。

京丰宾馆会议的召集者几乎是莫干山会议秘书处的原班人马，研讨议题依然是经济体制改革。参会者除了获奖代表外，还有一些企业界的特邀代表，例如北京四通公司的老总万润南，北京思源破产咨询研究所所长曹思源等。其时我兼任中国经济音像出版社社长，也是该次会议的特邀代表，我带领本次会议唯一的摄像组在现场拍摄并将资料送交中央电视台（4月3日的《新闻联播》节目播报了该次会议）。当时国家体改委体改所所长陈一诺对会议的举办踌躇满志，因为按其构想和宗旨，这个会议应该是莫干山会议的延续，并希望借此机会再次巩固和提升经济改革同人的社会地位。会议结束那天，时任政治局常委胡启立、政治局委员兼国务院副总理田纪云以及宋任穷等领导人接见了这次会议的全体代表。

与五年前的莫干山会议相比，这次的会议代表中增加了许多新面孔，但最大的不同是京丰宾馆会议公开涉及政治体制改革的争论，因此会议从一开始就出现严重分歧。一批新兴的激进派代表强烈要求向中央进言政治改革，而莫干山的“元老”们则利用会议组织者的身份力控会议的经济改革主题，双方争执异常激烈，会场秩序几乎失控。陈锡文作为大会的主持者之一竭力维护会议主旨仍不能止乱，直到周其仁以令人折服的现场演讲平息了激进派的情绪，但大会最终还是草草收场。

莫干山会议和京丰宾馆会议这两次以中青年为舞台主角的研讨活动，如果尚有值得探索的地方，那就是两次大会虽是同一班组织者，但他们对京丰宾馆会议参与者的政治改革激情既缺乏精神准备又缺乏智慧应对。现在回头看，这两次会议所讨论和触及的一些议题已经不那么重要了。但是当年有那么一批中青年，他们是先行的问路者。他们争论过、呐喊过、奋斗过，也因政局突变和政见各异而分道扬镳。

孔　丹

我起了联络、沟通和推动的作用[①]

在 20 世纪 80 年代，我跟一群同代的年轻人保持了比较密切的交往，那是一个精英辈出的年代，也是一个思想非常活跃的时期，不少人至今仍在怀念那个时期。当时，农村政策研究室有几个有名的人物，翁永曦、王岐山、黄江南和朱嘉明，号称“改革四君子”。我们时有聚会，对中国经济有过多方面的探讨。那时期，中央对市场化改革的问题，是从理论和实践两个方面来探索的。在价格改革方面，闯关成为当时中央的一个非常重要的课题。我的印象是，陈云同志更强调计划的作用，认为市场是要在计划的笼子里面运行，对价格改革比较慎重。当时中央财经领导小组组长是总理，也是物价改革领导小组的组长，劲夫是副组长。通过我的人脉，了解一些青年学者的思想和理论成果，对劲夫同志来说，是我可以发挥的一种特有的作用。莫干山会议就

① 本文引自米鹤都编撰《孔丹口述：难得本色任天然》，三联书店 2015 版，第 153—156 页。作者时任张劲夫秘书。本文题目为编者所加。

是一次比较重要的活动。1984 年夏天，我和四中同学李湘鲁跟着劲夫，一路到了杭州。

我就跟劲夫同志汇报说：有一批年轻人在莫干山开会，探讨的问题包括有关物价改革的一些问题，我想去了解一下他们的想法，去听听有什么有价值的、有利于我们做具体工作的思想和意见。劲夫同志说：好，好。我说：那我就拉着李湘鲁一块儿去，他是总理身边的，我是你这边的。因为有关物价改革的事是你对总理负责的嘛。劲夫同志同意后，我们就上山了。

到了莫干山那天，我记得在山上基本上是彻夜未眠。我们找了间屋子，开神仙会。在场的有王岐山、陈一谘、张钢、黄江南等人。我当时感觉陈一谘是个比较狂热的人，有时不是很理性，我对他印象不太好。王岐山和纯粹理论学术派的风格不大一样，他一贯表现出很强的为政府咨询、为决策服务的能力。谈了以后，我说：这样好不好，你们把这次会议的主要观点，整理出一个东西，先给我一个材料。看了材料后，如果有可能，我请劲夫同志和你们在杭州当面谈一谈。这样，他们很快草拟了一个材料，我就拿着下山了。我在山上就待了一天。

现在听说大家在争什么“双轨制”最早的发明权，或叫首倡权，以及怎么看价格改革，是彻底的一步到位，还是通过变双轨制过渡，等等。我那个时候的脑子里头，更注重的是把这种研究理念和成果，通过劲夫同志的推动，能够和社会的实践结合起来。平心而论，我没有很深地介入这些问题的核心探讨。我觉得对于是否有实际价值，劲夫同志他们会去判断的。

材料交给劲夫同志以后，他看得很认真。之后，他说：这样吧，我召开一次座谈会，确定一批人吧。现在这个名单我不太记得起来，可能有楼继伟、徐景安、张钢、华生、黄江南等，但我记得马凯、岐山没有参加。在这个座谈会上，他们都表达了一下自己的观点。现在想起来，有一点很重要，就是以我的就近观察，有些学者夸大了莫干山会议的作用，物价改革的真正推动者并不只是学子、学者，实际是中国经济市场化的改革和发展已经提到日程上来了。据我所知，对很多问题进行梳理，物价改革是一步走，还是两步走？怎么个走法？当时对各种思路都在探讨，权衡利弊。我印象中，劲夫同志对物价改革还听取了陈云同志的意见。在党内，陈云同志的意见也是很有权威性的。

杭州这个座谈会的纪要整理出来以后，劲夫同志批示大体的意思是：我觉得这些意见还是有很多参考价值的，送请紫阳同志。紫阳对此也批了一段话。我今天没有找到这个批件，现在人们引用这段话时，都说是国务院领导同志讲的。其实就是紫阳总理和劲夫同志，他们对于物价改革加以肯定，可以作为我们继续推动改革的重要意见。其实改革不是个别人的个别想法，这是一个国家、一个民族，到了这个阶段的一种自然历史过程，各个层面都具备了一定的条件。

我觉得，使学者、学子直接跟改革的决策中枢沟通，让他们发表意见并吸收他们的意见，应该说在那个时期这种互动达到了一个前所未有的程度和水平。我虽然离开了理论界，但还是起到了一个联络、沟通和推动的作用。莫干山会议的作用是坚定了中央进行物价改革的信心，考虑到如果价格全部放开，对社会的震荡会太大。最后采纳了比较稳妥的双轨制，先把一部分价格放开。莫干山会议在理论上的建树是一个方面，一些青年学者的主张被吸纳。它还有另一个重要方面，就是这批人才被重视了，分别在不同的岗位崭露头角，逐渐发挥了他们的作用。这是一个很重要的成果。这批人中间包括马凯，他的研究课题就是物价。

后来我看过一本相关的文集，里面除了朱嘉明的回忆中提到我和李湘鲁，多数人都在说自己的发明权什么的。我这个人有一点好处，从来没有妒贤嫉能，在这次的事情中，我就是穿针引线的角色。我觉得这些人都比我各有擅长，我就努力推荐。有什么好的主张，我尽量让它能够上达。这是我在秘书任职上，在改革的关键时候，所做的一件促进朝野互动来决策的好事。在把当时比较领先的研究成果，与劲夫同志的工作实践结合起来方面，我确实起到了他要我当秘书时希望我起到的作用。

张维迎

能去莫干山开会运气太好[1]

搜狐财经：1984年，通知您去莫干山开会的时候，您知道为什么选择您吗？

张维迎：它是一个全国公开的活动，在《经济日报》等几家报纸征集参会者。那时候我在北京做论文，得知要开这么一次会议，大家自己去投稿。大部分是不认识的人。我自己试了一把把这篇文章投进去，后来就选上了。我们陕西就选了5个人。全国一共120多个人，陕西5人已经算不错了。这5个人里面，当时是研究生的好像就我一个。

我想这个背景讲起来会很长。我理解，为什么当时搞这个事。因为在传统上在中国论资排辈，在经济学上讨论问题能发表文章、有机会说话的基本都是年龄比较大，老资格的，比如老的四大经济学家，还有社科院经济所的那些经济学家，他们发表文章比较容易，说话也

① 节选自2014年搜狐财经第一访谈，载http://business.sohu.com/s2014/zhangweiying/.

有机会。到了 1984 年的时候，可能从上一辈领导人角度来看，他们有好多问题、困惑，但是没有人能够给他们提供答案。这个时候也许这些没有受过太多传统思想训练的年轻人反倒可以异想天开，思想比较自由，可能提出一些这些人提不出的东西。所以他们就搞了这样一个会议，其实我想就是想发现人才，为改革提出有价值的观点的人。

但是仅仅靠认识的人，可能有局限性，所以他们就搞了全国公开征文，听说征到 1300 多篇文章，最后选了 120 多人。我只是接到通知了，这是一个很难得的机会。那时候在杭州莫干山，我也从来没去过那儿，也蛮兴奋。

我记得在开完会之后，组织会议的这些人变成了朋友，然后就去他们那儿看类似审稿的一些记录。当时我那个稿子，初审人写的是“此稿不用”，给枪毙掉了。后来他们选完之后不够，把有些枪毙掉的稿子再拿出来重审。二审有一个意见“此文很好，建议录取”，就是这个意思。这也是一个幸运，如果第一批选稿选够了之后，没有第二批选稿，我就没这个机会了。

搜狐财经：就跟您考大学一样。

张维迎：对，我考大学也是扩招才进去的。参加莫干山会议，至少是第二次再筛的时候才筛选进去的。好在那些人当时确实有一种公心，有着为国家、为社会做点事的激情。组织这些会议，我相信是很不容易的，尤其是在当时经常会受到意识形态的干扰，这就是为什么几家媒体联合去做它。

其实在 5 月份的时候，民间发起过会议。其中有一个温元凯，当时是中国科大副教授，他和另外几个上海的国有企业总经理发起开一个全国改革会议，也是报纸登消息，在合肥召开。那个时候应该是二三月份的时候他们就发通知。我当时写了一篇关于企业家的文章，圆珠笔写的底稿还留着。我把文章抄一份寄给温元凯，我说希望能参加这个会议，接到温元凯的信以后，他看了我的文章以后，说了两句表扬的话，同意我来参加这个会议。这个费用还是自理。去了合肥以后，那个会议对我来讲也是非常的重要。在那个会议上的我们住一个大通铺。我那个时候只是一个不到 25 岁的研究生，能参加会议就不错了，根本不会想到还有机会谈什么观点。但是有两个观点恰恰因为那个会议就发生了影响。

第一个是我讲的知识分子的问题。当时我的屋里面住着好几个人，其中有一个人当时是《北京日报》理论部主任叫李志坚，他听了我的知识分子的观点特别兴奋。他就说希望我把文章压在 6000 字以下，这样他就可以给我发表。后来回到北京以后，我就跟他改稿子，为改稿子他还请我去他家吃饭，还买了一只烧鸡。他家就住在人民大学旧的二层楼，就是临时建筑的二层楼。

他是理论部主任，改完之后，能不能发还要交给总编审，到了总编审那儿就拖着。在这个文章里面我主要提出商品经济这样一个概念，因为他们对能不能发这个文章没把握。我回来之前刚好在北京待着，认识了《经济日报》的几个朋友。他们说你的稿子给我们看看，我们跟他同时发。我说我已经答应别人了。但是等我回西安以后，他们就抢先把这个稿子发了。我从中央人民广播电台新闻联播上听的，因为新闻联播最后有一个报纸摘要，《经济日报》发表谁谁谁的文章，这篇文章是我和另外一个朋友合作的。

发表之后李志坚还给我打电话，说非常遗憾这个文章被别人发了，但是你应该记得是我最初发现的这篇文章。我很感激他。我原来写文章也不想有机会发它，像这么长的文章就更难了，况且你又是无名小卒。这篇文章《经济日报》头版发，而且最后专门注明作者的年龄，说明那时候对年轻人的这种培养，社会有这种需求。

同时那时候还有另外一个观点。讨论的时候我就举手要发言，我就谈企业家。这个观点非常受大家的喜欢，认为这个观点跟大家想的不一样。某种意义上1984年，30年前这些事情都与这两个会有一些关系。可以说4月份会议推出了我关于企业家的一些想法，9

月份的会议把我 4 月份写的价格改革下双轨制的文章让更多人知道。

搜狐财经：莫干山会议的时候，在您的印象中，价格这一方面，放派是不是只有您一个人？

张维迎：这个很难说。讨论肯定是以我为代表。在当时的情况下，有人研究价格，但是我相信会议的论文本身像我这样的可能没有第二个。

搜狐财经：您是最激进的？

张维迎：对。我刚才就说，完全是一个理念的改变。过去基本理念讲价格是调，大调小调还是中调，按生产价格调还是按劳动价格调。

当时有一篇很有名的文章，就是周小川、楼继伟、李剑阁，他们三个人写的一篇文章。周小川是清华的博士生，楼继伟和李剑阁都是社科院研究生，他们文章的核心就是价格改革小步走，财政不拿钱。当时价格改革还有一批人说出现通货膨胀政府就要补贴。这个价格为什么成为会议所有七个组里面争论最激烈、影响最大的一个会议，就是因为它完全提出全新的思路。

我的文章有一个小标题，就是“不能把价格改革的宝押在价格调整”，那时候大家老说押宝，把希望都寄托在这儿，我就是批判这个东西。

问题是为什么大家能接受？确实因为调整已经说了

这么长时间，国务院价格中心已经计算了好几年，问题为什么就动不了？传统的思路已经搞得看不到希望，我无非在这个时候给大家指出了一个新的方向来。因为你不能那么去思考，不能靠调整。大调也好，小调也好，这种思路完全错了。唯一的思路里你要逐步放开它，从边界上放开它，形成双轨价格，计划内的最后放，变成单轨价格，变成市场价格。

搜狐财经：现在怎么回忆自己当时和其他人争论的状态，是很激动？

张维迎：我说话那时候当然很激动。因为我的普通话说得不好，有时候要说几遍才行。完全新的观念大家肯定会有一些不理解，有一些完全是意识形态。社会主义价格就是国家定，你那就是宣传资本主义自由价格。好在那个会年轻人多，受到这种约束就比较少。这个其实我还要感谢组织者，确实是思想解放。

第一天晚上讨论到11点左右，其他的组都散了。有意思的是，持另一种观点的人，他们的地位比我高多了，像田源，他是一个局级干部，他是国务院价格中心的主任，我就是一个研究生。我可以说是单枪匹马从这个角度思考问题。确实由于当时面临着那些难题，和我的那种梳理方式，越来越多的人觉得我说得有道理，最后大家才觉得变成一个思路。

搜狐财经：所以您觉得，您当时虽然是在人数上不占优势，但是您发言机会还很多？

张维迎：我有自己的思路肯定就要去挑战，挑战之后别人会提出一些疑问，一个回合接一个回合。大家讨论气氛非常好，没有人给你扣帽子、打棍子。

搜狐财经：您当时的心理状态怎样？“反正我是对的，我也不管别人地位怎么样”？

张维迎：那时候我从来是那样。你坚信自己的东西对，就不应该有任何畏惧，只要给你机会你就应该自信。之前在 1983 年，全国批判我，《中国青年报》登批判我的《为钱正名》，使我自己越来越觉得应该捍卫一种东西，你认为是对的就去捍卫。批判《为钱正名》的时候，一开始有一点恐惧感，后来发现几个月就过去了就没事了，反倒坏事变成好事。

刚才讲的《为钱正名》原来受到批判，学校也批判，后来我又发表关于知识分子的文章以后，学校又表扬我，这都给自己一种信心。如果我不是系统地学习现代西方经济学，特别是微观经济学，我不会对价格的机制理解那么透彻；如果我对价格机制理解没有那么透彻的话，我不可能提出这样一种观点来。它基于将近两年知识的积累，加上对现实的思考。

我的运气真的好。像中国那时候，改革的周期属于逢单保守、逢双开放。1983 年保守，反自由化，1984 年改革这一派又开始活跃了，一直到年底。所以硕士论文答辩相对比较顺利一些，没遇到什么障碍。答辩的时候还有两张照片。

搜狐财经：那时候有没有一种感觉，在莫干山的时候，会不会觉得还挺得意，"我比这些人都看得更深、更远"，会不会有这样一种感觉？

张维迎：肯定有那种兴奋感。当天晚上开完会以后，好像我名声大振。好多人好奇一个西北大学的研究生，他讲了一个什么观点，所有其他组的人都知道。我记得其他组比我们散会早，没有那么激烈的争论。也有好多人涌到我们会场，背后站的都是人，全在那儿听。从我自己来讲，在那样一个会议上，我本来也是一个小地方来的，而且可能参会的代表里面我是最年轻的，没有其他人比我年龄还小，突然之间我像一个明星一样，可能有那种感觉。

搜狐财经：挺享受那种感觉的？

张维迎：我想做学问的人，肯定你最享受的是别人对你观点的认同。首先是重视。他同意不同意是一回事，但是他不能忽视你的观点。最害怕的是你提出一个观点，没人把它当回事。

我和郭凡生住在一个屋，我们俩几乎彻夜长谈。郭凡生那时是内蒙古自治区政策研究室的处长，处长就有点权。他就很兴奋，他就说要把我的观点（那时候我是拿着油印的东西）印300份，铅印。那时候铅印就像出书一样，是很令人兴奋的。《内蒙古经济研究》也是他们政研室的杂志，摘一部分登在第四期上，价格改革这一部分。

搜狐财经：到你们组旁观那些人，他们有人站出来仗义执言支持您吗？

张维迎：这个我倒记不清了。旁观者来得晚了，那个时候不像现在开会有好多摄像、录音，那时候乱哄哄争论很激烈，我肯定是说话最多的。你要辩解嘛。当时价格改革本身大家不敢动，就是害怕通货膨胀，害怕财政吃不消，我的文章里面回答了这些问题。但是在会上别人拿不到论文，等于我在会上把我的论文一万好几千字的东西基本上都讲了。

搜狐财经：那个时候，跟后来这些著名的经济学家，像周其仁老师、许小年老师，已经认识了吗？

张维迎：周其仁我就知道他，也认识他。在这之前通过茅于轼教授，我认识了宋国青，宋国青也是周其仁的好朋友，他们在农村组。我那时候来北京老跟他们在一起讨论。但是我本身不是研究农村的，尽管我来自农村，但是我不研究农村，而他们是农村问题研究组。他们的好多文章我都是读的，吸纳了新的东西。

那个时代给我影响最大的论文就是宋国青写的，当时宋国青、邓英淘、罗小鹏三个人合作，我知道主要是宋国青执笔写的，关于统购统销的改革。它不是简单谈粮食问题，里面讲一整套市场机制怎么运作，这些对我是很有启发的，对我研究价格放开、研究双轨制是非常重要的。

郝一生

追忆莫干山会议的前前后后①

1984年盛夏，北京异常炎热。烈日烘烤下的长安街，仿佛快被熔为沥青了。在西长安街北侧组织部招待所二楼的一个窄小的房间里，正在召开“莫干山会议筹备组”的筹备会。

中国的改革开放在这一年面临着重大的转折。1979年以来的农村改革开放，让被绝对贫困煎熬着的亿万农民身上蕴藏的巨大能量，如火山岩浆般爆发出来，所到之处摧枯拉朽、势不可当。农林牧副渔各业的产量暴增，把几年前还被视为命根子的各种“票证”几乎在一夜间送进了博物馆，一些从来靠吃政府救济的地区，如今却开始为丰收的粮食会不会烂在仓库里发愁。

农村改革的成功让人振奋，但中国不可能只靠农村过活，于是急迫的现实问题摆在了眼前：城市改革怎么办？

我们的总设计师邓小平的最伟大之处，就是他没

① 原载《财经》杂志总第406期，2014年9月22日刊。

有做任何具体的设计——没有给中国的变革之路设置任何障碍。而操作者脚下的路，还是要一步一步走才成。

城市改革，要比农村改革复杂一万倍，各种矛盾盘根错节、各既得利益板块间各自为政、万千经济理论扑朔迷离。农村成功的经验有多少适用于城市、产业结构怎么调整、价格如何放开、开放与改革是什么关系、百年疾患的国企如何改革，等等，一步走错就可能满盘皆输，几十年时间就可能白白荒废。问题是，中国已经没有时间了。

在那个年代你去问谁，谁也不可能给你一个十全十美的答案。摸着石头过河，眼前这几十块石头先摸哪一块？

就在那个风起云涌、大浪淘沙的年代，以中国北京为中心，会聚了一批初生牛犊不怕虎的年轻人。他们大多是刚刚毕业的大学生、研究生，深受中外各种文明和当代经济学理论的熏陶和激励，他们中很多人脚上还沾着上山下乡时的泥巴，身着入伍当兵时的军绿，手上留着做工务农时的硬茧。时代大潮中，他们每一个人都渴望投身这波澜壮阔的变革，期望在这百年不遇的惊涛骇浪中展现自己，为这个伟大的时代添砖增瓦。

筹备会的房间仅有 20 平方米，却不得不挤满了近 20 人，连椅子都不够，大家人挨人地两个人挤坐在一把椅子上，或盘坐在地上和招待所的床上。会上除了由《经济学周报》张钢说明一些关于论文征集和评选、参会资格、会务经费等相关事宜外，主要是讨论会议的主旨。其中，王岐山、王小强、徐景安、朱嘉明等人的发言，给与会者心头增添了使命和责任感。王岐山的话几乎成了筹备会的主旨，经济学只有可以解决现实问题才是真实的，城市改革大幕即将拉开，我们这一代中青年经济学工作者，应当发出自己的声音，为改革开放献计献策。

大会的约150名代表（另外有34名媒体记者）中大约有2/3来自北京，而北京的骨干又主要是来自中央书记处“农发组”和社科院的一些年轻人。他们年轻无畏、没有框框，不仅在前一段的农村改革中初露锋芒，而且很接近中央实际操作改革开放的核心。也可能是因为天津“远北京而近北京”吧，我成为大会筹备组中唯一的外地代表，在筹备会上还“近水楼台”顺便为天津争取到了4个参会名额。

可是，在回津的火车上就开始发愁了，天津论文入选的已经有了一名（天津市政府政研室杨海田），剩下3个名额怎么也不够。回津后马上和南开的诸位商量，只能先斩后奏，到了会场再说。于是，我和李罗力、杜厦、金岩石、常修泽5人乘同一列火车前往莫干山赴会。成为“开放组”的骨干力量。

那时候的硬座车厢远没有现在规范，几乎所有能够站人的走道都站满了人，上一趟厕所也要跋山涉水地挤过去，还要没完没了地排队。于是，去找列车长想换个卧铺，被告知“人满为患”，排着。

大会分为七个讨论组（宏观组、企业组、开放组、流通组、金融组、农村组和理论组），与会者几乎是按组分别住在若干别墅里，别墅之间的间隔很远，而且没有“联络图”。大会的第三天，代表可以到其他组参加讨论，于是朱嘉明主持的我们“开放组”的小别墅被挤得水泄不通。因为“开放”这个话题，虽然早从 1843 年“五口通商”时代就已开始，而对于当时那样一个金发碧眼的洋人上街会遇到围观、想出国拿不到护照、去友谊商店没有“外汇券”不能买东西的中国而言，开放可以说是一个神秘的未知“大陆”。例如，“开放组”讨论中提出的“特区货币”问题，其他与会代表甚至连想都没有想过。于是，大会的最后一天杜厦代表开放组的发言，给大会留下深刻印象。

在我的记忆里，当时的“宏观组”和“开放组”，是最热门的。每天晚上，大会核心组有一个碰头会，在第二天的碰头会上，我们开放组的李罗力、杜厦、金岩石、郝一生 4 个人一起走进核心组碰头会会场，与当天主持碰头会的徐景安就“改革与开放”的关系问题发生了激烈争论。会后，“天津四条汉子舌战徐景安”便成了佳话。为此，惹得会上以“反梯度理论”闻名的内蒙古代表郭凡生在下山告别时，非常不服气：你们天津四条汉子有什么了不起，不就仗着你们人多嘛。

莫干山会议（“全国中青年经济科学工作者学术讨论会”）是国内第一次年轻人自己筹集经费召开的，由于经费非常紧张，除了租会场和伙食费外几乎没有剩余，所以在会上曾经吃过什么几乎没有记忆，可能是没有任何一道菜堪称美食吧。为了节省会费，代表必须由原单位报销差旅费，记得我向研究所申请参会时所里还有点勉强。此外，有一些凭论文入会的学生代表甚至没法报销旅费，后来还是靠同室的朋友代出的旅费。有些国家机关的代表，还因这次会议是非官方的而被劝阻：最好不要参加。

大会代表差不多是清一色的热血男儿，因此上山的女孩格外显眼，记得中宣部才貌出众的陶华就备受小伙子们的注目。

听说莫干山的日出很壮观，在嘉明的煽动下，前一天晚上已经讨论到深夜 1 点多了，第二天早上 4 点还是硬着头皮起床，连脸都没洗睡眼惺忪地爬了近 1 小时山路赶到山顶，结果漫天彩云、连太阳的额头都没看到，败兴而归。是夜，在梦中偶得一首描写日出的七律，半夜爬起来抄在床头柜的报纸边上，次日醒来细看，竟是一首好诗，也算因祸得福。

每天晚饭后，大家三五成群地在山间的小路上散步，漫谈调侃、天南海北，有的继续着白天的争论，山谷幽径间朗朗的笑语和高低错落的交谈声钻过层林竹隙，把思想火花、倔强固执和逻辑碰撞，在人群中传递和渲染。初秋的清凉让人呼吸到的那种沁人肺腑的生命气息，至今历历在目。

那时候开会讨论，不分白天黑夜，辩论到几点算几点，面红耳赤、口无遮拦也没有人计较。谁在讨论中发表了一个精彩、有价值的思想火花，大家就会说他是“傻瓜相机”，又闪了一次。

莫干山会议的研究成果，很快得到时任国务院总理、张劲夫等人的赞赏，如果没有李湘鲁、孔丹和王岐山的参会恐怕也难。散会当天，正好张劲夫在杭州，大会派代表向他专门作了汇报，据说当听到“国家不用花钱，也可以完成国企改革”时，张劲夫兴奋地马上站起来，走到发言代表周其仁面前，希望当即知道具体办法。

莫干山会议后，国务院领导的“能不能通过某种方式将这些年轻人组织起来”的希望，才有了后来应运而生的“体改所”和“中信国际所”，再加上原来的“农发所”和“中青年经济学会”，统称“三所一会”。

莫干山会议前，中国经济学界的年轻人几乎没有任何话语权，报刊杂志就那么几家，想在上面发表文章和看法几乎比登天还难。莫干山会议，成了中国改革开放宏大交响曲中、中青年“合唱团”的一次集体登台亮相，她饱含了那一代经济学人满腔热血的呼喊和甚至超越时代的音符和旋律，即使在今天似乎依然在中国的天空回荡。

为了给年轻人一个“发声”的空间和平台，莫干山会议后朱嘉明、黄江南、张钢三人专程坐火车来到天津，在天津浙江路市委第二招待所的老式洋房的一个房间里，他们和天津的郝一生、杜厦、李罗力、金岩石、常修泽等人，还是盘腿坐在招待所的床上，共同商议并决定在天津创办《中青年经济论坛》。

这本杂志在1985年至1989年的5年中，发表了全国大量中青年作者关于中国改革开放以及经济学研究的论文，可谓群英荟萃。但是，这本杂志是中国的第一本“四无”杂志，无国家经费、无正式编制、无专职编辑、无办公地点。在今天看来简直是一件不可能的狂人妄事。当时的天津团市委书记张炜给了杂志大力支持，团市委副书记邢元敏骑自行车满头大汗地带我们到天津青年宫，将后门传达室旁边的一间不足 10 平方米的小房子，借给杂志编辑部办公，算是让杂志有了家；《经济日报》总编辑安岗、副总编辑丁旺预付了第一期 2 万本杂志的款项，给杂志添上了第一捆柴薪；无数兼职编辑为杂志的出版不分昼夜地审阅稿件等难能可贵之举，支撑着杂志一步步走过来。作为责任副主编的我，至今想起来都觉得不可思议、不堪回首。如果搁在今天，就是在不愁经费的情况下，能够办好这样一本杂志，我也未必敢接这个军令状。所谓的少年无畏、不知轻重，也莫过于此吧。

幸运的是，《中青年经济论坛》在它如烟花般绽放的那 5 年里，发表了中青年经济学者数百篇学术论文，其中许多作者和编委都成为今天中国经济学界的翘楚，如张维迎、周其仁、华生等；企业家中的佼佼者，如冯伦、郭凡生、杜厦、聂新勇、张少杰等，有些人甚至已经成为国家领导人。后来，岩石告诉我著名经济学家厉以宁当年在接受外媒采访时，被问及如果关注中国改革开放的动向应当参考哪些中国媒体时，历先生的回答是：两报一刊——《世界经济导报》、《经济学周报》和《中青年经济论坛》。

2500 年前，莫邪干将在此山下为楚王锻造出了雌雄绝世宝剑。30 多年前有一批热血青年，登上莫干山为中国的改革开放大业献计献策，振臂高歌；莫邪干将为铸剑付出了生命，当年莫干山会议的与会者中也有许多人已经作古，或为自己的信念和理想奉献了青春和生命。

在中国改革开放的历史长河中，“莫干山”这样一次年轻人意气风发的大会，也许不过是晶莹闪烁的一瞬，如流星在中国夜空中划过的一笔，而那些伟大的历史画卷，不就是这样被一笔笔浓墨重彩绘制而成的吗？

莫干一会，千秋功过自有后人评说。

黄汉江

亦忆莫干山会议①

莫干山会议是全国首届中青年经济科学工作者学术讨论会的史称。这是1984年9月3日—10日，由《经济日报》、《经济学周报》、中央人民广播电台、《世界经济导报》、《中国青年报》、《中国青年》杂志、《中国村镇百业信息报》、《经济效益报》、浙江省社会科学院、浙江省经济研究中心等10家单位联合发起的在浙江省德清县莫干山召开的会议。这次会议不仅是中国改革开放后第一次，也是新中国成立后第一次全国中青年经济学者的学术会议，标志着新一代有责任感的经济学家群体在中国大地上历史性崛起。这次会议不仅为中国改革开放提供了重要的思路，也涌现并累积了旺盛的思想财富，对后世产生了重要影响，深受世人瞩目，跨世纪而不衰，故是新中国经济史书中不可缺少的重要一页。

改革开放30年后，书、报、刊、网络均有不少朋友回忆、论述、闲聊莫干山会议，甚至未参会者也在

① 原载《基建管理优化》2015年第4期，第2~8页。

大谈莫干山会议，真乃“火”了，给人以神秘、深邃之感。

本人当年有幸参加莫干山会议，早就想涂几笔回忆回忆参会情景，但一直琐事纠葛，提不成笔。近来稍挤清闲，略作回忆，虽已30余载，但仍历历在目。

我是应《经济学周报》（中国经济学团体联合会主办）征文投了一篇《中国固定资产投资体制改革》文章而被录取参会的（我是该报的订阅者又是作者）。记得8月末我在内蒙古呼和浩特市参加中国基本建设优化研究会1984年学术年会，我初生牛犊不畏虎，交流、演讲了《论基建经济学与建筑经济学的关系》，得到了与会专家、学者尤其是前辈的赞许和首肯。我是1982年1月毕业于辽宁财经学院（现东北财经大学）基建经济专业（77级），初出茅庐，初露锋芒，在全国报刊上已发表了几十篇论文，并从1982年始在《基建管理优化》杂志（中国基建优化研究会学术会刊）上连载《固定资产投资学》，当时已在全国固定资产投资理论界小有名气。故于1983年就在《经济学周报》上发表有关固定资产投资理论的文章。我从呼市会议回沪，没住满一天，又匆匆赶赴杭州会议报到处报到，马不停蹄地又被神秘地拉到莫干山会场。那时交通不便，确实奔波得十分辛苦。

当时莫干山上，好像没有大的宾馆和大的建筑，与会者住宿分好几幢建筑，因而理论讨论的七个小组也分散在各幢建筑中。大会场也不大，坐近 180 位参会者，好在大会很少，主要是分组交流、研讨。出席会议的主要领导有国务院技术经济研究中心副总干事马宾，《经济日报》总编辑安岗、副总编辑丁望，《经济学周报》总编辑王瑞荪，《世界经济导报》总编辑钦本立，浙江省省长薛驹，浙江省委常委、宣传部长罗东，浙江省社会科学院院长沈善洪，浙江大学党委副书记周文骞等，他们为中青年经济学者保驾护航。《经济日报》安岗总编辑作的报告给人印象很深：强调说《经济日报》义不容辞，要给青年经济学者以最好的“后勤”保障，会后辟专版刊发这次会议论文。中组部、中宣部、中央财经经导小组、中央书记处农研室、国家计委、国家体改委、国家商业部、北京市委、北京市政府等机构相关工作人员出席会议，尤其是国务院总理秘书李湘鲁和国务委员兼国家经济委员会主任张劲夫秘书孔丹以及中央书记处农村政策研究室王岐山出席会议，他们起着上引下连，穿针引线的无可替代的作用，更有利于中青年经济学者的敢说敢想，大胆交流、大胆研讨，提出中国经济改革新思路、好思路、妙思路。

《经济学周报》总编辑王瑞荪、中宣部理论局副局长贾春峰、中组部青干局阎淮、大会秘书长张钢、国家体改委徐景安等作了专题报告。王瑞荪和贾春峰的报告比较精辟，给人印象特深。

王瑞荪说：改革实践提出许多新情况，新问题，需要从理论上和实践上给予回答。老一辈经济科学工作者在丰富的现实生活中获得新的动力，也涌现出一批中青年经济科学工作者……这次会议是新中国成立35年以来第一次中青年经济科学工作者的学术讨论会。我们希望能够体现出结合实际、追求真理的科学精神；能够体现出百花齐放、百家争鸣的民主精神；能够体现出五湖四海、同心同德的团结精神；能够体现出不屈不挠、勇往直前的进取精神。贾春峰的发言题目是《时代的召唤、崇高的责任》。对于改革实践提出的许多课题，在过去的书本上是找不到现成结论和具体答案的。这就需要运用马克思主义的世界观和方法论，对于错综复杂、急剧变化的现实经济生活进行科学的分析和研究，从而作出新的理论概括。这种研究，是需要付出巨大心血的崇高的科学工作，要有献身精神、求实态度、创新勇气和科学的思维方式，绝不能复述已有的结论，或者是在经典著作中寻章摘句、机械套用某些原理所能完成。改革的实践日新月异，现实生活在大踏步前进。大变革要注重理论的大发展，也必然促进理论的大发展。

据有关资料，参加会议的正式代表有124人，他们是会议筹备组根据来自29个省、区、市的1300多篇应征论文挑选出来的。在选拔过程中，不讲关系，不讲学历，不讲职称，不讲“名气”，全凭论文水平确认代表资格。这也是莫干山会议辉煌的原因之一。

124人的正式代表分成七个课题组（另有30多名列席代表和特邀代表，还有有关领导和来宾，会议合影共有180多名）。第一组是宏观组，讨论经济体制改革中的宏观问题；第二组是企业组，讨论工业管理体制和企业活力问题；第三组是开放组，讨论沿海开放问题；第四组是流通组，讨论发挥中心城市多功能问题；第五组是金融组，讨论经济体制改革中的新课题，诸如金融市场、股份经济、劳动力流动等问题；第六组是农村组，讨论农村经济体制改革和城市经济体制改革的接口问题，比如农村产业结构变化、农副产品购销政策等问题；第七组是理论组，讨论基本理论问题。除以上七组讨论外，会议还据专题在晚上挂牌研讨，吸引了各组有兴趣的参会者，跨组热烈讨论。

我交流讨论的是中国固定资产投资体制改革问题，和郭凡生（在内蒙古工作，毕业于中国人民大学基建经济系）在同一组。郭能说会道、口若悬河，提出了反梯度理论，其实这是他站在边远地区的角度，为老少边穷地区呼喊反梯度开发投资的理论，心情可以理解。但总会引起我们这些生活在沿海地区开放城市（第一开发投资梯度）参会者的反驳，所以辩论十分激烈，也就成为整个会议辩论的一大热点。

会议期间，我们上海几个代表找了个空闲时间，碰头认识、了解了一下。上海代表主要是朱林兴（上海财经大学财经研究所）、贝多广（上海财经大学研究生）、金润圭（华东师范大学商学院）、我（上海市财政局）、岑教师（上海大学）、陈申申（上海社会科学院）、还有一位复旦大学的老师（姓名忘了）和《世界经济导报》副总编朱杏清。

每天早上，我们总是出门爬山锻炼身体，爬山时也能认识朋友，熟悉朋友。《世界经济导报》钦本立总编辑、国家计委赵明等就是我在爬山时认识和熟悉的。这次会议适逢中秋节，10 日晚上加餐赏月，给大家分发了月饼、糖、瓜子、并组织了中秋之夜露天舞会，青年们热血沸腾，唱出了一组响彻莫干山谷的大合唱。其实改革开放的青年舞曲也从此时起响彻了长城内外、大江南北！

9 月 11 日早上，与会者乘车前往海宁，赶在下午 2 点观潮。刚刚下山的风华正茂的青年学者，观看排山倒海、声浪震天的钱江潮，心潮澎湃，立志掀起中国改革开放之大潮。

当然，大家无法预见往后的几十年中国社会转型的潮起潮落是那么的惊心动魄；走向市场经济、民主法治和社会公正的道路是那么的曲折艰辛，但坚信中国改革开放的明天一定会越来越光明！中国改革开放的道路一定会越走越宽广！

据会议举办者总结，莫干山会议后，组织专门班子赶写并上报了七个专题报告：《价格改革的两种思路》《与价格改革相关的若干问题》《企业实行自负盈亏应从国营小企业和集体企业起步》《沿海十四个城市对外开放的若干问题的建议》《金融体制改革的若干意见》《发展和管理股份经济的几个问题》《粮食购销体制改革和农村产业结构的变动》。这些报告，以一种崭新之风示人，从问题出发，深入分析，并提出政策建议。报告得到了中央领导的重视，张劲夫批示："中青年经济工作者讨论会上提出的'价格改革的两种思路'，极有参考价值。"国务院领导批示："'价格改革的两种思路'很开脑筋。总题目是如何使放调结合，灵活运用；因势利导，既避免了大的震动，又可解决问题……"不少政策建议被中央决策层采纳。

莫干山会议是中青年经济学家的第一声呐喊！也是中青年经济学家第一次群体式施展才华！

莫干山会议的发起人都已年届六十，笑谈当年，一个又一个今天听上去如雷贯耳的名字从他们口中亲切地溜出来，还是那颗热情而年轻的心。至今人们还在不断地提起莫干山会议，是因为这些会议的发起组织者，聪明巧妙地组合了各种支持力量和资源，把会议办得有声有色，从而影响了历史。

朱嘉明说："所谓影响历史，是在这个意义上说的：它是时代的，是集体的。莫干山会议之所以成功，除了组织者搭起了一个平台以外，历史已经具备了水到渠成的条件，人们不仅对于改革有普遍的共识，而且经过五年改革，特别是1977年恢复高考以后，大学生、研究生开始成长，积累了相当多的人才，他们有超前的想法。风云际会，机缘巧合，否则，这个会既不会成功，也不会产生如此深远的影响。当时关于改革的很多好的想法和思路，并非来自一个人，常常是不约而同，来自很多人。此外，必须注意'头脑风暴'的作用，相互刺激，互相启发。这是莫干山会议的贡献。"

我们一般的参会代表当时只知道莫干山会议的10家联合举办的单位，也是以其举办单位的征文而投稿被录取为正式代表的（每10篇论文录取1篇，应是相当严格了），而不知道会议的个人发起者：

朱嘉明33岁，国务院发展研究中心前身国务院技术经济中心经济师。黄江南 34 岁，国务院技术经济中心助理研究员。他们俩是中国社会科学院研究生院工业经济系第一届硕士，此时，刚参加完社科院举办的第一次博士招生考试。

张钢，《经济学周报》负责人，中国经济学团体联合会（简称经团联）联络人。

刘佑成，34 人，浙江经济研究中心研究人员。

这次会议并得到中共中央书记处农村政策研究室王岐山支持（发起过程略）。所以莫干山会议是由中青年经济学者民间发起、新闻单位和地方研究机构出面主办、中央和国家有关部门相关人员参与和支持的一次“民办官助”的具有历史意义的重要会议。

本人这才恍然大悟，事后几十年才知道这次会议的重要。

当年参会者中几十年后全国特别著名者有：王岐山、马宾、吴稼祥、金观涛、张维迎、周其仁、徐景安、华生、常修泽、贾康、王小鲁、高梁等，李剑阁代表周小川和楼继伟参加此会。其余参会的我辈均是莫干山会议的“绿叶”了。但“绿叶”也有其不可忽视的作用吧。“绿叶”中不乏事业成功者。我们以“绿叶”而骄傲，也以“绿叶”而自豪。

莫干山会议后，我们上海的几片“绿叶”竟然与会议主办者之一联合起来了。有一天在金润圭（华师大）家里集中开了个小会，我和朱林兴（上海财大）、岑老师（上海大学）4 位与《经济效益报》（蓝版）（城市版）开始合作。由报社颁发给我们 4 位记者证，我们业余负责报道上海城市经济效益的新闻或文章，倒也不亦乐乎。

国家发改委经济研究所教授、清华大学中国经济研究中心研究员常修泽在其《新中国经济学史纲（1949—2011）》一书中专门撰写了《莫干山会议》一章，并在此基础上，专门探索和思考了莫干山会议的精神特征及其对后世的影响。

一是时代责任精神；二是公平竞争精神；三是自由争鸣精神；四是官学互动精神。我颇赞同。

《经济观察报》专栏作者柳红是总结莫干山会议的著名专家，专门论述了莫干山会议的历史遗产。

什么是莫干山会议的历史遗产？其实是一种精神，一种传承于越王勾践的卧薪尝胆和奋发努力，通过“十年生聚，十年教训”，用 22 年打败号称“春秋五霸”之一吴国的精神。这是接地气，有底气的一代人。1984 年的中国，刚刚告别“文革”十年，计划经济和人民公社制度还在，在人民币价值被严重高估的情况下，人均国民生产总值不足 300 美元，排名世界 120 名之后，是一个贫困的“超级大国”。这些与会者经历了如此的漫长岁月，有独立思考能力和追求真理的勇气，渴望中国的全面现代化，并且相信改革开放是唯一选择。莫干山会议为他们提供了一个平台，没有思想禁锢。他们把一个个历史课题抛向天空，再给以回答。莫干山会议将青年人推上历史舞台，使新生的改革力量得以聚集，从而改写了20世纪80年代各种社会力量的版图。1984年，我大学刚毕业2年，风华正茂、血气方刚，我虽是普通的青年，普通的教育者和研究者，但志向坚定、梦想远大。参加莫干山会议后，我更矢志干好事业，发奋研究，为社会贡献财富。

如果没有莫干山会议精神，我可能不会在1985年5月创办上海市基本建设优化研究会；

如果没有莫干山会议精神，我可能不会在1987年6月主编出版全国第一本投资学专著《投资学概论》；

如果没有莫干山会议精神，我可能不会在1987年末以5部著作和50多篇论文破格晋升副教授；

如果没有莫干山会议精神，我可能不会在1989年创办《基建管理优化》杂志。

莫干山会议精神是中国的历史的巨大财富，也是我个人的用之不竭的精神财富。

阎　淮

我在莫干山会议上做青年知识分子问卷调查[①]

1984 年 8 月，时称“改革四君子”之一的黄江南（另三位：王岐山、翁永曦、朱嘉明）来中组部青干局鼓吹此会。（军人站岗不挂牌子、戒备森严神秘莫测的中共中央组织部，来访者一般只能到隔壁胡同的“上访室”递材料、谈要求。组织部系统以外，被同意接待者也只能在传达室旁边的平房“接待室”被谈话。而求见青干局的青年名人与非名人，经常被请进组织部大楼，直奔青干局办公室。）黄介绍：“我们在全国征集到一千多篇经济论文，以文选人，一百多位中青年与会，恳请你们参加。”尽管无官场级别的与会者，不属于青干局管理范围，中组部也无参加此类会议的先例，青干局还是力主参会。请示李锐，他指示：“只去一人，别太张扬。”临行李又告诫我：“你要夹着尾巴开会！”

9 月 2 日经杭州上莫干山，我被拉进“会议领导小组”。我牢记部长的谆谆教诲，宣称“只参与幕后策划，

---

① 作者时任中组部青干局干部。

决不抛头露面”。

9月3日开幕式，薛驹省长等领导致辞后，主持人介绍许多代表是冲破阻力与会。提到江苏泰州28岁的阎卡林，工厂不准请假赴会，离厂即除名，逼他辞职而来。我气愤不已按捺不住，递上纸条。主持宣读：“工厂无理，中组部要干预！——青干局干部。”全场鼓掌，要求我讲话。几番推辞未果，我上台慷慨激昂，痛斥基层的封建专制和官僚主义，允诺此事定要一管到底。全场再次爆发热烈掌声。三天后，江苏组织部派人上莫干山，带来许多阎卡林在工厂的一大包“劣迹”资料。我说：“整人的材料，我不看！若他表现坏，何不早处分？你们回去整整这个厂长吧！”我认为：即便泰州厂在我们的压力下，勉强让阎卡林复职，但他今后也只有“穿小鞋”的份儿。于是我就和与会的《经济日报》总编辑安岗协商。安考察后，决定聘用阎卡林。

这个突发事件，使我从幕后走出曝光，许多代表找我反映自己的困难和要求。责任心和使命感令我旧习难改、又翘起尾巴，索性一不做二不休。我以中组部青干局的名义设计一张《代表调查表》，其中除了基本情况外，专设了“困难阻力”、“要求希望”和“今后计划”三项。向代表分发后，收回75份。根据对调查表的分析，利用晚上，我写了近万字的《一代新人在崛起》的调查报告。

开幕式后，会议进入分组小会。我先后参加了宏观、理论、开放、金融等小组讨论。5 日，结合自己 12 年工业领域的实践经验和理论思考，我在工业组重点发言；还参与有关《企业法》与《破产法》的研讨和建议中央对此二法立法的建议稿的起草。这些都得到组长杨沐和众组员的好评。回京后，我邀请杨沐参与了北京青年企业家协会的定期活动，我们长期合作。

9 月 5 日下午，我与刚上山的李湘鲁、孔丹在山间竹林中漫步畅聊。李、孔过去与我相识，在各种会议上见过多次，但无深谈深交。9 日会议闭幕全体合影，大会安排“贵宾”在第一排随便就座，我左右分别是当时的好友王岐山和黄江南，我们尽量靠边坐。此照片广为流传。

9 月 11 日，农历八月十六，省委安排观钱塘江大潮，眼看壮观的自然大潮，心想社会的改革大潮，心潮澎湃。12 日，参加省组织部的考察第三梯队大会，被迫作“指导性发言”。下午听说朱嘉明接到“母病危 速归”的电报，但只有次日晚班飞机。13 日，我要一小汽车，陪朱游览名胜以解忧伤，黄江南同行。朱回京后，母亲不幸已去世，我去他家吊唁慰问。

1984 年 9 月，杭州莫干山会议之后，朱嘉明（右）母亲病危，作者（中）和黄江南陪着他。

9 月中旬回到中组部，向李锐汇报。李见面就说："你又折腾了！ 还散发什么调查表？"我递交《一代新人在崛起——"中青年经济科学讨论会"代表情况简析》，其目录如下：

一、代表的特点

1. 年轻有为、朝气蓬勃——年龄低（平均 34 岁）

2. 有理论、有实践、有真才实学——知识高（大学和研究生 85%）

3. 信仰坚定、事业心强——素质好（党员 55%，高于全国干部的 40%）

4. 一代新人在崛起——“老六届”中学生的特色（待开垦的处女地，“文革”大学生已被重视）

二、困难与希望

1. 青年不被重视（82% 的与会者认为）——领导和社会双重原因

2. 知识分子政策不落实（55%）——不能只落实到“知识分子代表”身上

3. 入党难（23%）——知识分子卡知识分子

4. 要求实践机会（16%）——可喜的萌芽、必然的趋势

三、建议

1. 重视三四十岁“新人才群”的崛起

2. 热忱关心、尽快解决其困难

3. 抓紧培养各界“青年领袖”

4. 培养“青年经济人才”三措施

（1）中年学者到地方任职

（2）到地方或企业咨询指导

（3）促进学者与厂长的联系与结合

我在结束语中说：“过去我们对党政干部很重视，最近对企事业领导如厂长经理也注意了，但对中青年经

济学者却有所忽视。”

李锐看后说：“你提出很重要的问题，我们确实应该重视‘老六届’‘文革’中学生，特别是其中的经济学者。”（一年后的1985年10月，崔武年与我在《人民日报》发表文章时，才正式使用“老三届”一词。）10月，李锐在新华社的《半月谈》发表文章，介绍我的上文。内蒙古供“领导参阅”的《决策参考》于1985年5月8日全文刊登我的此文，并在“编者按”中称“望能引起各级领导和有关部门的注意和重视”。

1984年12月，百余位中青年经济学者在政协礼堂，召开一整天会议。首先，讨论了当前的形势。其次，莫干山会议领导小组汇报了莫干山会议所形成的、提交中央的七份专题报告。最后，我用一小时，宣读了上述《一代新人在崛起》的调查报告，其间多次被掌声打断。会后许多人赞扬我说出他们的心声。会上，我又结识一些“各方神圣”，其后接触较多的是周小川和何维凌。会议的另一亮点是河南省副省长何竹康来招聘学者到河南任职或顾问。我从中协助考察推荐，最后促成朱嘉明任河南体改委副主任，黄江南任河南外经贸委副主任。

莫干山会议后，中央开始重视青年经济学者，随后成立了体改所与北京青年经济学会。

杜　厦

莫干山会议前后与天津中青年经济学家[1]

在北京"改革四君子"和"农村发展组"事例的影响下，全国各个省市自治区的一大批年轻经济理论工作者，迅速进入了当地领导人的视野。这些思想活跃，视野开阔，理论基础扎实，又敢于提出新思路的年轻人，逐渐占领了各个地区经济改革的理论舞台，分别成为各级政府的"智囊团"。

天津自然也不例外。1982 年 10 月，我和李罗力、金岩石研究生毕业后，同一天到南开大学报到。在这之后，以南开大学经济研究所为中心，天津的青年理论工作者研究团体初步形成。著名的南开"读书会"，成为全天津青年经济理论学者之间的联系纽带。各种有关天津改革、开放理论的研究工作蓬勃开展。改革的实践及调研活动也不断展开。市政府在改革和开放中遇到的难点和疑点问题也经常向这些年轻经济学者请教。天津关于"改革、开放"的研究工作一下变得非常活跃。

---

① 节选自杜厦著《一个人和他的时代——杜厦自传》，第 383–393 页。

此时，黄江南和朱嘉明在“经济改革”方面所取得的理论成就，已经使他们成为各个大学和研究机构里青年经济学者的偶像。而黄江南是我在47中时的初中同班同学，又是和我在学校一起练习拳击、体操的亲密玩伴。因此，从1983年初开始，以我和黄江南之间的关系为纽带，在北京“改革四君子”与天津中青年经济学家群体之间，建立了非常紧密的合作和交流关系。

1983年夏天，黄江南、朱嘉明和《经济学周报》张纲等三人，来天津和我们及部分研究生进行学术交流。其后，朱嘉明、黄江南在和我们的闲聊中，披露了他们想在浙江召开一次全国性的青年经济学者改革理论研讨会的想法，获得了我们的热烈响应。随后，朱、黄、张在从天津返回北京的火车上，形成了莫干山会议的基本设想。

1984年9月3日至10日，这场30年改革进程中最具开创性的中青年经济理论研讨会，在浙江德清莫干山召开。大会一共124名正式代表。天津中青年经济理论工作者群体的核心人员，李罗力、金岩石、常修泽、郝一生和我，全部参加了这次载入中国改革开放史册的重要会议。我们全部集中在会议的“对外开放组”。朱嘉明不仅是大会的主要发起者，还是我们开放组的召集人。大会最后结束前，“对外开放组”推举我作为代表，在全体大会上作了总结演讲。

莫干山会议得到了国家主要领导的重视。总理秘书李湘鲁，张劲夫秘书孔丹，都参加了会议。之后，大会全部七个组，各选一名代表，下山向国家经济委员会主任、中共中央财经领导小组第一副组长张劲夫，作当面汇报。我被推举为下山向张劲夫同志当面汇报的七名代表之一。

莫干山会议最重要的理论成果是为中共十二届三中全会提供了改革的理论支持。其中尤为重要的是，会议向中共中央提出了价格“双轨制”的改革思路。这一观点的提出，坚定了国家进行价格形成机制改革的决心，也提供了一个突破改革最大难点的操作方法。

莫干山会议，是全中国青年改革精英集体发声的一次大会。用会议的发起者和组织者之一朱嘉明的话说：“经过五年改革，特别是 1977 年恢复高考以后，大学生、研究生迅速成长，积累了相当多的人才，他们有超前的想法。风云际会，机缘巧合，否则，这个会既不会成功，也不会产生如此深远的影响。莫干山上关于改革的很多好的想法和思路，并非来自一个人，常常是不约而同，来自很多人。相互刺激，互相启发。这是莫干山会议的贡献。”

莫干山会议已经过去了 34 年，但中国经济改革的历史上，还不曾有任何一次会议，像莫干山会议那样，永远让20世纪80年代那一大批中青年经济理论工作者，想起她就热血沸腾，心潮澎湃。那次会议中，每一个与会的年轻人，都把自己的命运和整个国家的改革事业，紧紧地联系在一起。这些年轻的经济学家，对于国家改革成功的热烈渴望，对于未来中国的殷切期待，对于把一腔热血泼洒在改革事业上的无限激情，铸成这次会议的诸多成果。毫无夸张地说，莫干山会议永远在中国经济体制改革历史上，留下了一道绚丽的篇章。

莫干山会议在三十多年以后，之所以仍然让人津津乐道，最根本的一条，是那次会议竟是如此干净和圣洁：在那次会议上，没有官爵，没有资历，没有主席台，更没有任何所谓背景。所有的会议代表，都能够没有任何顾忌地畅所欲言。“平等”和“直言”成为那次会议最重要的标志。为国献策的士大夫情怀，对于真理的无尽追求，成为那次会议所有参加者的一种精神向往。

有幸成为这样一次会议的参加者和见证者，不能不是我一生的荣幸。

莫干山会议的召开恰逢其时。莫干山会议之后仅一个月，中国共产党召开了十二届三中全会，正式开启了中国城市经济体制的全面改革。而改革一进入城市，各种矛盾、冲突就一下爆发出来。这反倒激发了整个经济学界的无穷话题和诸多争论。莫干山会议的巨大成功，强烈刺激了全国各地的中青年学者，他们都渴望有一个类似莫干山的舞台，可以充分表达自己对于城市经济体制改革的意见和建议。

党的十二届三中全会刚一结束，《经济日报》社长兼总编辑安岗、副总编辑丁望两人，请我到《经济日报》社来一趟，他们有重要的想法要和我商量。

他们希望借助莫干山会议的巨大影响，再召开一次全国范围的中青年经济改革理论研讨会，着重讨论城市经济体制改革面临的理论问题。他们已经联络了国务院经济研究中心、国家体改委、中共中央宣传部、《红旗》杂志社等四家中央机构，和《经济日报》社一起，共同发起这次大会。

《经济日报》是莫干山会议的主办单位之一。莫干山会议的开会信息和论文征集，都是在1984年6月12日的《经济日报》上，以“本报讯”的形式发布的。因此，《经济日报》利用自己中央大报的官方地位，客观上为莫干山会议作了有力的“背书”，这在当时的政治环境下，是难能可贵的。

丁望作为《经济日报》的副总编辑，自始至终参加了莫干山会议。他也在山上结交了一大批在各组讨论中颇为活跃的中青年经济理论工作者。

安岗直接向我说明了他们请我到《经济日报》来的意图："我们相信，下一步城市的经济体制改革，将会和沿海城市的逐步对外开放交织在一起展开，这就使得改革面临的问题更为复杂，理论上的空白点就更多。因此，我们希望第二次中青年经济改革理论研讨会，能够在莫干山会议的基础上，把涉及的改革领域更加拓展一些，理论深度也更加深入一些。当然，另一个目的，是希望借助这次会议，使全国各地，尤其是沿海对外开放城市的中青年理论工作者都能够参加进来。"

丁望接着说："莫干山会议上，你们对外开放组讨论的深度和广度，令人印象深刻。尤其在这些讨论中，你们所展现出来的全球化视野和巨大信息量，更让我们赞叹不已。能不能由你们出面来组织这次大会？我们主办方的中央五大机构，将给予你们全力支持和协助。"

我当然不会拒绝。党的十二届三中全会以后，需要有一个契机，给全国各地尤其是沿海开放城市的青年学者们一个共同探讨和交流的舞台。我相信，《经济日报》和安岗本人的提议，会为全国青年经济学者在改革、开放领域内的研究工作提供一个巨大的推动力。

回到天津，我与李罗力、金岩石、常修泽、郝一生一起研究并征求了张炜、邢元敏的意见后，共同决定，同意《经济日报》的提议，在天津筹划并召开全国“第二届中青年经济改革理论研讨会”。由我出任大会秘书长，金岩石、常修泽出任论文评审组组长。

大会筹备组设在《红旗》杂志社招待所。一个月之后，论文评审组一共收到全国各地寄来的应征论文2615篇，一共选出125位获奖作者，其中有近三十位是莫干山会议的参加者，其余近百位获奖者，都是未能在莫干山会议上展现才华的优秀中青年经济理论工作者。

这次大会于1985年4月在天津召开。会议在《经济日报》社和天津市领导的全力支持下，取得了巨大成功。

虽然在中国改革、开放的历史上，无论影响力、知名度和理论贡献，这次天津大会都无法同莫干山会议相提并论，但也确实取得了许多莫干山会议所没有的重大成果：

第一，天津大会一共收到2615份论文，是莫干山收到论文数量的一倍。全国各地中青年经济理论工作者，参与改革理论探讨的热情和积极性，被前所未有地调动起来。

第二，本次大会，增加了“宏观经济调节与控制”、“计划体制改革”、“财政金融体制改革”、“所有制关系调整与企业活力”、“第三产业的形成与发展”和“基本理论及其他”六个理论研究领域，这比莫干山会议有着更加全面和深入的讨论和交流内容。明显看得出来，经过莫干山会议的洗礼，全国中青年经济学家的经济理论研究，范围越来越广，理论越来越深入，针对性也越来越强。

第三，会后仅两个月，47 篇最优秀的论文汇集成册，由辽宁出版社以《腾飞的构想》的书名出版。这是改革开放三十年历史上，唯一一本汇集了全国中青年学术精英，最前沿研究成果的论文集。这本书的出版，意味着在改革的理论研究上，中青年学者已经成为真正的主力军。

第四，天津大会之后，诞生了中青年经济学家的全国性理论刊物《中青年经济论坛》，这是一个里程碑性质的进步。在此之前，发表论文的阵地，基本由老人、权威占据着，青年人基本不可能在权威刊物上露面。《中青年经济论坛》的诞生，从根本上改变了这种局面。

第五，在总共 125 位代表中，日后，一共出现了 21 位“孙冶方经济学奖”获得者。每两年评选一次的“孙冶方经济学奖”是我国经济学界的最高奖项，这 21 位代表，一共先后斩获了 28 项“孙冶方经济学奖”。

第六，参加过天津大会的 125 位代表中，日后有 30 位代表先后从政。他们之中将近 20 人，先后担任过省区市或国务院部委的省部级领导干部。一共涌现出了

8 位中共中央委员，两位是全国政协副主席，两位中央政治局委员，一位还成为中共中央政治局常委。

1985 年天津大会，绝对荟萃了 80 年代中国改革开放中，最有作为的一大批精英人才。

作为“第二届全国中青年经济改革理论研讨会”的发起人和大会秘书长，我对这次天津大会取得如此杰出的成绩，感到自豪。

同时，我还是《中青年经济论坛》的发起者、创办者和实际经营者。能够在那样艰难的情况下，没有用国家的一分钱，使这本中青年经济学家自己的杂志横空出世，还很快成为一本影响巨大的权威经济学杂志，这不能不是一个重大成就。我为自己所作出的特殊贡献，也感到自豪。

在天津大会筹备和召开期间，所有天津中青年经济学家的工作，都几乎达到忘我的程度。没有天津中青年经济理论界所有人的共同努力，这样一次大会是无法如此成功地召开的。同样，没有这些共同奋斗伙伴的忘我努力，《中青年经济论坛》也不会取得成功。这里面，李罗力、金岩石、常修泽、郝一生作为核心，作出了最大的贡献。当时在天津市团市委，担任领导职务的张炜和邢元敏，也付出了巨大心血。

张　钢

关于莫干山会议的若干背景情况

最近，柳红女士和常修泽先生多次告知许多朋友想将莫干山会议的一些资料汇总并集结成册，因我和朱嘉明、黄江南、刘佑成都是会议的发起者和组织者，且很多"上山"的亲历者和朋友们都已经写了回忆文章，但作为会议的发起者、组织者和大会秘书长，希望我也写一篇有关会议的情况。为此，我查看了许多相关文章，大家都从不同角度写出了一个个生动真实的莫干山会议，随着这些文字的跳跃，一幕幕场景再现，撬开了久封于我心中的当年激情。

（一）

"文革"结束后，一批"上山下乡"的"老三届"中学生通过考试进入大学，有不少人直接考上研究生，"文化大革命"和"上山下乡"是他们的共同经历，前者使他们关心国家大事，后者使他们了解社会，对中国社会的发展问题，"反思""探讨"是这批年轻人聚会的中心议题。

党的十一届三中全会后，中国开启了“改革开放”的航程，他们更是“位卑未敢忘忧国”，热衷于在各种场合讨论中国的改革发展之路。

从 1978 年始，北京陆续形成了很多领域有影响的研究“圈子”，其中包括：农村农业圈、金融圈、财政圈、微观企业圈、宏观经济圈、价格圈、社会圈、国际关系圈、文化圈、军事圈，等等，有些“圈子”后来有的成为体制内正规的组织机构（如中国农村发展组、流通组），但大多数“圈子”仍属于民间性的自发的研究群体。

同时，在中国的各省、自治区、市，如上海、天津、吉林、内蒙古、宁夏、甘肃、陕西、河南、四川、贵州、云南、广西、浙江等地，都相继出现以年轻人为主体的研究“圈子”，他们除探讨本地区经济社会发展的各类问题外，也对国家的改革发展之路积极发表见解。

客观地讲，这些研究群体对一些问题的调查研究与意见，确实在不同程度上对当时中国的改革开放起到了推波助澜的作用，尤其是中国农村发展组对中国农村社会的现状调查，为中央连续几年发布关于农村发展和农业政策制定的中央一号文件，提供了重要的政策依据和政策建议。其中翁永曦、王岐山、陈一谘、何维凌、王小强、陈锡文、邓英淘、周其仁、宋国清、罗小朋、蔡晓鹏等都是中国农村发展组调研工作的重要骨干人员。他们共同的特点是有理想、有思想、有学识、有激情，在他们身上突出表现出强烈的改革意识和对国家发展的高度责任心。当然，这批年轻人的“冒头”，也是和杜润生先生的慧眼识才、破格起用，和邓立群先生的思想解放、鼎力支持截然分不开的。

应该说，这些“圈子”的形成，他们对中国社会经济问题的积极探索，以及相应的调查研究与理论研究，为莫干山会议的召开，奠定了前期的组织、人才准备和改革理论准备。

（二）

20 世纪 80 年代初，中国南北两地分别出现了两份“民办”报纸，北京的《经济学周报》和上海的《世界经济导报》。《经济学周报》的背景是中国社会科学院、中国经济学团体联合会。《世界经济导报》的背景是中国世界经济学会、上海社会科学院世界经济研究所。这两份报纸一出现，由于报道的都是中国改革开放中面临的热点问题，且思想解放、观点新颖，立刻吸引了全国的注意，尤其是在校年轻大学生、研究生、在岗工作的年轻人注意。

《经济学周报》前身为《全国经济学团体通信》。1978 年底我进入中国社会科学院，时任副院长于光远先生嘱我创办《全国经济学团体通信》，为筹建中国经济学团体联合会做前期联络及组织工作。中国经济学团体联合会（简称“经团联”）成立后，《全国经济学团体通信》正式更名为《经济学周报》，作为中国经团联的机关报。《经济学周报》归中国经团联轮值团体主席领导，总编及各版主编采兼职聘请，当时的总编为中国人民大学王瑞荪教授，他是一位谦逊及工作极其认真的学者。其他各版主编分别来自中国社科院、《人民日报》等单位。我为报社主持日常全面工作的专职负责人。从我一人创办报社始，到调至国家机关交手报社工作止，报社工作人员发展到五十多人，在全国各省市自治区分别由中宣部发函设立正式记者站，我本人也出任中华全国新闻工作者协会（简称“全国记协”）理事会理事。

《经济学周报》当时每季度都会发布“中国季度宏观经济形势分析”，发表关于中国各经济领域在改革开放过程中面对的重大问题，也以专版形式介绍并讨论各省区市经济改革与发展的关系问题。这些问题报道和观点分析影响面广大。在发表的文章中，不但有老一辈受尊敬的著名经济学家，也有初显张力的有影响的经济学家，更有名不见经传的年轻学者和在读大学生和研究生，如在读研究生曹思源先生的企业“破产”问题便是首发于《经济学周报》；其他如中国水资源问题、“傻子瓜子”等皆由《经济学周报》首次披露并引起社会广泛注意。

正因为如此，《经济学周报》成为当时年轻学者经常聚会活动的中心，我和朱嘉明、黄江南、翁永曦、王岐山等一大批活跃于中国各改革领域的年轻人也是相识相交于那时。他们都是年轻人中的佼佼者，有学识、有激情、思想解放活跃、问题观察敏锐。因为朱嘉明、黄江南和我都同在中国社会科学院，所以接触更为频繁。

80年代初期，刚刚从“文化大革命”走出来的中国，对许多现实和理论问题的探讨，还存在很多“禁区”，如果不能对这些“禁区”问题与理论探讨和突破，改革开放是很难进行的。在当时环境下，对这些“禁区”问题与理论的探讨，很难在报纸上公开进行。为此，朱嘉明、黄江南和我就商议，以《经济学周报》名义，不定期地召开封闭式的“国民经济讨论会”，以便敞开思想，打破“禁区”，面对焦点，提出对当时热点问题的分析与改革思路。

我们三人一拍即合，说干就干。从1982年底始，至1984年9月莫干山会议前，共召开九次“国民经济讨论会”。我们商定，每次确定一个专题，选择一个主发言人，事先让其准备，人数控制在三十人左右，会议过程采取全封闭式，不对外开放。会议过程中，在主发言人之后，参会人员对其所论进行讨论和辩论。每次会期一天，中午由报社提供一元的简单便餐。第一次“国民经济讨论会”是在北京市朝阳区委党校召开，到第九次时，王岐山安排在中央组织部招待所召开。国家计委、人民银行等国务院各部委均有代表参加，河南省时任省长何竹康专程到京参会。其间，总理办公室鲍彤先生也到会，他对讨论会的成果寄以很大希望。

这九次“国民经济讨论会”的内容涉及：农村组织农业发展问题、中国经济的宏观调控问题、企业运转机制及改制问题、金融与财政关系问题、价格与市场问题、外汇与外贸问题、建立与开放证券市场问题、流通体制问题、社会保障体系问题等。

根据会议对这些问题的讨论，会后对主发言稿重新进行修改、补充，撰写专题报告并提出相应的改革思路和政策建议，呈送中央相关主管部门。

应该说，这九次“国民经济讨论会”，对后来召开的莫干山会议，在会议召开“形式”方面，提供了新颖的会议模式；在会议的“论题”方面，提供了前期的政策、“对策”准备。

（三）

1983年冬，我的好友浙江大学后调任浙江省经济研究中心副主任的刘佑成到京，老友相聚，分外高兴，交谈甚多。我们俩曾在1981年夏，合作撰写过一篇论文《从中西方历史的比较中探寻中国封建社会停滞的经济原因》，因而以文成友。其间，我向他介绍了报社召开的“国民经济讨论会”情况，也谈到朱嘉明、黄江南和我三人都感到，农村改革已经进行了五年，城市的经济改革应提到改革日程上来了，但是目前我们对各相关问题的讨论都是对单独领域问题的讨论，现在到时候了，有必要对这些问题进行交叉综合性讨论。刘佑成深有同感，他说，如果要开这样的会议，浙江德清县的莫干山是一个开会的好地方，会议可以完全封闭。他说，他回去后可以向省里的经济研究中心做个汇报，争取和浙江省的政府机构联合召开。

1984年初，正好朱嘉明、黄江南去杭州，我跟他们讲了我和刘佑成的想法，让他们去见刘佑成，进一步跟进了解一下刘回去后的情况。这情况已有文章写了，这里不重述。需要更正的一点是，在刘的回忆文章里写道，他们会面后拟定了会议名称，这是不正确的，尤其是将会议名称定为“中青年”，更应是记忆有误，因为

“中青年”及会议名称均是后来确定的。

朱、黄回京后，我们碰了头，知道浙江方面态度积极。其后，我们三人到天津南开大学，和大学生、研究生进行关于改革诸问题的交流与对话。天津的几位好友，也是在天津极有影响力的年轻学者常修泽、李罗力、金岩石、郝一生、杜厦，从白天聊到晚上，其间也将我们想召开“交叉综合性讨论”会议的想法和他们沟通，得到他们一致支持。

第二天我们返京，天津的朋友送我们到车站。在车上，我们三人就召开“交叉综合性讨论”会议的议题，进行了讨论。朱嘉明、黄江南主说，我补充并就议题草记在随身的“破纸”上。

同时，就会议代表的产生方式，我们口头商议通过报纸发布征文消息产生。当时还商定，由《经济学周报》牵头并负责联系各新闻单位共同发起，面向全国征文。因为我参加过各类讨论会，每次会议与会代表都是将自己的论文到会上宣读一番，很少有交叉回应。所以我说，这次论文选拔，要根据他们的论文选人，好知道中选者在哪方面见长，知道他在哪方面有新思路。论文不在会上宣读，只带脑子和思想，按会议规定的问题，提出自己的论点和政策建议。对此，我们三人均有同感，故当即作出决定。这后来被大家称为“以文选人”。

回到北京，天色已晚。我们都没有回家，直奔月坛北小街 2 号《经济研究》编辑部，乔桐封是《经济研究》的编辑，晚上都在办公室。到了办公室后，我们将在火车上讨论的会议议题进行了条理化，乔桐封作文字记录。我们商定会议的宗旨为“为党和国家献计献策”，实质是讨论经济政策、经济对策问题，但如果会议名称定为“经济政策研讨会”会比较敏感，最后商定还是定为“经济科学工作者学术讨论会”较为宜，不扎眼。

但“经济科学工作者”范围太大，我们还是想这次会议以年轻人为主。当时我横躺在铁丝行军床上，两腿倒贴靠墙，心想，“青年”我们已不是，三十出头了，叫“中年”，却心有不甘。想来想去，最后翻身跳起，大声说，就叫“中青年经济科学工作者学术讨论会”。当时他们三人笑称，那以后还有“中老年”“中少年”啊？我说，不管他们，我们就叫“中青年”！

莫干山会议的正式名称“中青年经济科学工作者学术讨论会”就这样确定了。没想到在莫干山会议之后，“中青年”一词成了社会“热词”，各新闻媒体也广泛使用“中青年”一词，一时社会上形成“中青年”热潮。

随后，我们 4 个人又就征文代表的范围和条件做了进一步讨论。在年龄方面，我们确定为“中青年”；在范围方面，面向全国。由于我们多次参加过各类讨论会，其中很多会议很讲代表的职务、名气和权威，对此我们都不以为然，我们希望打破这种会议风气。因此提出了，我们这次会议代表的产生，要“不讲学历、不讲职称、不讲职业、不讲名气、不讲关系”，这个“五不讲”就是那天晚上我们共同商定的。不拘一格为天下网罗人才，也算是当时开会议风气之先。最后，由乔桐封执笔拟就了在报纸上发布的“征文”文稿。

（四）

随后，由我以《经济学周报》名义联系在京的新闻单位，共同发起召开“中青年经济科学工作者学术讨论会”，并商定每个发起单位出资 1000—2000 元作为会议经费。王岐山以中央书记处农研室名义资助会议经费 10000 元，在当时那是一笔很大的款项。

同时，以《经济学周报》为主体筹备单位，正式建立了会议筹备组和论文组。筹备组组长张钢，副组长徐景安、朱嘉明、黄江南。论文组组长王小鲁，副组长周其仁。

刘佑成则负责联系浙江省委、省政府、省社会科学院、省经济研究中心，为会议在浙江召开做相关筹备工作。

1984 年 6 月，中央人民广播电台在“新闻联播”中首先播报了“征文”消息，随后《经济学周报》《经济日报》等多家报纸正式发布“征文”消息：

本报讯《经济日报》《经济学周报》《世界经济导报》《中国青年》等报刊和浙江省社会科学院，将于 9 月上旬在浙江省联合召开“中青年经济科学工作者学术讨论会”。讨论的中心内容是我国经济体制改革中的重大理论问题和现实问题。从本月中旬开始，向全国广大中青年经济科学工作者广泛征集论文。论文入选将作为正式代表应邀出席会议。论文写明“九月征文”字样，寄北京市《经济学周报》社。论文不超过八千字，提纲不超过一千字，并请写清作者姓名、性别、年龄和工作单位。

消息发布后，全国来稿踊跃，至 8 月中收到各地论文 1300 多篇。论文组成员夜以继日阅稿，不徇私情，不讲关系，通过七次严格评审，最终 124 人入选会议代表，此外参加筹备组和论文组工作的 26 人也作为会议代表，共 150 名会议正式代表。另外与会者还有 10 个会议发起单位的负责人，10 个新闻单位的代表和浙江省列席代表 10 人，全部参加会议人员共 180 人。

1984 年 8 月 31 日上午在浙江省府大楼会议室召开了预备会，《经济日报》总编辑安岗、《经济学周报》张钢、国家体改委徐景安、刘佑成，将各方面的筹备工作向浙江省领导作了汇报。浙江省省长薛驹代表省政府表示，这个会在浙江开我们很欢迎。我们的任务一是从会议汲取智慧，二是尽东道主之谊。同时，预备会上还正式确定会议地点为浙江省德清县莫干山。

（五）

在会议筹备期间，我们重点做两方面的工作。一是严格“以文选人”工作，同时也注意论文所涉领域和专题；二是积极争取中央高层领导和国务院相关部委的支持。关于第一项工作，很多参与工作的朋友已经写了，这里不多讲了。我想第二项工作，目前外界讲述还不多。

1984年夏，温元凯在安徽合肥召开了大规模的“全国改革者大会”，各路改革的知名人物云集，在全国影响不小。但是也有不少非议，认为“你们都是‘改革者’，那我们是什么”？一时对于召开类似的大规模会议风声鹤唳。当时就有朋友说：“会议开成了，皆大欢喜，开砸了，我们都可脱身，你张钢跑不了。”我说：“没什么大不了的，反正打倒我也没砖头高。”可见当时召开这样的会议仍存在着极大的政治风险。我想，事情已经展开，一切只有向前，争取所有可能的官方支持，把会议开好，开成功。

因此，第二项工作对于能否召开会议，能否开好会议至关重要。于是，我们联系所有能够联系到的中央领导和有关部委领导的子女、秘书，将召开会议的信息以及会议将讨论的议题，事前向他们通气，争取他们的支持，起码不持反对态度。

在这方面，王岐山以及李湘鲁、孔丹起到了重要作用。在他们及其他包括中央财经领导小组的娄建、中组部的阎淮、中宣部的贾春峰、《红旗》杂志的陈晓梅等朋友们的帮助下，会议的信息几乎送达了当时所有的中央领导人，包括邓小平、陈云、胡耀邦、赵紫阳、李先念、王震、姚依林、宋平等，以及党中央、国务院有关部委负责人。得到的反馈，虽然不是明确的支持，但也没有明确的反对。这无疑对会议来讲，取得了召开的“通行证”。

王岐山从会议筹备到会议报告呈送全程参与，他在筹备和会议过程中发挥了重要的核心作用。李湘鲁和孔丹在会议召开期间参加了会议，并在孔丹的积极安排下，9 月 8 日在杭州张劲夫接见了部分会议代表并听取了会议情况汇报，接见的会议代表有张钢、徐景安、华生、田源、周其仁、陈申申、刘渝、沈水根、刘佑成等（王岐山、朱嘉明、黄江南因主持会议，未能前往）。张劲夫接见会议代表的内容在刘佑成的回忆文章中讲得很细。这次接见，对于让中央领导了解会议，起到了极为关键的作用。

会后，我因胃出血，由王小鲁、田源护送回京。会议报告的撰写，由徐景安、朱嘉明、黄江南、王岐山主持。关于会议报告内容，徐景安有完整的回忆文章。这些由会议成果而形成的政策建议报告，最后通过王岐山、李湘鲁、孔丹正式呈送中央高层领导并获得高度肯定。

（六）

莫干山会议后，“中国经济体制改革研究所”“国务院农研中心发展研究所”“中国国际信托公司国际研究所”“北京青年经济学会”相继成立，很多莫干山会议的参加者进入了这些被社会号称的所谓“智囊团”，在新的岗位上正式开始了“为党和国家献计献策”的工作。

随后，北京市、上海市、天津市等各省市自治区，以参加莫干山会议的代表为骨干，陆续成立了各省市自治区的“青年经济学会”，团结了更多的年轻人，为本地区的经济改革与发展，为各省市自治区政府献计献策。天津市的会议代表还专门成立了“中青年经济论坛”，创办了《中青年经济论坛》期刊，并于1985年4月在兰州召开了具有影响的“中青年经济论坛”会议。

关于莫干山会议的历史，要感谢柳红、刘佑成、孔丹、常修泽及很多亲历者的回忆文章，他们再现了当年会议的原貌，将一个个场景描述得极为生动和详尽，我就不多讲了。

我认为莫干山会议是时代的产物，没有改革开放的大时代，就没有莫干山会议。

我想引用当年同为莫干山会议发起者和组织者，也是我的多年挚友黄江南和朱嘉明的话，来作为我这篇回忆文章的结尾。

黄江南：（莫干山会议）“第一是涌现了人才；第二是解放思想；第三是对决策层的又一次影响。早年，总理见‘四君子’（翁永曦、王岐山、朱嘉明、黄江南）是第一次老青对话（那次嘉明去安徽开改革会要作报告，没有参加会见），这次会后，有了第二次老青对话。这表明，年轻人是为国家着想，是支持改革的；第四，把经济研究和政策研究结合起来，确立了青年是政策研究的主力军。”

朱嘉明：“所谓影响历史，是在这个意义上说的：它是时代的，是集体的。莫干山会议之所以成功，除了组织者搭起了一个平台以外，历史已经具备了水到渠成的条件，人们不仅对于改革有普遍的共识，而且经过五年改革，特别是 1977 年恢复高考以后，大学生、研究生开始成长，积累了相当多的人才，他们有超前的想法。风云际会，机缘巧合，否则，这个会既不会成功，也不会产生如此深远的影响。当时关于改革的很多好的想法和思路，并非来自一个人，常常是不约而同，来自很多人。此外，必须注意‘头脑风暴’的作用，相互刺激，互相启发。这是莫干山会的贡献。”

张　钢

莫干山会议会里会外花絮

柳红看了我写的“有关‘莫干山会议’的若干背景情况”后跟我说，“能不能再写点会议花絮？”我说，“让我再想想。”之后想起几件事，有的令人一笑，有的令人忆往，有的令人感叹。

（一）

1984 年 8 月 30 日，我和《经济学周报》的会议筹备组工作人员乘飞机先行赴杭州，准备和浙江省经济研究中心的会议工作组接头，安排会议代表报到、人员食宿、会议场地等会议前期事项。随行的有编辑部主任张连城，记者部主任尹蓝天、记者马力，办公室财务王蕴青。

王蕴青是刚毕业的大学生，平时习惯称我“哥”，这次是她第一次离京，第一次出差，第一次乘飞机。飞机起飞升空，万里蓝天阳光灿烂，朵朵白云在机身下飘逸翻卷，美不胜收。

我在看文件，突然王蕴青叫我一声，“哥哎！我都不知道这云彩上面还有‘空’呀！”我和报社其他几个人一下傻了，紧跟着大家“扑哧”都笑弯了腰，说，“你是什么大学教出来的啊？！”

（二）

9月2日会议开幕前一天，各地代表纷纷抵达莫干山脚下，班车将一批批代表拉上山。那时交通不便，莫干山距杭州60公里，上山道路起伏曲折，上山下山必须乘车。当日下午我突然接到山下负责接应代表搭车上山的论文组副组长周其仁电话，“山下有一位《天津开发报》的女记者要上山，我们查了她不是代表，跟她讲你不可以上山。她说认识你和天津的几个代表，我说除非张钢同意批准你上山，否则你不可能上山。现在，她在这儿哭得厉害，怎么办？”我说，“会议有规定，不是代表不能上山，认识我也不行，认识谁也不行！”

后来，天津的会议代表常修泽、李罗力、金岩石、郝一生、杜厦找到我，说她叫邢杰，是刚创办不久的《天津开发报》记者，是改革开放的热情宣传者，他们很了解她。我说，报社的这更不行了，这次会议是全封闭式不对外开放，连会议记者组都有纪律，只参会记录不作任何报道，除非经过会议秘书处批准。这几位又打

“苦情牌”，说她跑那么老远过来，一个女孩子，现在一个人在山下哭了多时了。见我默而不语，他们又联名向我保证，她上山后绝不会发有关会议情况的任何报道。天津的这些代表，也是我们京津两地合作的朋友，在他们的担保下，我说，那就让她参加会议开幕式吧，之后立即下山。

此事，很多会议代表都知道。当时不是我无情，对她在山下的心情，我也很理解和同情，但是，我不能坏了会议的规矩。这件事也从一个侧面反映出，这个会议在当时的社会影响力。多年后，我在美国和邢杰再次相遇，话及当年事，都一笑而过。

（三）

全体会议代表上山后，大会秘书组决定，第一天不开会，“放羊”。让大家散游、散串、散识、散交。为的是让各地互不相识的代表有个会前接触的机会，多一些观点交流。这样，正式开会时大家不生疏，观点碰撞起来也有个初步了解的基础。

因为按照会议规定，任何人都不许带自己的论文上山，只许带脑子和思想上山。因此，很多代表的论文都被扣在山下了。同时，凡私自夹带论文上山的，在山上也不许发放。这样的安排，自然引发了许多议论。

有的说："哪有开会不带论文的，那征什么文？"

有的说："千辛万苦费尽周折来到莫干山，居然不让带论文，第一天还不开会。"

有的说："第一天就感到，这个会和以往参加的会不一样。"

有的说："听说会议是封闭的，这儿倒真是封闭的，想出去也出不去，想进来也进不来。"

有的说："除了会议组有电话，许多房间电话线都撤了，真够封闭的。"

第一天，从某种情况看就是"乱糟糟"，这是会议有意识、有控制的"乱糟糟"。会后，很多代表深感，这次"放羊"和"不带论文上山"，确是一次别出心裁的安排。这样的安排，逼迫代表围绕会议论题，将平时自己对问题的深度思考和会上的各种意见，在不受自己论文思路的限制下，随会议问题的紧密展开，放开思想，激烈辩论、畅议所论。

（四）

在这次会议的开幕式上，发生了一件很有意思的事情，引起轰动，一下把会议顶出一个小小的高潮。情况是这样的。

当时大会讲台上正按会议程序，主持人和演讲嘉宾在有条不紊地进行着发言，我和《经济日报》总编辑安岗先生坐在一起。这时，后排传递过一个纸条给我，纸条上写着（大意），江苏泰州工厂工人阎卡林，通过征文成为代表，他向工厂请假，工厂不准并威胁如敢擅自离厂，就要开除他。被逼无奈，他被迫辞职参会。

我将纸条递给了坐在旁边的安岗先生，本意是让他了解有这么个情况，没想到，他看后健步快速走上讲台，在麦克风前大声念出了纸条上的字。念毕，他手举着纸条，面向全场，会场一片哗然。这时只见会场中又递上一纸条，安岗先生再次大声读出，"工厂无理，中组部要干预！——青干局干部"全场爆发出一片掌声。

在大家的强烈要求下，中组部代表阎淮走向讲台，他首先表明身份，"我是中组部青干局的阎淮"，随后，他慷慨激昂地痛斥某些基层单位仍残存封建专制的遗毒，官僚主义的霸道作风横行。他说，一个工人凭论文入选会议代表，这本应是工厂的光荣，现在不但不准假，还百般刁难，威胁开除，这是什么道理？中组部"对此事定要一管到底"！台下再次爆发出暴风雨般的掌声。

阎淮，为人正派，对是非黑白，立场分明。当时他参会，部领导深知他的秉性，特嘱"要夹着尾巴开会"，但他终究还是没憋住。多年后，我见阎淮时说，"山上，你这一炮真够响的！”

随后，江苏的代表站起来说，我们要向江苏省委组织部反映此事，一时会场群情激愤。最后安岗先生说，“他们不要，我们要！到我们《经济日报》社来！”全场再次响起雷鸣般的掌声。

莫干山会议后，经过阎淮和安岗的商议，阎卡林通过了报社的考核，真的到《经济日报》当了一名记者。他很争气，不久，他还被评为《经济日报》年度“十佳”记者之一。我在会后收到泰州工厂寄来的厚厚一叠关于阎卡林的材料，盖了近二十多个公章，全是整人的材料，没有一句好话，我把它丢进了垃圾桶。

现在想想，真是时势造化人，一个莫干山会议，从此改变了阎卡林的一生；同样，莫干山会议，也成为许多与会代表的人生转折点。

（五）

我在会上过于劳累，引起了胃出血。朋友们把我安置在江渭清原来住过的别墅，为了不让我操心会议事务，白南风特地将室内的电话线强行撤了。在我卧床期间，浙江省委、省政府主要领导都来看望我，令我非常不安和感动。同时，王岐山挑起了主持会议的重担。

莫干山医疗所的一位女大夫看到这么多省里的领导来看望我，一次怯生生地跟我说，她和丈夫两地分居好多年了，想从杭州调到丈夫工作的镇江，由大城市流向小城市，是符合户口迁移政策的。冬天的莫干山大雪封山，四个月都出不了山。她在山上已经工作好多年了。她说，能不能跟省里领导说说她的情况，允许她调到镇江，一家人能够团聚。我说，试试看吧。

几个月后，我出差到杭州，她带着女儿去看我，说省机关事务管理局已经批准她调到镇江，对我千恩万谢。送她们走时，恰好浙江省委宣传部长罗东来看我，我说，不要谢我，（示意罗东）要谢就谢他吧。

她们走后，罗东部长对我说，莫干山会议对他的思想冲击很大，有部时政电视片《新闻启示录》，报到省委宣传部审批，如果过去，他一般是不会批准这部电视片播出的。但是，因为参加了莫干山会议，思想解放了，认为这部片子是推动改革开放的，所以他当即就批准播放。这部片子后来在中央电视台和各地电视台都播放了，影响很大，对改革开放起到了积极作用。

我看过这部片子，非常不错，令人耳目一新。唯一不知道的是，这部片子的播放，居然还和莫干山会议有关。

（六）

会议结束时，山上很冷，很多会议代表都没有多带衣服，冻得直哆嗦。会议后勤组从会议食堂借出了很多厨房工作师傅的白大褂给代表御寒。随着代表们轻松地一堆堆聚集拍照留念，一时满山都是白大褂，这恐怕是莫干山少有的奇景。

次日，钱塘江大潮。江潮迭起，汹涌澎湃，一浪推一浪，一浪高一浪。正如中国的改革大潮，巨浪涌动、浩浩荡荡，面向大海、迎着朝阳，奔泻东去！

时过多年，莫干山研究院成立了，新莫干山会议召开了，莫干山论坛也召开了，在改革开放 40 周年之际，忆往昔，峥嵘岁月，格外稠。

徐景安

改革激情与务实精神[1]

1984年9月3日至10日，一批来自全国的中青年，在浙江省德清县莫干山举行一次会议，成了中国改革史上具有历史意义的莫干山会议。今年迎来改革40周年，回顾这次会议，有什么现实意义呢？

一、价格双轨制的由来

莫干山会议是顺应了计划经济转向市场经济的需要，所提出的价格双轨制，为突破计划经济的枷锁，建立商品经济奠定了基础。

今天40岁以下的人都没有经历过计划经济，有必要说一下什么是计划经济。

每年由国家计委制订工农业总产值计划，主要工农业产品的产量，国家的重点建设项目。然后层层下达到农村的生产队，生产什么、产量多少，农民除了交公粮以外，按国家规定价格和数量交售粮食，称为统购统

① 节选自2018年5月27日作者在改革开放与莫干山会议专题报告会上的发言。

销。企业按下达的计划生产什么、产量多少，产品给谁，原料谁供，都按国家规定的价格调拨。

通过指令计划、物资调拨、规定价格，组织和控制经济运行。从中央到省、市、县设立一系列部门，除了计委、经委、财政以外，还有冶金、煤炭、机械、电子、纺织、轻工、物资、价格……单机械行业就有一机部到七机部。

计划经济的特点就是可以举全国之力办大事、保重点，为中国奠定了工业基础，尤其是军事工业的“两弹一氢”。计划经济的缺点是宏观经济比例失调，微观产供销脱节，分配大锅饭，好坏一个样，结果是效率低下，国弱民穷。

邓小平说：中国与发达资本主义国家相差 20 年。所以，他提出社会主义必须发展生产力，贫穷不是社会主义，确立以经济建设为中心，发展第一的方针。由此开启中国改革开放，实行市场经济。

改革确定引入市场机制，认识上有反复。

1979 年《改革总体设想》说：“实行计划调节和市场调节相结合。”

1980 年《关于经济体制改革的初步意见》的提法是：“生产资料公有制占优势、多种经济成分并存的商品经济。”

1982年《经济体制改革的总体规划》改为“生产资料公有制存在商品生产和商品交换的计划经济”。

1983年《关于当前经济体制改革的几点意见》的提法是“以计划经济为主、市场调节为辅”。

1985年《关于体制改革总体规划研究的汇报提纲》确定为“有计划的商品经济”。

1987年党十三大报告确定为“国家调控市场，市场引导企业。”

这些提法变化的背后反映了一个实质问题，由国家为主组织经济活动的体制要不要改？简单来说，生产经营活动是由国家管，还是企业管？这关系多少部门的生死存亡以及权力分配啊！

邓小平说：“社会主义也可以搞市场经济。”中国最终确定以市场为取向的改革，正式提出建设社会主义市场经济。

市场经济就是利字当头，有利就干，无利不干，价格问题就越来越突出了。比如玻璃，按面积计算价格，那就大量生产薄玻璃；按重量计算价格，就大量生产厚玻璃。由于能源、原材料等基础工业价格太低，加工工业品价格太高，结果基础工业越来越跟不上加工工业的发展。国务院开了很多次会议，讨论价格改革问题。小调解决不了问题，大调经济承受不了。一包火柴涨1分钱，关系国计民生，国务院开了几次会。

1984 年 3 月，由一些年轻人以《经济学周报》《世界经济导报》等单位的名义筹备发起中青年经济工作者讨论会，代表人选按论文水平确定，从 1300 篇论文中确定会议代表 124 人。会议筹备工作由张钢等人负责。张钢找王岐山商量，王岐山说："徐景安了解情况，找他参加。"张钢找到我，我觉得，这是好事啊，我就参与了。

当时我是国家体改委宏观规划处处长。临开会了，国家体改委的领导不同意我去。这个会不是国家有关部门召集的，参加有风险。当时，温元凯组织召开了所谓改革者大会，受到中央批评，参加这个会就是改革者，不参加这个会就不是改革者？领导们是出于好心，让我别参加这个会。可我担任了会议的策划工作，我怎么能半路撂挑子呢？我冒着被撤职的危险去参加会。

会议讨论分为 7 个专题，其中的宏观组，我改为了价格组。会议期间，我一直在这个组。田源是价格中心出来的，主张"调"；张维迎是按论文选来的，则主张"放"。他举了一个例子：温度计中的水银柱，气温高了，水银上去了；气温低了，水银就下来。价格就是要按照市场供求关系变化，自动地升降。他讲的是市场经济的 ABC，在当时具有革命性意义。我们过去都是"调"

的概念，没有“放”的概念。但价格能全放开吗？华生是研究生院的，他提出“先改后调，改中有调”的思路。当时，吵得热火朝天。

我为会议撰写了主报告《价格改革的两种思路》：考虑到由国家计划供应和统一分配的能源、原材料比重太大，煤炭占50%、钢材占70%，建议采取调放结合、以放为主的方针，先将供求基本平衡的机械、轻工、纺织的价格放开，所需的原料也由计划价改为市场价。

随着一个个行业的放开，统配煤、钢材的比重就会缩小，这时较大幅度地提高能源、原材料价格就不会对整个国民经济产生很大冲击。一个个行业的放开，就会出现统配内的计划价与自销的市场价，应配套建立物资市场。

这份报告写出来后，我兴奋不已，在杭州西湖边散步时对张钢他们说：“金苹果已长出来了！”果然，报告送上去，9月20日张劲夫就批示：“中青年经济工作者讨论会上，提出的价格改革的两种思路，极有参考价值。”

10月10日国务院领导批示：“价格改革的两种思路很开脑筋。总题目是如何使放、调结合，灵活运用；因势利导，既避免了大的振动，又可解决问题。”这就是我国价格改革实行双轨制的由来。

一种物资两种价格，市场价高于计划价，分配比例逐步缩小，市场份额逐步扩大。从稳定存量，改变增量到缩小存量，扩大增量。从供求平衡的行业放起，将价格改革的大系统，化为一个个可以操作的小系统，避免了大风险。更具有深刻意义的是，不仅纠正了不合理的价格体系，而且打破了僵硬的价格管理制度，还带动了计划、物资体制的改革。这是对计划经济制度的重大突破，奠定了我国商品经济制度的基础。

至 1986 年底，国家计委下达的工业指令性计划产品从 120 种减到 60 种，国家统配物资从 256 种减到 26 种。实行浮动价和市场价的比重，农副产品占 65%，工业消费品占 55%，生产资料占 40%。

后来我国的经济改革就是走双轨制道路，成为中国的渐进改革模式。所有改革几乎都从试点起步，再一步步推广。在内地不开放的情况下，试办经济特区和沿海开放城市，等等。

二、双轨制的功与过

双轨制的好处是明显的，当时需要从计划、物资、价格连环的计划体制中打开缺口，而又不引起经济生活大的震荡。双轨制也一定会带来问题，这就是新旧体制的矛盾、摩擦、漏洞，腐败也由此而生。价格双轨制催生了中国第一批暴富者。官商结合、倒卖物资，不断将计划内倒到计划外。两极分化、贫富扩大、权力腐败也就从这里开始。

当时主张市场经济的一部分人，对双轨制深恶痛绝，认为一种物资两种价格，这在理论上说得通吗？既不是计划理论，又不符市场理论，批得狗屁不如。但中国改革就是这么在计划与市场的夹缝中走过来的。理论家往往追求理论的彻底，但实际生活需要妥协，改革要面对现实。

中国改革的成功归于双轨制渐进改革模式。这避免了社会大的振荡，也是应付政治保守派、减少改革阻力的策略。成功的原因往往就是问题的根源。今天，我们正在为此付出代价。

——政治改革不动、经济改革先行是双轨制，保障了政治稳定，为经济改革创造条件，但是权力失去制衡，腐败也就泛滥猖獗。

——鼓励创造财富，忽视财富分配是双轨制，改革之初的政策重点是打破平均主义，实行效率优先，由此也就带来分配的严重不公、贫富差距急剧拉大。

——重视资本的权利，忽视劳动的权利是双轨制，以利于招商引资、促进经济、增加 GDP，由此造成劳动的正当权益得不到维护，工资增长落后于经济增长，内需的萎缩。

——城乡分割，经济、教育、文化、医疗资源向城市倾斜的政策始终不变是双轨制，加快了城市现代化的进程，也就使城乡差距越来越大，占中国绝大多数人口的农民一直得不到公平、公正的待遇。

——城市户籍与非户籍是双轨制，社会救助、社会保障、公共服务向户籍人口倾斜，尤其是属于生存保障的低保、失业、残疾救助将非户籍排除在外。

——中国的养老金制度实行五轨制，公务员、事业单位、企业、城镇居民、农村居民养老金差距很大。

——经济领域承认个人利益，鼓励为人民币服务，思想领域则强调集体主义精神，号召为人民服务也是双轨制，造成说与做、思与行的脱节。

——坚持四项基本原则与实行改革开放是最大的双轨制，这是当年邓小平保持平衡的政治智慧，但今天成为冲突的焦点。

认真观察我国经济、社会、政治、教育、文化、思想等各个领域以及相互关系，都是并存着新旧两套规则、两种制度，这是我国处于体制转型期的基本特征。

双轨制可以使我们成功，也可以使我们失败。如果听任双轨制带来的腐化和不公，继续用旧制度、老办法来解决新矛盾，就可能爆发社会冲突，使改革成果毁于一旦。加快向新制度转型的步伐已是当务之急。

中国改革是一批充满理想主义激情的人启动的，莫干山会议的参加者大都是没有职位的年轻人，不为名、不为利，带着对国家的未来和前途的关心和责任，聚到一起，讨论中国改革开放的重大问题。

一个有趣的悖论，中国走向利字当头的市场经济，是一批不考虑个人利益的理想主义者推动的。提出“时间就是金钱，效率就是生命”的袁庚就是充满革命理想的共产党人。

莫干山会议提出的价格双轨制，又体现了从实际出发的务实精神，为中国探索了渐进的改革模式，避免了休克疗法的振荡。完成了从计划经济向市场经济、政治第一向发展第一的伟大历史转折。

所有伟大的历史转折，都是由有识之士创新提出，执政当局采纳推广，人民大众接受实行。这既需要充满理想和激情，又需要务实的路径和方法，才能突破旧理念，打破旧格局，进入新时代。

田　源

莫干山会议的前前后后

20世纪80年代，是中国经济改革的攻坚突破时期，最具历史意义的农村改革、国有企业改革、价格改革、沿海发展战略都是在这个时期酝酿、启动和实施的。这个时期的国内外环境非常好，全国上下人心思改，思想理论界关于经济改革的各种讨论和争论空前活跃，形成了良好的改革氛围，各种重大改革一浪又一浪地向前推进，整个中国经济的发展也呈现出良好的发展势头。

一、无锡孙冶方经济理论研讨会

1983年9月16日至23日中国社会科学院经济研究所和《经济研究》编辑部在孙冶方的故乡和他青年时期从事革命活动的地方——江苏省无锡市举行了“孙冶方经济理论讨论会”。参加会议的有来自全国28个省、区、市的经济理论工作者、经济工作者、企业领导人、新闻出版单位代表和孙冶方生前友好共211人，经济学家薛暮桥、姜君辰、宋涛、孙尚清、董辅礽、朱剑农、卓炯等教授和国家计委副主任陈先同志参加了这次研讨会。无锡研讨会的目的，是在讨论孙冶方经济理论的过程中，联系实际探讨中国当时的经济改革往何处去，为中国经济改革突破寻求方向。这次研讨会的理论基础和框架都是围绕价值规律这个核心概念展开的，但是也涉及社会主义经济理论和改革的方方面面，比如价格改革的讨论。当时的经济理论界没有突破传统马克思主义经济理论的框架，争论多限于不同的定价理论，例如社会主义的价格体系是按照成本利润率定价，还是按照社会主义生产价格理论定价，等等。这些讨论看似与实际经济改革相去甚远，但是其目的确实在于力图影响改革政策制定过程。我当年作为武汉大学经济系的青年教师参加了这次学术研讨会，有机会第一次接触到中国当时最有名的经济学家和政府官员，通过参加会议讨论，感到春风拂面，理论联系实际，我意识到改革的大潮要来了。在这次会议上，我的研究工作能力得到国务院价格改革研究中心领导的肯定，会议之后立即被借调到北京参加国家价格改革方案的研究。作为一名刚刚毕业两年的研究生和大学青年教师，从做会议纪要、睡办公室开始，到全国搞调研、撰写研究报告，参加各种工作会议，进入人生最有意义的工作时期，有幸见证了 80 年代如火如荼的改革大潮是怎么涌起的。

二、初入国务院价格研究中心

在计划经济时期，指令性计划是基本的经济运行方式，与之配套的是指令性计划物资分配体制。作为这种体制运行的保障，国家实行指令性计划价格体系，也就是说，无论生产资料还是消费品，几乎都由国家各级物价管理部门决定价格，不仅石油、汽车、钢材、木材、化工原料等由国家定价，包括涉及衣食住行的粮食、自行车、电视机、蔬菜、水果、鸡蛋、白酒，甚至火柴也要由国家定价。这个天罗地网、无所不包的价格体系，从今天来看，是当年计划经济的保护网和基石。由于各种产品存在着上下游投入产出关系和比价关系，牵一发而动全身，价格体系的调整和变动非常缓慢。在社会各种产品普遍短缺的情况下，与固定价格配套的是广泛实行的物资计划指标和票证管理体系。在那个年头，城市里生活的人如果没有票证，连生存都难以维持。

在经济改革开始的年代，这种从苏联学习来的指令性计划体系不仅是改革的对象，更是改革的拦路虎。即使是当时的国家领导人，面对这种庞大无比、牵一发动全身的价格体系，也不知如何下手改革是好。

为了推进价格改革，国家领导人听取了一些知名经济学家的意见，非常推崇当时非常有影响力的以波兰经济学家命名的“兰格模式”，曾经想用计算机系统进行理论价格测算，为全国整体价格改革准备可行方案。

兰格价格思想的核心是“试错法”。它产生于20世纪二三十年代关于社会主义计划经济中能否合理配置资源的大论战中。这场论战以L.von米塞斯、F.A.von哈耶克等资产阶级经济学家为代表。他们认为社会主义经济中没有私有制和自由市场，因而不能有合理的经济计算和资源配置，所以计划经济是不可行的。对于这种论点，以F.W.泰勒、兰格、A.P.勒纳为代表的经济学家作了系统的反驳。美国经济学家泰勒第一次提出了计划模拟市场“试错法”的价格思想；兰格在《社会主义经济理论》（1937）中系统地运用并发展了这一思想，形成了著名的“兰格模式”。

兰格认为，在资本主义条件下，经济均衡通过竞争市场上的“试错法”而建立，即如果竞争市场上供求不相等，买卖双方的竞争就会改变价格，这样最终会获得一组均衡价格使供求达到平衡。在社会主义经济中，生产资料归社会所有，其价格不能由市场决定。但可以由中央计划机构根据“试错法”模拟市场加以决定。具体过程是：①中央计划机构给生产资料制定一个计算价格；②如果这种计算价格不符合由供求关系决定的“均衡价格”，则计划期终了时该产品必然出现过剩或短缺，这表明计划机构开始制定的“计算价格”错了；③中央计划机构按照“错了再试”的原则，重新制定价格。如果产品过剩就降低价格，产品短缺则提高价格，这一程序可重复多次，直到最后确定出正确的“计算价格”。经过一系列“错了再试”的程序，中央计划机构最终能制定出一套不仅使一种产品而且使所有产品供求都相等的“均衡价格”体系。因此，在社会主义条件下，中央计划机构可以模拟市场机制，用“试错法”求解经济均衡，实现资源的合理配置。由于中央计划机构对整个经济体制动态的了解方面要比私人企业广泛得多，因此，中央计划机构通过“试错法”实现的经济均衡比真正的市场调节要快得多。而计划模拟的市场价格之所以可以实现资源配置的合理化，又是以企业行为方式为基础的。

在一次由中央领导同志和经济学家参加的会议上，以“兰格模式”为理论指导思想研究价格改革方案的意见得到认可，1981年国务院决定设立一个专门进行价格改革影响测算，为价格改革提供方案的高级政策研究机构——国务院价格研究中心。这个研究中心集中了当时最知名的经济学家和价格专家，由薛暮桥担任总干事，国家物价局局长刘卓甫担任副总干事，原北京市物价局副局长杨鲁担任办公室主任，一大批来自中国社会科学院、北京大学以及国家物价局的专家加入了这个研究中心。我有幸加入了这个研究专家群体，迅速适应了工作，很快从总体上了解了中国价格改革的形势和困难，理解了国家领导人的关于价格改革的目标与顾虑，也与行业内的专家建立了密切的关系。通过工作和学习，逐步形成了自己关于中国价格改革的思路与观点。

国务院价格研究中心成立以后，克服了无数困难，组织超过上万人参加中国的理论价格测算，即使在今天来看，这也是一项浩大的工程。按照国务院的要求，价格测算广泛应用了调查研究、系统分析和数学模型的方法。1982 年，价格中心对 1981 年度全国工业、农业、交通运输业、建筑业、商业、公用事业等六个部门，240 多个行业，1300 多种商品及商品组，几千类具体规格的商品，7000 多家企业进行了全面调查，调查内容涉及商品现行价格、成本、流通费用及其构成、利润和税收明细、生产资金占有状况、企业劳动者数量，按商品分类填列的原材料、燃料动力、运力耗费、商品的产销存状况等近百个指标。在理论分析、逻辑分析的基础上，建立了数学模型（包括投入产出模型、最优规划；模型和其他一些计量经济方法），通过电子计算机进行了反复测算。之后，在 1984 年和 1986 年，又分 1983 和 1985 两个年度的有关资料进行了类似的工作。农产品成本主要采用有关部门联合调查的1981年农产品成本收益资料，并对十三个省市自治区的主要农产品分地区按优、中、劣等耕地分别汇总，对农业生产资料的明细消耗金额进行典型调查；此外，还收集了有关的统计数字和国外价格资料。

为价格改革所做的理论价格测算工作规模浩大，动员了大量人力物力，进行了中国历史上最大的一次全国价格测算和研究。第一次形成了结构化的全国价格大数据系统，在此基础上，国务院价格中心根据国务院要求和经济学家不同理论观点的需要，运用计算机进行了几十个方案的测算，对于不同价格改革策略和步骤对于全国经济的影响作出了量化的测算和估计。

在国务院价格中心工作的经历给我的研究工作带来很多益处，经常接触大量的数据和参加各种价格改革研讨会极大地扩展了我的眼界，深化了我对于价格改革战略和策略的认识，我逐渐形成了自己对于整个中国价格改革战略与步骤的看法。我的研究生同学卢健当时在中央财经小组办公室工作，我们经常参加北京的各种中青年经济改革圈子聚会，这些圈子总有人大胆发表对于经济改革的各种意见，年轻人和而不同，在争论中都有不同的收获，一些年轻人也因参加这些讨论而脱颖而出。由于我专职从事价格改革政策研究工作，卢健比较了解我在价格改革方面有系统的独立见解，曾经于1984年六七月份介绍我向中央书记处研究室领导做过一次汇报，这次汇报后来产生了重要的影响。

三、研究改革要两代人对话

1984年8月，我和一位同事冒着酷暑去上海出差，调查上海企业关于消费品价格方面存在的问题和改革经验，接待我们的上海市物价局安排我们到企业听取情况汇报。早上，汇报会议刚刚开始，突然接到物价局的电话，要求我立即赶回局机关，告知我北京有重要会议需要我参加。当我赶回上海市物价局的时候，时任领导告知我，国务院主要负责同志第二天要在中南海第三会议室听取我关于价格改革问题的汇报。听到这个消息，我着实吃了一惊，一个初出茅庐的年轻人，居然被国务院领导点名去汇报，这个消息让我既感兴奋又忐忑不安，我从来没有直接见过中央大领导，这个事非常突然。我打电话给北京的直接领导询问此事及如何处理，领导告诉我是国务院领导直接听取我个人关于价格改革的意见与建议。我立即意识到是向书记处研究室领导汇报关于价格改革战略思路的信息被大领导看到了，因此约我去谈话，仗着当时初生牛犊不怕虎的精神，我马上结束上海价格调查乘飞机返回北京。

第二天上午，我第一次走进中南海，按照通知的指引直接来到国务院第三会议室。在会议室等待期间，国务院主要领导同志和国务委员、国务院物价改革小组组长张劲夫等领导陆续来到会议室，同时参加汇报的还有周小川同志。大家坐定之后，大领导开宗明义说，价格改革是经济改革中一个绕不过去的问题，非常复杂，影响面广，牵一发动全身，最近国务院开过多次会研究这个问题，还没有找到好的办法，听说小田在价格改革方面有深入的研究和独到的见解、有好的观点，今天我们大家一起听一听，要研究找到一种可行的办法启动价格改革。

听到这个要求，我的心放下来，我向在场的领导详细汇报了自己关于价格改革的研究与建议。我首先介绍了国务院价格研究中心所做的工作，随后对整个中国价格体系、体制、结构扭曲的情况作了分析。在此基础上，分别对价格改革的几个可能的突破口进行了分析，我记得当时呼声最大的观点是整个改革从农产品价格改革开始，也就是大幅度提高农产品价格。我认为这个建议不可行，不仅对整个经济的带动性不强，还会直接推动食品价格大幅上涨，大幅增加国家财政补贴负担。我的观点是价格改革要有利于促进国民经济结构调整和经济增长。改革要从短线部门入手，我的理由是当时工业用的能源、原材料十分短缺，主要原因是价格太低，生产企业没有积极性，例如山西的原煤当时才 5 块钱一吨，成本已经 10 块钱以上，供给严重不足，对电力工业影响很大，电力短缺又进而影响整个工业增长。我认为整个价格改革要着眼从能源、原材料等基础部门开始突破，这是一个价格改革战略优化问题，由于这个产业链比较长，有条件通过下游各个环节提高效率层层消化涨价影响，对于最终消费品价格不会产生过大的影响，因此不会对财政造成过大的负担，是一条现实可行的价格改革道路。在这方面的改革突破之后，再相应推出其他领域的价格改革，为整个经济改革创造有利的条件。

在我汇报之后，周小川也汇报了另外一种通过 CGE 模型不断逼近均衡价格的改革思路。在整个过程中，这些熟知中国宏观经济的大领导不断插话，形成很好的观点交锋和讨论，一方面，对于我主张的从生产资料领域开始价格改革的思路有较多的讨论；另一方面，我在过程中清楚地了解到国务院领导关于价格改革的担心和焦虑，既需要加快价格改革为整个经济改革全面展开创造条件，又担心价格改革引起物价总水平的上升和财政补贴的大幅增加，当时面临的最核心的问题是如何找到适合中国国情的价格改革思路和策略，也是我们下一步应该集中研究的问题。

在会议结束之前，主要领导做了一个重要的决定，谈到今天的会议很开脑筋，对价格改革有了新的思路，看来以后研究改革问题，需要两代人对话。搞计划经济的老同志们熟悉情况，年轻人有新的思路和新知识，在讨论改革方案问题时，这两种人要结合起来，以后再研究物价改革问题，要田源参加。这次会议不仅研究了价格改革问题，还把建立经济改革政策研究的“两代人对话”机制提上了日程。后来，国务院在研究综合配套改革时，专门成立了国务院经济改革方案办公室，下设八个改革研究小组，每个组的正组长都是老部长，也都配备了一个年轻的副组长，价格组组长是国家计委主任陈先，我担任了价格组副组长。据我回忆，担任不同改革研究小组副组长的还有郑洪庆、成致平、徐景安、周小川、楼继伟、吴晓灵、宫著铭、倪迪等人。

四、莫干山上挑灯夜战

莫干山是一座中华名山。这座山之所以今天如此有名，除了干将和莫邪的历史故事，恐怕就是 1984 年 9 月召开的“中青年经济科学工作者学术讨论会”曾经在这里举行。

记得中南海价格改革汇报会之后，我与北京的年轻才俊有更多的机会和更大的热情参加改革问题的讨论。

此时，经朋友推荐，我被邀请参加9月在莫干山举办的“中青年经济科学工作者学术研讨会”。参加这次会议的年轻朋友很多，而且来自全国各地。有来自北京的一大批，分别来自中央财经小组办公室、国务院下属的研究中心、体改委等有关机构、中国社会科学院、国家级报刊杂志社和大专院校等。除此之外，还有来自天津、上海、浙江、广东等地的年轻朋友。这些人都有一个共同的特点，就是在各地比较活跃，有一定的知名度，是一批关心国家大事的年轻人。准确地说，是一批没大没小的“草根”改革研究推动者。

这个大会的参加人被会议的主办者们分到不同的小组参加讨论。我被分配到宏观组参加讨论，分在同一组的还有华生和张维迎。宏观组的讨论开始并不是以价格改革为焦点的，是泛泛讨论宏观经济改革方面的问题。我在发言时把不久前中南海开会时了解的内部情况带到会议上，介绍了我所了解的中央领导同志最关心的问题，并且分享了自己关于价格改革的观点，把会议的讨论焦点引导到价格改革问题上，我的发言引起了大家的强烈关注，在价格改革问题上引发了激烈的讨论和争论。华生在会议上提出调放结合改革的观点，张维迎阐述了放开价格的观点。争论最激烈的会议是在夜间举行，真是挑灯夜战，争论时互不相让，可谓唇枪舌剑，正是这种精神把讨论引向深入。记得这次会议除了宏观组很热闹之外，其他组也是争论得热火朝天，大家都希望把对方的观点驳倒，把自己的观点确立起来，留下历史的印记。

会议临近结束时，主管价格改革的国务委员张劲夫同志正好在杭州出差，经由他的秘书孔丹协调安排，准备让领导同志亲自听一听中青年才俊关于价格改革的讨论观点。我被邀请加入汇报小组，直接参加了向张劲夫国务委员的汇报会。会议以华生为主进行了汇报，这些年轻人的观点受到领导的好评。一份以双轨制为主导方式改革价格的汇报材料经由张劲夫同志批转，送达国务院主要领导得到再次批示和肯定，至此，双轨制价格改革思路开始成为经过中央领导同志认可的改革思路，后来逐步在国家价格改革过程中推广开来，在计划价格体系平稳地转向市场价格体系过程中发挥了十分重要的作用。从这个意义上说，莫干山中青年研讨会具有不可磨灭的历史性功绩，为那个激情燃烧的岁月增添了浓墨重彩的一段佳话。

阎卡林

一个特别与会者

莫干山会议在我国改革开放历程中具有特别意义。而我，就是这个特别会议上的一个特别与会者。

我接到参会通知，很开心。论文被选中了，随即向单位领导汇报，但领导看了看、想了想，不批准参会。怎么办？思来想去，唯有辞职，背水一战。离开工作单位出去闯闯，或许能闯出一番新天地。

断然辞职参加莫干山会议，这与其他人不同。更不同的是，我未进过大学的门，是工厂工人。经济学等理论知识全都是自学的，且独立从事研究工作，稍有一点儿成就，也就是在全国性学术刊物上发表了数十篇论文及研究报告。

无学历、无单位、无收入，我到莫干山开会，除了积极参加各种研究讨论，显然还要借机找饭碗。

现在回顾起来，在改革年代，只要敢想敢干，一切皆有可能。

当时我参会报到后，发现名册中有我熟悉的《北京日报》理论部负责人刘京。该报曾刊发过我所撰写的关于企业改革的一整版文章。我找到刘京致以感谢，同时也介绍了我的窘境。他热情地回应，我帮你找会议秘书处的人反映情况，肯定能受到重视。因为对这次会议高层比较关注，除了有神秘人物参会，会后还要向中南海汇报。

出人意料，莫干山会议刚开始就喜从天降，我的饭碗有着落了。这不禁令人喜出望外，而且留下了许多难以忘怀的重要场景，留下了许多重要启示。

1984 年 9 月 3 日上午的会议开幕式，台下百余名中青年经济科学工作者热情洋溢，主席台上的七八位领导显然受到感染，个个笑逐颜开，热情的会议致辞后，作为重要主办单位领导、《经济日报》总编辑安岗讲话。他说,《经济日报》创办以来，一直为改革鼓与呼，支持鼓励年轻人敢想敢干，为改革者提供更多舞台。他接着谈道:“今天入选参会的有位年轻的‘三无’人员，叫阎卡林。他自学成才，从事经济研究已有许多成果。在工厂被刁难、未获批准参加这次会议，已愤然辞职了。现在连个工作单位也没有。我想，他愿意的话，我们《经济日报》可以接收他、欢迎他！”台下顿时沸腾了，热烈的掌声经久不息。

随后，浙江省长薛驹讲话。他说，“发展经济、改革开放需要人才，浙江省欢迎大家来开会、调研、搞试验，也欢迎阎卡林同志来浙江工作，我们有省社科院、浙大等单位，你可以随便选。”与会者又是给予热烈的掌声。

紧接着，中组部青年干部局负责人阎淮发言。他说：“中央非常重视青年人才的培养和使用，你们百余位中青年经济科学工作者，都是宝贵人才。今后青干局就是你们的家。下午要给每位同志发张表格，生活工作上有什么问题都可以找我们。阎卡林同志碰到的困难，我会很快打电话向部领导汇报，协调解决。”话音未落，会场上再次掌声如潮，代表都很激动。

会议开幕式始终沸腾着。不光是我的脑袋发胀，有人说鼓掌鼓得手都麻了。

受此鼓舞，百余名会议代表在接下去的几天里，不仅积极为改革献言献策，而且打破常规，先后推出“挂牌讨论”“自由组合”“会外之会”等多样化研讨形式，使得整个莫干山会议别开生面，在社会上产生很大反响。

会议快要结束时，《经济日报》副总编辑丁望找到我。他说：“搞理论研究的人是否适合搞新闻呢？你不妨写篇此次会议的报道拿来看看。”当时，改革在许多方面都碰到了较大阻力，莫干山会议不仅议题敏感，避开老同志开会更是广受关注。如何在会议报道中把握好度、巧妙拿捏分寸，有很大难度。好在出席会议的记者多，多多请教就是了。很快，一篇会议消息写完交稿。丁望一看，觉得很不错，当即标明我为通讯员，签发后让人去邮局发电报稿传北京，次日《经济日报》头版就见报了。

我于1973年泰州中学毕业，下乡插队。也许脑子比较活泛，争取了一个去社队工厂跑供销的机会。几年推销员干下来，赚了不少钱。接着与人合伙创办企业，又赚钱了。到1979年的时候，推销产品通常要送礼送钱才行，我觉得，行贿毕竟是犯法，风险太大，所以果断收手，转而去泰州炼油厂当普通工人。

当工人比较轻松。不过，不甘于现状的我总想着要做点儿有名堂的事。什么事呢？自学经济学，研究经济。早几年因为好学偷书被抓，曾丢尽了脸面，这次不仅要争脸面，还要奋发有为。大部头的《资本论》啃了几遍之后发现，关键在于学以致用，运用马克思主义的立场、方法去分析问题和解决问题。于是，首先选择比较容易的人口理论作为突破口，独立研究并发表了《试论社会主义人口生产目的》《论社会主义人口基本规律》《论“生小”与“养老”》《社会养老方式初探》等论文。接着，转向企业改革问题的研究，发表了一系列理论文章。

莫干山会议，使我的命运发生了转变。来到《经济日报》，从经济研究人员转而搞经济新闻，有劣势，但优势更明显，属于专家型记者。加之当时记者部负责人庹震（现任《人民日报》社总编辑）年轻、敢干，给予支持，我主攻深度报道、系列报道，很快打开局面。1985年，沈阳市委书记李长春在全国率先搞企业破产倒闭试点，我采访后，撰写发表《“黄牌警告”——沈阳企业破产采访札记》，不仅引起较大社会反响，而且因给予必要指导，与长春同志建立了友谊。他由市委书记、副省长、省长、省委书记直至政治局常委，仍就经济问题与我保持经常性交流探讨。

新闻报道不如评论及评论员文章更利于发挥我的专长，因此，半年左右时间即转向主攻经济评论。当时，除了在《经济日报》，还在其他报刊发表了许多评论文章。随后，也就很快从记者部调到评论部。

经济评论怎么搞？据说美国的李普曼等专栏作家甚是厉害，其专栏文章能直接对总统及政府决策产生较大影响。所以，在领导支持下，我在《经济日报》开设了个人专栏“每周经济观察”。这在中央三大报开了历史先河。“文革”前，吴晗、邓拓、廖沫沙只是在《北京晚报》开设“燕山夜话”专栏，就成了著名的“三家村”。我一个30多岁的小伙子能在中央党报开个人专栏，并且有“承包制”“责任田”的意思，这既反映了当时改革的氛围、领导的开明，还充分表明，只有想不到，没有办不到。

“每周经济观察”专栏在苦心经营后，逐渐成为《经济日报》的拳头产品和响当当的品牌。一些著名经济学家，如中央党校副校长苏星、中国社科院副院长刘国光、中央政策研究室主任王梦奎等纷纷来信，表示肯定和赞扬。中宣部则评之为“首届全国新闻名专栏”，一些专栏文章更是多次获中国新闻奖一等奖、特等奖。

影响比较大的专栏文章“怎样把“蛋糕”做大？”在《经济日报》二版刊登后，《人民日报》次日头版全文转载。此文除了在理论界引发大讨论，还直接导致有关部门力推的“废除企业承包制方案”流产。

《着重防止新的拖欠》一文见报，正值全国清理“三角债”工作会议召开。会议代表普遍赞同文章观点，清理“三角债”不能光是清旧债，边清边欠何时了？而是应首先防止产生新的债务拖欠。会后形成的文件与原先的抉择发生了重大改变，代表们议论，《经济日报》一篇文章把我们会议“搅黄”了。

1989年春夏间的政治风波后一个月，《还要强调以经济建设为中心》见报，反响甚大。当时我们的总编辑范敬宜说，他是手上捏着汗将这篇专栏文章看完的，随后断然签发报纸付印。

除了公开见报，我们还有《经济内参清样》，可直达中央主要领导。我的不少研究报告，都是通过该清样获得中央领导重视和批示的，这显然比其他经济研究人员有优势。

2000年我被调到报社理论部当主任，很快又理论部、评论部一肩挑。理论版主要在于组稿和编稿的功夫，除了正常组织发表专家学者们的大量稿件，如何打开新局面？当时谋划开设了“国是论坛”专栏，专门组织刊发中央领导同志的文章。敢想敢干就有收获。对此，不仅报社领导支持这个专栏，而且，胡锦涛、朱镕基、温家宝、吴邦国、曾庆红、李岚清、吴仪等中央领导都在这个专栏发表了许多理论性较强的文章。这在中央三大报又开了个先河。

一晃30多年过去了。当初从莫干山开始，我由企业人员转为专业研究者，并更多从企业经营、经济运行角度，研究经济问题。如今过了60岁，又戏剧性地转回去了——重新创业办公司，仍然是意气风发、敢想敢干，不断开辟新的天地。这可能也是实践—理论—实践螺旋式上升。

在庆祝改革开放40周年的时刻，回眸莫干山会议，很重要的经验在于：解放思想、敢想敢干。如果我们今天说，改革开放再出发，那就需要思想的再解放，需要鼓励大家敢想敢干，尤其是需要形成改革开放再出发、思想再解放的浓厚舆论氛围和社会氛围，进而形成新时代改革开放的强大动力。

下篇　1984 文献

1. 征文启事

本报等五单位将召开中青年经济学术讨论会 广泛征集论文邀请入选者作为正式代表出席[①]

本报讯《经济日报》《经济学周报》《世界经济导报》《中国青年》等报刊和浙江省社会科学院，将于9月上旬在浙江省联合召开“中青年经济科学工作者学术讨论会”。讨论的中心内容是我国经济体制改革中的重大理论问题和现实问题。从本月中旬开始，向全国广大中青年经济科学工作者广泛征集论文。论文入选将作为正式代表应邀出席会议。论文写明“九月征文”字样，寄北京市《经济学周报》社。论文不超过八千字，提纲不超过一千字，并请写清作者姓名、性别、年龄和工作单位。

① 载《经济日报》1984年6月12日。

經濟日報
ECONOMIC DAILY
1984 年 6 月 12 星期二 农历甲子年 五月十三 第451号 （总1924号）

本报等五单位将召开中青年经济学术讨论会
广泛征集论文邀请入选者作为正式代表出席

本报讯 《经济日报》《经济学周报》《世界经济导报》《中国青年》等报刊和浙江省社会科学院，将于9月上旬在浙江省联合召开“中青年经济科学工作者学术讨论会”。讨论的中心内容是我国经济体制改革中的重大理论问题和现实问题。从本月中旬开始，向全国广大中青年经济科学工作者广泛征集论文。论文入选将作为正式代表应邀出席会议。论文写明“九月征文”字样，寄北京市《经济学周报》社。论文不超过八千字，提纲不超过一千字，并请写清作者姓名、性别、年龄和工作单位。（陵　一）

2. 会议文件

文件 1　会议通知

会议注意事项

一、会议报到时间：1984年9月2日。

二、会议报到地点：杭州市红楼招待所。

三、会议代表差旅费、住宿费回本单位报销。

四、会议伙食补助费由会议费支出。

五、代表请按规定时间报到，由于住宿安排条件有限，请不要提前到达。

六、会议入选代表通知书不得转让他人，代表持通知书报到。

七、请准备所在组讨论问题的有关材料。

八、会后（8月11日）将组织活动一天。

九、会议接待组将在杭州车站、民航售票处设立接待站。

十、请将到达杭州的时间、车次、航班提前电告浙江省社会科学院办公室。

会议筹备组

1984年8月15日

通　　知

会议即将圆满结束，现将有关事项通知如下：

一、加餐和赏月事宜：

1、9月10日正值中秋佳节，会议决定加餐。晚上5：00时开始（大八号6：00时），仍分三个食堂进行，望大家不要随便调食堂。

2、晚饭后会务组为各组准备了一些月饼、糖、瓜子供各组赏月用，形式请各组自行安排。

二、观潮事宜：11日涨潮时间下午二时，莫干山发车直开海宁盐官。时间：上午8：00

1、车子安排：大八号乘大面包车

一号车：荫山饭店1、4、6三个组

二号车：芦花荡2、5、7三个组

三号车：329楼和特邀列席代表

2、早饭：7：00；中饭：凭餐券领点心；晚饭在红楼吃。

三、红楼中转住宿事宜：

经统计有120人左右11日住红楼，住宿安排名单公布在红楼二号楼；钥匙自己向服务台领取，12日以后吃、住由个人自理。

四、其它事宜：莫干山房间钥匙、借的衣服、电筒等公物和未交房租费，伙食费的同志，请在10日晚饭前务必交回和付清。谢谢大家的支持。

会务组

文件 2　会议代表名单

中青年经济科学工作者学术讨论会名单

一、浙江省领导、中央有关部局代表：

薛　驹　男　浙江省人民政府

崔　健　男　浙江省顾问委员会

罗　东　男　浙江省委宣传部

马　宾　男　国务院技术经济研究中心

阎　淮　男　中共中央组织部青干局

贾春峰　男　中共中央宣传部理论局

吴稼祥　男　中共中央宣传部理论局

张美丽　女　中共中央宣传部干部局

陶　骅　女　中共中央宣传部理论局

左　芳　男　中共中央书记处研究室

王岐山　男　中共中央书记处农研室

二、会议领导小组成员：

安　岗　男　《经济日报》

丁　望　男　《经济日报》

冯兰瑞　女　《经济学周报》

王瑞荪　男　《经济学周报》

钦本立　男　《世界经济导报》

张学廉　男　中央人民广播电台

刘与任　男　《经济效益报》

王文起　男　《中国青年》杂志
《中国青年报》

白若冰　男　《中国村镇百业信息报》

张　奇　男　浙江省经济研究中心

方民生　男　浙江省社会科学院

三、会议人员名单：

黄江南　男　中国社科院工经所

马小冈　男　国务院经济研究中心

陈伟恕　男　复旦大学世界经济系

田　源　男　国务院价格研究中心

华　生　男　中国社科院研究生院

张　帆　男　中国人民大学贸易系

岑济鸣　男　上海大学工商学院管理系

郭凡生　男　内蒙古党委政研室

吴　克　男　中国人民大学工经系

何家成　男　中国社科院研究生院

金观涛　男　《自然辩证法》杂志社

刘　安	男	陕西财经学院
马　凯	男	北京市西城计委
张旭坤	男	杭州大学经济系
徐景安	男	国家体改委
赵　明	男	国家计委经济所
罗小朋	男	中国社科院农经所
黄汉江	男	上海财政学校
张维迎	男	西北大学经济系
杨　沐	男	中国社科院工经所
周天豹	男	四川重庆经济研究所
时正新	男	甘肃省社科院农经所
朱林兴	男	上海财院财经研究所
金润圭	男	华东师大政教系
王长远	男	山西省闻喜县工经委
高自民	男	河北大学工经教研室
阎卡林	男	江苏省泰州市炼油厂经济改革办公室
卞俊峰	男	陕西财院工经系
陈宗泽	男	浙江工人报

郑海航	男	中国社科院工经所
孙　波	男	西藏自治区汽车运输总公司计划处
蔺春林	男	兵器工业部二局5107厂
孙学文	男	中国社科院经济所
翟新华	男	山东省济宁市印染厂
蒋泰维	男	浙江省计委经研室
刘　京	男	《北京日报》理论部
孙　健	男	中国人民大学工经系
宋天林	男	铁道部北京铁路局
孙鸿斌	男	天津社科院经研所
朱嘉明	男	国务院技术经济研究中心
聂新勇	男	新疆八一农学院马列室
王咸辉	男	中国银行大连分行
黄　翊	男	暨南大学特区港澳经济研究所
龙正文	男	上海宝钢总厂经济研究室
赵健雄	男	广东江门市经委会
杨志和	男	广东省社科院经济所
何伟文	男	经贸部国际贸易研究所
王东民	男	辽宁大学经济系

梁 宪	男	广东蛇口工业管委会
施国梁	男	辽宁省大连市计委
常修泽	男	南开大学经研所
李罗力	男	南开大学经研所
杜 厦	男	南开大学经研所
郝一生	男	天津社科院日本所
郑绍昌	男	浙江省社科院经济所
金岩石	男	南开大学经研所
梁秩森	男	华南师大马列室
陈 平	男	上海科学院研究所
蔡乃中	男	上海市科技协会
肖 帆	男	武汉大学经济系
卢 健	男	中央财经领导小组办公室
蔡小鹏	男	商业部办公厅
陈申申	男	上海市社科院部门经济研究所
张 钢	男	《经济学周报》
王效宇	女	北京市审计局
刁新申	女	北京经济学院财贸系
彭其华	男	重庆市政府财办

杨海田	男	天津市经济体制改革办公室
姚先国	男	浙江大学马列室
孙　健	男	国家计委政研室
赵聚武	男	北京西单商场
张　立	男	云南出版社
魏小安	男	北京市旅游局
李克华	男	广东省社科院
朱晓群	男	北京市委政研室
李剑阁	男	中国社会科学院研究生院
蔡重直	男	中国人民银行总行金融研究所
沈水根	男	广东深圳市国际信托投资公司
刘　渝	男	中国人民银行总行金融研究所
齐永贵	男	中国人民银行总行金融研究所
郭庆汉	男	湖北省社科院经济所
贝多广	男	上海财院财政金融系
黄维德	女	复旦大学经济系
汪海平	男	江汉大学经济管理系
陈明森	男	福建师范大学政教系
王梦刚	男	湖南保险分公司政研室

贾　康	男	财政部财政科学研究所
裴长洪	男	中共中央书记处农研室
唐　涛	男	中国农民报
周其仁	男	中国农村发展问题研究组
丁声俊	男	商业部商业经济研究所
白南生	男	中国农村发展问题研究组
王书勋	男	西安市统计局工交处
姚　钢	男	中国人民大学财政系
张宝通	男	陕西省社科院经研所
乔桐封	女	中国社科院经济所
何崇飞	男	浙江省委政策研究室
胡世英	男	《自学》杂志社
李晓西	男	中国社科院研究生院
刘智宝	男	内蒙财经学院马列教研室
吉言东	男	辽宁省辽阳市审计局
陈一谘	男	中国农村发展问题研究组
刘佑成	男	浙江省经济研究中心
王晓鲁	男	《中国社会科学》杂志社
高　粱	男	中国社科院研究生院

潘丹柯　男　云南省经济研究所

袁培树　男　湘潭大学经济系

耿明斋　男　河南大学《资本论》研究室

张素芳　女　四川财政学院财政系

孟　昕　女　中国社科院研究生院

胡永明　男　南京大学经济系

郑世明　男　西北政法学院

倪学鑫　男　安徽省社科院《江淮论坛》编辑部

王启迤　男　社科院经济研究所

陆立军　男　浙江省委党校

任群杰　男　浙江水产学院马列室

夏小林　男　北京市委党校

张连城　男　北京经济学院

蒋　跃　男　中国人民大学计统系

李仁国　男　浙江省委宣传部理论处

张少杰　男　中国社会科学院研究生院

张建昆　男　云南省政策研究室

王晓华　男　中国大百科全书出版社

郑炎潮　男　广东省社会科学院

四、新闻组：

周　平　男　中央人民广播电台

陆薇薇　女　《中国青年报》

崔维德　男　《中国青年》杂志

高善昱　男　《经济日报》

卞毓芳　男　《经济日报》

陈晓梅　女　《红旗》杂志

朱　砚　男　中央人民广播电台

朱杏清　男　《世界经济导报》

陈鸿斌　男　《世界经济导报》

聂北茵　女　《中国青年报》

马　力　女　《经济学周报》

宁　柯　男　北京市社会科学联合会编辑部

于　德　男　《瞭望》杂志

童炽昌　男　《浙江日报》理论部

杨　巽　男　浙江人民广播电台

傅士伦　男　新华社浙江分社

黄国文　男　新华社浙江分社

林　毅　男　中央电视中心

张家举　男　沈阳经济效益报

五、会　务　组

章荣高	男	浙江省经济研究中心
陈晓玲	女	浙江社会科学院
施穗明	男	浙江省经济研究中心
舒国珍	女	浙江省经济研究中心
吕　凡	男	浙江省社会科学院
涂晓弦	男	浙江省社会科学院
陆石麟	男	浙江省社会科学院
何艺虹	男	浙江省社会科学院
项安明	男	浙江省社会科学院
王亚范	男	浙江省社会科学院
韩松林	男	浙江省社会科学院
王蕴青	女	经济学周报社
刘　雯	女	杭州铁路分局电务段
莫杭平	男	省府汽车队
李清江	男	省府汽车队
周殿友	男	省府汽车队
王金甲	男	省府汽车队
凌惠民	男	浙江社科院（司机）
潘国良	男	莫干山管理处
刘爱田	男	莫干山管理处
江寿录	男	莫干山管理处
张友才	男	莫干山管理处（司机）
卢法砻	男	莫干山公安公局
邵仲山	男	省府汽车队

六、浙江省特邀和列席代表名单

沈善洪	男	浙江省社会科学院
周文骞	男	浙江大学
平庚龙	男	浙江省委办公厅
徐福宁	男	浙江省委宣传部
张华龙	男	浙江省委办公厅
王仕华	男	浙江省府办公厅
李　青	男	浙江省委组织部
傅建中	男	浙江省委组织部
蒋建东	男	浙江省委宣传部
李家骏	男	浙江省体改委办公室
韩　军	男	浙江省经济研究中心
鞠绍品	男	浙江人民出版社
冯国祥	男	浙江人民出版社
罗　峻	男	浙江省社会科学学会联合会
解力平	男	浙江省社会科学院经研所
黄公元	男	杭州资范学院历史系
杨兆如	男	杭州电子工学院马列室
韩学农	男	浙江省军区干部文化学校
马庆国	男	浙江大学管理系

中青年经济科学工作者学术讨论会人员名单

领导小组：

安 岗	《经济日报》
丁 望	《经济日报》
冯兰瑞（女）	《经济学周报》
王瑞荪	《经济学周报》
钦本立	《世界经济导报》
张学廉	中央人民广播电台
刘与任	《经济效益报》
白若冰	《中国村镇企业信息报》
王文起	《中国青年》杂志 《中国青年报》
张 奇	浙江省经济研究中心
方民生	浙江省社会科学院

秘书处：

秘书长：张 钢

副秘书长：刘佑成 徐景安 黄江南

成 员：章荣高 陈晓玲（女） 杨 沐 朱嘉明
卢 健 蔡重直 周其仁 王晓鲁 高善罡
周 平 朱杏清 陆薇薇（女） 王晓华
崔维德

会 议 补 充 名 单

李　军　男　《经济日报》
王史华　男　四川省社科院财贸所
程抱全　男　湖北省黄冈地区经委
白楠枫　男　中国农村发展问题研究组
刘　红　男　中国社科院农经所
高小蒙　男　中国社科院农经所

更　　　　　正

杨兆和　男　杭州电子工学院马列室
张旭昆　男　杭州大学经济系
朱　砚　女　中央人民广播电台理论部
阎　淮　男　中央组织部青干局
左　芳　女　中共中央书记处农研室

文件 3　会议日程安排

第二小组讨论日程安排

9月3日：上午、下午参加全体大会。

晚上开碰头会。主要内容：

① 自我介绍、相互认识；

② 谈谈自己参加这次会议的想法；（每人五分钟）

③ 介绍小组讨论日程安排的设想。

9月4日：全天小组讨论　主持人：杨沐

① 工业企业自负盈亏、自主经营的实质和含义；

② 怎样使企业的盈余和职工的自身利益相结合；

③ 社会主义国家是否要有破产法，为什么？

9月5日：全天小组讨论。　主持人：杨沐

① 我国工业企业的自负盈亏可采取那些不同的模式；

② 以指令性计划为主的大型骨干企业是否可实行自负盈亏；

③ 我国工业企业实行自负盈亏可采取那些步骤？

9月6日：全天小组讨论　主持人　周天豹

① 工业部门管理和工业行业管理的主要不同点；

② 加强工业行业管理的现实意义；

③ 工业行业管理应有那些内容和形式？

9月7日：上午大会发言、下午小组讨论。 主持人：周天豹

① 对其它各组的改革设想的想法；

② 根据其它各组的发言，对本组讨论中提出的改革设想的修改意见；

③ 总结前三天的讨论情况，对今后如何把会议开好提出建议。

9月8日：上、下午小组讨论 主持人 徐 晨

① 当前工业行业管理的情况、什么是急需改革的问题；

② 加强工业行业管理的步骤和措施；

③ 加强行业管理和发挥中心城市的作用的关系。

9月9日：上、下午小组讨论 主持人 徐晨

① 讨论并通过小组的讨论《课题汇报》

a、关于工业企业自负盈亏问题的探讨；

b、关于实行工业行业管理的设想和建议。

② 当前妨碍我国工业技术进步的主要因素有哪些？

③ 在体制改革中我们能采取那些措施加快工业技术进步。

1984年9月1日

文件 4 会议开幕式讲话稿

"经济学周报"总编辑王瑞荪同志九月三日开幕式讲话稿

各位代表、各位同志：

中青年经济科学工作者学术讨论会今天开幕了。这次会议是由《经济学周报》、《经济日报》、中央人民广播电台、《世界经济导报》、《经济效益报》、浙江省社会科学院、浙江省经济研究中心等单位联合发起召开的。我们这次会议得到了党中央、国务院领导同志的亲切关怀和指导，得到了浙江省委、省人民政府的大力支持，还得到了老一辈经济科学工作者的热情帮助，以及广大中青年经济科学工作者积极拥护。

今天出席我们会议的领导同志有：中央有关部门的负责同志；浙江省省长、省委副书记薛驹、省委常委、宣传部部长罗东、省社会科学院院长沈善洪、浙江大学党委副书记周文骞及其他领导同志。我们对他们的到会，表示热烈欢迎。

同志们，这次会议是在我国经济体制改革深入发展、经济科学研究十分活跃的情况下召开的，而且，这次会议是新中国成立35年以来第一次中青年经济科学工作者的学术讨论会。因此，这次会议是很有意义的。

党的十一届三中全会以来，在坚持对外开放、对内搞活的正确方针指导下，我国经济体制改革得到了迅速的发展。这场改革首先从农村开始，在短短几年里就取得了显著的成效，为整个国民经济体制的改革打开了道路；与此同时，城市经济体制改革也开始由点到面，逐步深入发展。经济体制的改革进一步解放了社会生产力，使我国经济形势出现了十分可喜的局面。另一方面，改革实践中也提出了许多新情况、新问题，需要从理论上和实践上给予回答。随着经济体制改革的深入发展，许多问题的探讨和解决也显得更加紧迫和重要。经济科学工作者面临的任务是光荣而艰巨的。近几年来，马克思主义经济科学在不断发展，经济科学工作者的队伍在改革的实践中得到了锻炼。老一辈经济科学工作者在丰富的现实生活中获得了新的动力，为社会主义现代化建设作出了新的贡献。同时，值得注意的是，近几年来现实生活中也涌现出一批中青年经济科学工作者，他们尊重科学、深入实际、思想敏锐、积极进取，开始在经济理论研究和实践中发挥作用。重视发掘和培养这支队伍，不仅能使经济科学工作者队伍后继有人，而且对于我国的社会主义现代化建设和马克思主义经济理论的进一步发展也都是十分重要的。

我们召开这次会议，就是为了团结和带动广大中青年经济科学工作者，以马克思主义为指导思想，研究和探讨我国经济体制改革中的重大理论问题和现实问题，为社会主义现代化建设贡献聪明才智。我们希望，这次会议能为广大中青年经济科学工作者密切联系实际、努力钻研理论、发扬学术民主开一个良好的先风。因此，这次会议要始终坚持四项基本原则，同党中央保持思想上、政治上的高度一致，坚持理论联系实际的学风，坚持科学的研究态度，提倡百家争鸣，同时要保持朴素的会风。

为了更好地发扬学术民主，更广泛地从各条战线、各个方面发现人才，这次会议在代表产生的办法上有所革新，首先是在全国范围内征集论文，然后筹备组本着“以文选人”的原则，认真审阅、从中评选代表。在评选过程中，坚持不讲关系、不讲学历、不讲职称、不讲职业、不讲“名气”。在会议筹备期间，从六月中旬至八月中旬为止，我们共收到论文１，３００多篇，全国除台湾省外的所有省、市、自治区都有论文寄来，有些海外同胞也寄来了自己的论文，这些论文的作者有在科研机构、大专院校工作、学习的同志，也有在各个实际经济工作部门工作的同志，还有在军队工作的同志和来自生产第一线的工人、农民。从这些论文中通过七次评审，选拔出了１２０余名代表。这１２０余名代表来自２４个省、市、自治区。可以说，我们这次会议是比较有代表性的。

城市经济体制改革是当前经济体制改革的中心问题，因此，我们这次会议的中心议题确定为城市经济体制改革及相关问题。会议分为七个课题组，第一组主要讨论经济体制改革中的一些宏观问题；

第二组主要讨论工业管理体制和企业活力问题；第三组主要讨论对外经济开放问题；第四组主要讨论发挥中心城市的多功能问题；第五组主要讨论当前经济体制改革过程中遇到的一些新课题，比如金融市场、股份经济、劳动力流动等问题；第六组主要讨论农村经济体制改革和城市经济体制改革的接口问题，比如农村产业结构变化、农副产品购销政策等问题；第七组主要讨论经济体制改革中的一些基本理论问题，如在社会主义经济建设中，政府的职能等问题。

为了提高这次会议的质量和效率，会议的开法上也有所改变。会上不准备宣读论文，而是由会议筹备组在会前认真讨论，初步拟定了若干城市经济体制改革中的重大课题及相关问题，在会前就通知会议代表作好准备，以便会上分别参加有关的课题组进行讨论。然后，在各课题组充分讨论的基础上进行大会交流，最后加以归纳整理，把大家的意见集中起来，尽可能形成内容充实的文字材料。这样做，将有助于各种意见充分交流，有助于讨论的深入开展，有助于与会代表取长补短，共同提高。

我们希望通过这次会议，能够真正展现出我们这一代中青年的风貌，能够体现出中青年为国家振兴、民族振兴的献身精神；能够体现出讲求实际，追求真理的科学精神；能够体现出“百花齐放、百家争鸣”的民主精神；能够体现出“五湖四海”、同心同德的团结精神；能够体现出不屈不挠、勇往直前的进取精神！

各位代表，在会议筹备期间，我们从应征论文和大量来信中欣喜地看到，在全国各地，有着许许多多象你们一样深切关心经济体制改革、热心于经济科学研究的中青年同志，他们中间许多人勤于思考、思想活跃，对经济体制改革问题有许多很好的见解。虽然由于受代表名额所限，他们未能前来参加会议，但他们和我们的心是相通的，他们也热切地盼望我们能把这次会议开好。我们相信，通过与会代表的共同努力，我们这次会议一定能够开好。

最后，祝会议取得圆满成绩！

一九八四年九月三日

中央宣传部理论局副局长贺春峰同志讲话稿

时代的召唤　崇高的责任

《经济学周报》、《经济日报》等十个单位联合召开的以城市经济改革为中心议题的中青年经济科学工作者学术讨论会，具有很大的吸引力。它引起了各方面的关注，不仅吸引着全国各地许许多多的中青年经济科学工作者，吸引着广大的理论工作者，也吸引着在各条战线的实际部门奋力改革的许多同志。这说明，开这样一个会，反映了广大理论工作者的心愿，反映了当前我国蓬勃发展的改革实践的要求，反映了历史前进的潮流。

这是一次中青年经济科学工作者的空前盛会。开好这个会，不仅对于推动和深化关于改革的理论研究，繁荣我们的经济科学，而且对于培养和锻炼中青年理论工作者，加强理论队伍的建设，改革我们的理论工作，都会产生积极作用和重要影响。

我仅从理论工作的角度说三点个人想法。

第一、努力寻找理论工作为社会主义现代化建设服务的各种有效途径和具体形式。坚持理论工作为社会主义现代化建设服务，这是在新的历史时期党中央一律强调的理论工作的根本方针，而有效地贯彻这个方针，必须有许多切实有力的措施，必须有各种各样的具体途径和具体形式。举例来说，不少地方组织社会科学工作者同实际工作者一起就本地两个文明建设中的重要课题开展调查研究，写出论文，提出工作建议，就是使理论研究同四化建设实践紧密结合起来的一种形式。还有，就社会主义现代化建设中的重要课题举行专题的理论会，也是一种具体形式。象我们今天召开这样一个会，把对城市经济改革的各个领域有所调查和研究的同志组织在一起，展开讨论，集思广益，并且把这种讨论、争鸣、研究的成果化为工作建设，这也是实现理论工作为现代化建设服务的具体形式。最近，不少报刊正在对优秀理论文章开展评奖活动，目的就是为了鼓励对改革和四化建设的重要课题的研究。当然，对于理论工作为社会主义现代化建设服务，我们不能理解得很狭窄，这里包含多方面的、宽广的内容。希望通过共同努力，创造出越来越多的具体形式来贯彻理论工作为社会主义现代化建设服务的方针，使理论工作搞得生气勃勃，更加富有成效。

第二、大力提倡和鼓励就改革实践中的重大课题进行创造性的理论研究。十一届三中全会以来，我们党重申和确立了马克思主义的实事求是的思想路线。党中央一再强调，要在马克思列宁主义、毛泽东思想的指导下，努力研究新情况，解决新问题，总结新经验。遵循这样的指导思想，我们的理论研究，需要特别强调开拓创新的精神。特别是对于改革实践提出的许多课题，在过去的书本上是找不到现成结论和具体答案的。这就需要运用马克思主义的世界观和方法论，对于错综复杂、急剧变化的现实经济生活进行科学的分析和研究，从而作出新的理论概括。这种研究，是需要付出巨大心血的崇高的科学工作，要有献身精神、求实态度、创新勇气和科学的思维方式，绝不能靠复述已有的结论，或者在经典著作中寻章摘句、机械套用某些原理所能完成。改革的实践日新月异，现实生活在大踏步前进。只有在研究工作中大力发挥创造精神，才能拿出有新内容、新见解、新语言的理论成果，以反映发生着伟大改变的现实生活，适应我们这个时代对理论的要求，推动改革的发展。

第三、中青年理论工作者在推动改革、建设有中国特色的社会主义的宏伟事业中负有重要历史责任。几年来，中青年理论工作者就改革和四化建设的重要课题，包括农村联产承包制、专业户、乡镇企业、小城镇建设、商品流通、按劳分配、智力投资、工业企业的改革、科研和教育体制的改革等等，勤勤恳恳、积极努力地进行了大量的调查和研究的工作。这次城市经济改革讨论会，报名参加之踊跃，提交论文之多，论文范围之广泛，就有力地说明了这个问题，表现了广大中青年理论工作者对改革的满腔热情和积极态度。事实说明，在老一辈经济科学工作者的带动和帮助之下，我们的一大批中青年经济科学工作者正在茁壮成长，成为理论战线上一支很有生气、很有作为的队伍。许多同志深入实际，刻苦学习，勤于思考，勇于探索，在发展经济理论、推动改革的道路上表现出十分可贵的革命热情、开拓勇气、强烈进取心和历史责任感。现在，我们的经济改革正在党和政府的领导下，卓有成效地向前发展。这是十一届三中全会以来我国经济政治形势发展的合乎规律的产物，是我国社会主义事业继续前进的内在要求，是开创社会主义现代化建设新局面的必由之路，是我国人民的一场伟大的社会主义实践。改革为经济生活和社会生活带来巨大活力和可喜变化。一切立志中华振兴的人都为之鼓舞，为之感奋，受到鞭策和激励。在这种形势下，一系列有关经济改革、技术革命、对外开放的理论课题正在呈现在我们的面前。大变革要求理论的大发展，也必然促进理论的大发展。只要我们认真学习和掌握马克思主义的基本理论，尊重人民群众的创造，细密地倾听实践的呼声，坚持一切从实际出发，在占有大量的确切的事实材料的基础上进行科学的分析、研究和论证，并且虚心向老一辈经济科学工作者学习，我们就一定能够取得更多、更好的研究成果，为推动改革，大力发展社会生产力，建设有中国特色的社会主义作出更大的贡献。

文件5　会议情况

会议情况二

情况交流
请勿外传

第一组经九月四、五日两天的讨论，一致认为以价格为中心的配套改革应当提到议事日程上来了，这是逐步实现企业“自主经营，自负盈亏”的重要环节，是理顺各种经济关系的枢纽，也是整个经济体制改革中带有决定性意义的一步。

我们必须坚持社会主义计划经济，但在计划与指令之间划等的观念是不妥的，指导性计划也是计划经济的体现，逐步缩小指令性计划范围，扩大指导性计划范围，这是体制改革中应当予以肯定的方向。这就要求我们更好地引进市场机制，运用经济杠杆，当然，价格问题首当其冲。

现有价格体系的主要弊端是官定价格太多，价格结构不合理。铲除这两大弊病的时机已经成熟，表现为：

1、农民的生产和投资积极性日趋高涨，城镇企业同国家财政的关系已经确定，国家统配物资的范围正在迅速缩小，政府简政放权和企业扩大经营自主权的各项改革措施接踵而来，这一切都提出了价格变革的迫切性，否则，改革的势头将要受到挫伤。

2、去年和今年全国工农业生产情况良好，财政收入增加，粮食充裕，黄金外汇储备殷实，这又为价格变革提供了可能性，现在正是多年来少遇的好机会。

当然，目前搞价格改革也有一个突出的困难，即第二次利改税正是以原有的价格不合理的基点而设计产品税的，它企图用产品税来抵消不合理比值所带来的苦乐不均，因此，要想改变不合理的比价，势必受到新制订的产品税的抑制。此外，整个体改的总体方案还无法形成，各项改革措施会产生的复杂影响还不太清楚，等等，也为价格变革带来一定的困难。

一组的讨论主要集中在两个问题上：（1）价格改革的目标模式应当怎样？（2）价格改革的原则部署如何？（3）和价格改革密切相关的财政、物价水平、工资和计划体制等方面将会出现什么问题，怎样解决？

在讨论中出现了三种意见倾向，一种是强调以调为主，以改为辅，即对能源、原材料、重要农产品和公用事业费价格不能放手，必须管住，但要有步骤地调整其不合理的比价，同时，对其他一、二、三类产品价格能放的而且市场有可能调节好的就放。

另一种是以放为主，以调为辅，即认为上述基本产品有的也可以放，尤其是那些替代弹性较高的产品，要管的只是那些震荡大而替代弹性小的产品价格，同时，对所有放的价格宜以分次逐步扩大幅度的浮动价格形式过度，但从长远趋势看，应实行计划指导下的自由价格。

第三种意见是[redacted]，先实行放，然后放调结合，经五、六年时间达到该放的放开，该调的调好，以便在某些产品上实行官价与自由价并存的价格双轨制。

九月五日第六组围绕我国当前粮食问题进行了讨论。大家认为，分析和解决我国当前的粮食问题，必须从既定的现实出发，要考虑到近期有购买力的要求、仓储能力、运输能力和粮食加工能力，等等。同时，在发展农村商品经济过程中，应当十分重视资金问题，粮食保留一个合理的库存，将有利于节约和用活资金。另外，对于消费的指导应当有一个较长远的考虑，从我国的资源情况和消费习惯看，我国人民的食物结构还不太适宜很快地作大的改变，把大量粮食转化为肉、蛋、奶，现在还是不现实的。

讨论中，大家对于解决当前粮食问题提出了几条建议：第一，粮食收购倒三七计价后实行限额收购；第二，把财政对粮食的补贴放到省，由省灵活使用；第三，从目前看，我国粮食库存保持在１０００亿斤左右为宜。

此外，大家还就如何疏通粮食流通渠道、改进粮食部门的经营等问题进行了讨论。

九月五日第四组对发挥城市多种功能的必要性与存在的种种障碍进行了讨论。

一、发挥城市多种经济功能的必要性

1、体制改革正在推动全国统一市场的形成，在国家通过条条和块块用行政命令指挥生产的办法改变后，在确定投资方向、保证物资和商品的供应、开发推广先进技术、沟通各地经济联系等各个方面，都需要城市建立起多种经济功能。通过金融中心、贸易中心、科技开发和人才交流中心来组织协调全社会的经济活动。同时，城市的各种经济功能越强，也就越是能够尽早完善全国的统一市场。

2、对外开放使建立城市的多种经济功能万分迫切。国外资本家是依仗着整个国际市场提供的丰富的物资、灵通的信息、雄厚的资金同我们竞争的。我们必须联合起全国的力量借用国际市场的各种可借用的力量才能在开放后处于同等地位同他人竞争。靠行政力量很难组织起这样的力量，只有靠城市发挥多种功能才能做到。

3、城市产业结构调整的需要。只具有单一工业生产功能的大城市，现在普遍出现了交通拥挤、环境污染、水电煤气供应不足，生活质量下降的严重问题。产业结构急需调整。事实已经说明，发展城市多种功能、发展第三产业的投资效益大大高于对工业的投资。这既能保证政府财政有更多的收入，又能使城市的种种矛盾得到缓解，还能为工业的更高水平的发展提供种种服务。

二、发挥城市多种功能遇到的障碍

1、中央对地方的考核指标仍是工农业总产值。为了完成总产值计划，用尽了城市的全部力量，多种功能就发展不起来了。

2、城市的基础设施极为落后，使发展多种功能造成极大的障碍。改善基础设施又需大量投资。

3、理论上认为只有物质生产部门才创造价值，非物质生产部门都不创造价值，使人们不承认城市多种功能带来的社会利益。

4、人的流动受到严格控制，使贸易中心、金融中心难以形成，即使形成其作用也大受限制，人才交流更限于空话。

5、目前尚有的部门与地区之间的行政分隔使贸易中心、金融中心在跨地区、跨部门的活动大受限制。

6、法律保障问题。法律只规定了各经营实体必须遵循的守则，没有规定政府部门无理行使权力应受的限制。地方官权力太大，无法制约，干扰了各种经济活动的正常展开，使经营者缺乏安全感。

第三组部分同志对我国投资环境分析的要点：

几年来，我国在对外开放、引进外资外技等方面尽管取得了一些成绩，但总的来说进展不大，其关键在于我们没有为外资来华创造一个良好的投资环境。“投资环境”是一个综合的概念，它包括投资所在地应具备的一系列政治、经济、自然和社会条件。但我们认为还应进一步指出影响投资的“决定性条件”和“一般条件”。当前，对我国来说，影响投资的决定性条件有三条：

一、缺乏市场调节为主的经济环境，是大量外资（尤其是大资本、高技术资本）不肯来华的重要原因之一。所以，就要在一定范围内打破条条与块块的束缚，通过市场机制为外资企业的生产经营活动提供保证。

二、引进外资是一种经济行为，它只能在双方都是经济实体的前提下才可能顺利进行。而我们现在与外资打交道的主要是政府行政部门。这是我们用行政手段干预经济活动的一个重要表现。由此导致许多弊病。所以应允许各种类型的经济实体对外进行经济活动，并逐步建立与经济实体经济活动配套的经济机制。

三、外商来我国进行投资，最大的担心在于我们政策稳定性和法制的不健全。因此，必须尽快颁布各种有关经济法规、法令，在条件不成熟时是否可考虑颁布临时措置法或试行方案。

只有以上这三条解决了，吸引外资的其他一般条件（如基础设施、优惠政策、原材料供应与产品销售市场，及其金融、外汇管理等等）才有切实的意义。

内部交流
不得外传

会议情况四

九月八日，会议领导小组、各组召集人和会议秘书处召开碰头会，对会议前一阶段工作进行了小结，对下一步的工作提出看法。领导同志讲话摘要如下：

经济日报副主编丁　望：

会议要实事求是，有的成果要深化，有的地方不太精彩，由于时间紧也不要强求，这是其一；其二，如果最后大会分报告发言与七日大会内容基本重复，不一定再发言，对重大的问题可多用一些时间讲讲。会议的性质还是学术会议，衡量会议成果要用多方位尺度，如青年人有许多好的思路是成果，各地把会风带回去也是成果。不要把全部精力都放在上书上。

经济学周报社社长冯兰瑞：

我对这个会总的印象是讨论得不错。青年很有朝气。讨论也有一定深度，对政策方面的建议有一些精彩提法，有些意见别的方面也听到过。我们的会开了十天，大家总结一些经验很好。讨论侧重建议当然很重要，突出了从实际出发；另一方面，从实际中提出一些政策的理论问题，让同志们回去研究。我们是理论讨论会，有些方案提出来不是很容易的。有些研究得深，可以拿出来，有些提出问题，会后可进一步深化，学术讨论会都是政策也不成。

经济学周报主编王瑞荪：

会议开得不错。过去学术讨论会偏重理论观点交流。这次会议不同的就是从当前社会主义建设和改革的现实问题出发，运用自己掌握的马列主义理论进行分析，在此基础上提出解决这些问题的看法和建议。因此，难度比较高，要求熟练运用理论，判断分析问题，因而会议有深度，交锋激烈。这样开会，值得学术讨论会提倡。还应当指出，通过讨论，从政策上提出某些建议是符合改革要求的。当然，我们的讨论和研究还很不够，我们还要继续前进。目前还有一些重大的理论问题有待进一步讨论，可以通过总结进一步提出问题，为中青年继续研究重大理论问题提出新的问题，使学术水平进一步提高。

浙江省经济研究中心主任张奇：

这次会议开得不错。我们听说中央对这次会议很支持、很关心，我们很受鼓舞。我们浙江的同志是来学习的，会上听到了许多新鲜的东西，比如价格问题，过去我们有所议论，但是没有这么深。我们感到不足的是，我们全省正在搞城市综合体制改革，也就是如何发挥中心城市多功能问题，现在我们在抓如何把企业搞活，我们想在会上听一听，但这个问题探讨得还不够，还有进一步深入讨论的必要。

浙江省社会科学院经济研究所所长：

年轻同志知识面很广，信息量很大，分析问题能力很强，干劲很足，取得的成果不小，这是值得我们浙江同志学习的。我们准备召集浙江的同志开个会，讨论应当吸取什么，后天的会议不需要把整个报告拿出来，可以讲一些上次没讲的新鲜问题。应当侧重于政策建议性的，同时要有根据。不足的是有些问题讨论得还不够。讨论中，泛议的东西多些。有些理论问题还需要研究，如通货膨胀、赤字、平衡等。这些问题风险性大，中青年应敢碰。

中国青年杂志副总编王文起：

后天的会议在于深化。上次的汇报比较粗，这一次应当精；有补充的东西，有新的认识可以谈；上次未发挥出来的、大家希望了解的，可充分讲一下，如价格问题可展开讲；重复的东西可以不讲。

中央人民广播电台理论部副主任张学康：

这次会议取得一些成果，一是思想明确，二是方法正确。会议十步走了八步，最后两步很关键，要抓紧。除了写东西的同志以外，其他同志应组织好讨论。会议有个不足，就是有些组与组交叉的问题，各组都应讨论，这方面做得不够，如政府的经济职能、价格等问题。后天的会议应把这些问题好好讲一讲。

中央办公厅李应堂：

我听了几个组的讨论，总的感到会议开得很好。具体来说，一是会议的指导思想是明确的也是正确的，这就是坚持马克思主义，坚持理论联系实际，给中央献计献策。二是在讨论研究过程中，看到了中青年经济科学工作者高度的责任感。这集中体现在抓住改革中的紧迫问题，也就是中央关心的急迫问题进行探讨，提出解决的办法，整个思路是好的。如何使经济改革的步伐走得更快？大家在发言中都有这方面的紧迫感，反映了大家的思想和心愿。大家为此绞尽脑汁，常常讨论到深夜，很晚才休息，动力就来自责任感，从这里也可以看到青年人的活力。大家在讨论中是平等的，谁也不去压谁，这是很好的风气。当然这并不是说这次会议开得是尽善尽美的，有许多问题还需要进一步讨论研究。中央领导同志多次讲过要扎扎实实，我们要在现在的基础上进一步扎扎实实地取得成果。

面临对外开放形势下的汇价与货币问题

9月8日第三组关于人民币汇价改革问题讨论情况反映

一、问题的提出

我国旧的人民币汇价体制是一种与封闭经济相适应的汇价体制。在这种体制下，人民币被长期高估，外贸部门以由国内不合理的价格体系所带来的进口收益，来弥补由汇价高估造成的出口亏损。地方企业的出口积极性受到严重压抑。

1981年实行双重汇价制后，以上情况有所改善。但是，目前这种汇价体制存在着较为严重的问题，即双重汇价实行的三年多来，“贸易内部结算价”一直没有进行过调节，而在此期间美元汇价却节节上升，这就造成了人民币新的高估。新高估的后果是十分严重的，一方面经营出口的企业的换汇成本增大；另一方面经营进口的部门因进口成本相对下降而得到变相补贴增多，这就造成了这两年的外贸部门出口亏损，进口也亏损的现象。人民币汇价改革的需要越来越迫切。

二、具体建议

1、在短期内将双重汇价向单一汇价靠拢，其靠拢的方向是调节后的贸易结算价（即按当前的出口平均换汇成本1美元＝3.60

元人民币），靠拢后辅之以必要的措施来弥补国内和国外价格体系的差距。

2、实行有限浮动性汇价和差额财政出口补贴。其方法是，在制定出不同时期的贸易结算价后，可在上下10％的限度内，根据我国的外贸发展战略，及国际市场的景气情况，加以适当地调节。

3、实际钉住贸易对手国货币的一篮子加权平均指数，以取代目前人民币只钉住美元的做法。这样可以避免美元汇价波动对人民币汇价的不良影响。其方法是，加权平均的权数按照主要贸易对手国占我国进出口贸易总额的额份来确定。

三、关于特区货币问题额

经过讨论我们一致认为，特区币的发行是经济特区吸引外资、稳定金融状况的特殊措施。但不宜在十四个沿海开放城市普遍推行。其原因是，特区封闭后，可以阻止特区币的外流，不会对国内货币流通造成不良影响。而十四个沿海开放城市不能“封闭”，在这些城市发行特区币势必造成它与人民币两者之一的实际贬值，给国内金融领域造成冲击。从历史和国外经验来看，一国货币的不可兑换性，并不是影响外资内流的主要原因。因此，我们不主张在这些城市发行特区货币。

我们还认为，目前有的地区出现外币“黑市”是由于双重汇价制引起的，这种“黑市”直接造成了外币及外汇券的重复使用，给外汇回收和货币稳定都带来不良影响，因此应在双重汇制取消之前加以严格管制。

文件 6　七份报告

《中青年经济科学工作者学术讨论会》报告之一

价格改革的两种思路

随着经济体制改革步子加快，特别是企业放活和投资权下放，迫切要求改革不合理的价格体系。经过几年来的调整、改革，我国经济逐步走上正常发展的轨道，财政状况有所好转，大多数工业生产资料和生活消费品供求状况改善，为价格改革创造了有利条件。当然，经济生活中还存在国家财力不足、能源原材料短缺、企业素质较差等问题，不能不成为制约价格改革的因素。但是，这些困难的克服，在很大程度上依赖于价格改革的进行。这种认识已为越来越多的人们接受。问题是，价格改革如何起步，第一步怎么跨？对此，大家进行了热烈的讨论。

价格改革主要解决两个问题：一是以提高采掘工业品价格为中心，改革工业品价格体系；二是以解决农产品价格倒挂和补贴过多为中心，调整消费品价格和公用事业收费。

这里着重谈改革工业品价格，有两种思路：

第一种，“调放结合，以调为主”

这种意见认为，能源、原材料等短线工业品的价格，应由国家统一调整，加工工业品的价格可分别不同情况实行浮动价、议价和自由价，如何调整能源、原材料价格，一种主张小调，以减少对整个国民经济的冲击力。但小幅度提价，不足以刺激生产部门增加供给，使用部门节约、代用，难以得到明显成效。另一种主张中调，以较大幅度的价格变动，刺激生产和消费，把增产节约的潜力激发出来。对由此产生的连锁反应，作不同的处理：（1）利润率仍然达到一定水平的产品，价格不变；（2）微利和亏损的产品，通过减免税的办法，维持现有价格；（3）减免税后仍然亏损或利润水平过低的产品，允许适当提价。此方案对供求的调节有明显的作用，并且对价格的调整及影响可实行有力的控制。但困难在于对较大幅度调价产生的连锁反应难以准确计算，政府不容易决策。特别是由于调价对企业利益的影响完全取决于国家政策的规定，所有行业都会举出各种理由要求相应提价，使方案难以施行。这有可能使价格改革长期处于纷争之中迟疑不决而不能起步。

第二种，"调放结合，先放后调"

能源、原材料调价之所以不易解决，是由于国家计划供应和统一分配的能源、原材料比重仍很大，煤炭占50%、钢材占70%左右。在这种情况下，较大幅度地提高能源原材料价格，势必冲击整个国民经济。如果逐步缩小计划供应物资的范围，即除重点建设项目、重点生产企业（如大电网、铁路、大型骨干企业），以及援外、出口、军工等继续计划供应外，其余一般的建设项目和一般生产企业改由市场供应，把统配煤、钢材的比重缩小到30%左右，再调整这部分物资的价格就容易决策了。那么，怎么缩小计划供应的范围呢？统配物资是平价，目前各行各业都要求增加供应，简单采取减少或取消计划供应的办法难以接受，这就要把计划、物资、价格统起来配套进行改革。

具体办法是，先选择供求平衡或供过于求的一般机械、轻工、纺织产品，取消指令性计划，改为指导性计划或市场调节；放开其价格，实行浮动价或议价；同时取消平价供应的煤、钢材。由此带来的成本上升，由企业努力生产适销产品、提高产品的竞争力来解决。集体企业和乡镇企业的发展走的就是这条路，国营企业靠廉价能源、原材料维持的日子应该结束了。随着一个个行业的逐步放开，统配煤、钢材的比重就会缩小，供应钢铁厂的统配煤的比重也随之减少。这时较大幅度地提高能源、原材料价格就不会对整个民经济产生很大冲击。

在缩小统配物资比重的同时，如何建立、扩大、疏通物资市场具有重要意义。目前，企业计划外自销增加，物资交易增多，但还没有形成真正的物资市场。企业购买短线物资，要迂回曲折地通过各种途径、采取各种手段，耗费人力，贻误时间，增加成本，抬高了价格。要改变这种状况，一是放松对自销物资价格 20% 浮动的控制，实行更高幅度的浮动价或自由价；二是物资企业按议价和市价积极参与计划外物资的购销；三是国家外汇进口的物资划出一部分投放市场；四是普遍建立物资交易中心和批发市场。物资市场的扩大和畅通，不仅可以刺激短线产品的供给，还可引出不符使用者需要而为社会急需的库存短线物资，钢材一方面紧缺，另一方面库存不断上升的现象可望得到制止。这就可能使计划外短线物资的不正常的高价下浮。今年浙江的计划外煤价已从每吨 180 元下跌到 100 元，就是很好的例证。市价和牌价接近的趋势也就为进一步缩小统配物资的比重，提高统配物资的价格创造十分有利的条件。

这种“先放后调，以放促调”的办法好处有三：（1）把价格改革这个十分复杂、难以决策的大系统，分解为一个个行业、一类类产品的小系统，改革起来容易预测、决断和施行。（2）利用指令性计划外的浮动价、议价创造的市场机制，促进计划价格的改革。这不仅调整了不合理的价格体制，又改革了僵化的价格管理体制。（3）把计划、物资、价格统起来配套改革，既缩小了指令性计划，又搞活了物资购销，还改造了价格体系，为企业放活、简政放权、政企分开创造了条件。随着这些老大难问题的解决和突破，城市经济体制改革就能出现新的局面。

实行这种办法需要回答四个问题：

（一）会不会影响财政收入

价格放活后，短线产品的企业由于提价而增加的收益，国家可通过产品税、所得税、调节税等取得大部分；而长线产品的企业由于降价而减少收入，则由国家与企业共同承担。但总的来说，能源、原材料提价将促使企业减少消耗、降低成本，企业购销放活有利于改变产品结构、增产适销产品，这都有助于经济效益的提高和财政收入的增加。

（二）会不会使价格失去控制

价格放开会出现上升的趋势，但必须控制上升的幅度。为此，应选择供求平衡或供过于求的商品先放开，其中的优质名牌产品价格会上升，大多数产品价格会下跌；选择非垄断的、多家经营的商品放开，竞争中不致出现价格人为上涨；对价格上升幅度过高的产品，采取幅度价，限制上升过快。

（三）能否为消费者接受

选择性小、替代性能差的商品放开后价格上升会引起消费者不满，所以粮、油等生活必需品应由国家调价，实行以调为主。选择性较强的商品，如棉布、服装都可逐步放开。目前棉布积压，原因不在于价高，而在价死。长期沿用的成本加固定利润率的作价办法，不反映图案、花色，不反映消费者的选择，不反映市场供求。因此少量设计新颖为消费者喜爱的棉布一售而光，但并不能提价而刺激生产；大量图案单调、花色陈旧的棉布销不出去，也不降价却继续生产。这是价格管理僵死造成的结果。统一降价不是解决问题的办法，放开由消费者去选择，不仅可以减少统一降价的损失，更在于鼓励企业努力按消费者的需要生产，使生产符合需要。棉布、服装已由以御寒为目的的生活必需品，转变为满足消费者多种需要的选择性很大的商品，时髦的价高一些，大路货便宜一些，由消费者来决定更为合理。

（四）能否为生产者接受

廉价供应能源、原材料办法的改变，无疑会对一批落后企业产生很大的压力，它们的出路在于减少消耗、降低成本和按照市场需要改进或转产。这正是改革所要达到的目的。对于难以生存的企业，可按照行业的不同情况，采取不同的政策。属于短线的需要鼓励发展的行业，采取减免调节税、所得税等办法给以扶持；属于长线的行业，如自行车、手表、缝纫机，不予减免税，促使杂牌产品的企业转产，或与名牌产品的企业协作。这将有力地推进产业结构、企业结构、产品结构的合理化。

这种思路是否可行，可选择一些行业试点。比如配合机械工业政企分开，放活企业的改革，可将一批普通机械产品放开，取得经验后，再在轻工、纺织行业试行。由于各地情况差别很大，中央决定放开的产品和行业，如果地方有能力继续供应平价物资的话，也可暂不放开；或中央没有决定放开的产品和行业，地方认为时机成熟，也可先行放开。总之，可分别不同情况试验和推行。

上述两种思路，侧重点有所不同，但并不互相排斥和对立，在改革中可把“调”与“放”结合起来，能放的先放，能调的先调，互相促进、相辅而行。

（参见附件 1、附件 2）

附件 1

价格改革的建议之一

一、我国价格体系改革的约束条件和重点领域

目前，各方面对价格改革有多种设想。我们认为，提出设想应从我国的实际出发。我国的价格改革实际上存在着四个约束条件：

第一，改革不能大量减少财政收入或增加财政支出。

第二，不能降低绝大多数群众的生活水平。

第三，市场不能出现大的波动。

第四，价格总水平只能有控制地、收敛式上涨，不能螺旋式推进上涨。

以上四个约束条件决定了价格改革必须先从能够产生较大效果的领域开始，如果进行全面而彻底的一次性改革，是目前的财政力量所无法负担的，因而是不可能的。国家只能根据条件，侧重在一个领域进行改革。

价格改革的起步领域应当从宏观战略角度选择。我们认为，根据国民经济发展的需要，应当使工业品出厂价格改革先行一步，相应调整部分工业消费品销售价格，粮食销价、房租等生活资料价格和公用事业收费尽量少动。理由是：

第一，我国的城市改革已开始全面向前推进。政企

分开之后，企业将逐步实行独立经营、自负盈亏，指令性计划减少，指导性计划增加。如果不同的工业品出厂价格利润高低悬殊的问题不能及时解决，独立经营的企业将会自动地趋向高盈利产品，造成一放就乱的局面，从而迫使国家较多地保留指令性计划和行政干预。价格不改革，就会阻碍经济体制改革的发展。

第二，我国经济比例失调的情况至今依然十分严重，短线产品价低利微，供给不足，严重制约着经济发展，而解决比例失调问题，又是九十年代经济振兴的必要条件。在经济体制改革逐步展开，投资决策相对分散化的条件下，如果不下决心调整这些部门的价格，在整个“七五”计划期间，将会有上千亿投资避开微利或亏损的基础工业，涌向加工工业，造成更为严重的比例失调，弄得不好，我们可能到八十年代末还要来一次调整。因此，应当考虑到用价格杠杆支持“七五”计划，这就要求在“七五”前期使价格不合理的情况得到明显的改善。

第三，在我国，提高经济效益的潜力主要在工业企业中。由于许多紧缺的基础工业产品价格偏低，既不能刺激企业增产，又不能刺激企业节约使用，造成极大的浪费，为了把这两面蕴含的巨大潜力挖掘出来，也必须动用价格杠杆，调整工业品出厂价格。

至于城市粮食销价，房租、公用事业收费，等等，也是需要调整的，但是，由于大幅度的调整需要财政支出较多，因此，这个领域的价格目前不宜大动。

二、如何进行改革

我们提出调放结合的思路，总的原则是与计划体制改革配套，对不同情况采取不同的解决办法。

第一，通过改革价格管理体制促进价格体系合理化。

与市场调节要求相适应，继续有选择地、适当提高或放开一部分计划外产品价格，对供不应求的名牌工业消费品，应允许价格提到供求平衡水平，国家可增设价格调节税。有些产品还可适当缩小计划分配的范围，加大市场调节部分。

与指导性计划配套，在机械、轻工等加工工业中扩大浮动价的比重，缩小统一定价的比重。

第二，对于价格体系中严重不合理的问题，特别是能源、原材料等价格偏低的问题，应当在国民经济承受能力的限度内，有计划地提高价格。确定这些产品提价幅度的方法量：先算出提价年份劳动生产率可能提高的幅度，再根据这些情况算出工资可能增长的幅度，同时，考虑财政可能为价格改革支出的资金额，由以上因素算出可以接受的消费品提价幅度。在此基础上，通过调查测定加工工业的消化能力，最后综合制定基础工业产品的提价幅度，事先做到心中大体有数。由于改革是分步进行的，还可以把未来年份拟提价的幅度预先通报企业，以促进企业增产节约，下决心从提高经济效益方面找出路。

对于能源、原材料等提价之后对其他部门的影响，可做如下处理：

（1）利润率仍然达到一定水平的（比如6%）其他产品，价格应保持现有水平不变。

（2）只有缴利或出现亏损的企业，应通过减免税的办法，尽量维持现有价格水平。

（3）减免税后仍然亏损或利润水平过低的产品，应允许提价，但应控制幅度不宜过高。

三、价格改革的配套措施

价格改革之后，影响到国民经济许多方面，需要采取相应的配套措施。

第一，工资收入。可采取三种措施，即工资指数同基本生活费指数挂钩；普遍增加工资；增加社会保险。

第二，税收。由目前的以经营税种为主，转向以占用税种（资源、资金等）为主，相应调整税率。

第三，向群众做好宣传解释工作。要从上到下，层层做物价方面的宣传解释工作，向群众说明价格改革的必要性和国家的困难，赢得广大群众的支持，保障价格改革取得成功。

附件 2

价格改革的建议之二

经济全局走活的关键在企业。当前阻碍企业独立自主经营有四个基本因素，其中计划、物资和价格体制是两个相互连锁的主要因素。现在实际生产中计划之争的背后是物资，物资之争的实质是平、市价的差异。所以，这两者的根子还是价格，它是当前理顺经济的枢纽。

价格改革不宜全面出击，而应加以分解，各个击破。当前制约经济的关键是工业品出厂价，特别是生产资料的价格，这一点人们的认识已逐步统一。但长期以来，对解决这个问题基本有两种观点。一种是主张大步调，即一次（或先大步后小步两次）基本调好基础品与加工品的比价。其问题是：1. 价格体系的大幅度变动，会强制性扯动生产体系离开它惯常的轨道，迫使生产结构急剧改组，从而可能导致生产水平和经济效益在一定时期（往往是两三年内）相对甚至绝对地下降。2. 大幅度调价造成物价水平急剧上升，若年率超过7%—8%，连锁带来的利息、税率、工资、财政负担和轮番涨价问题，难以预测和控制。3. 苏联和东欧国家调价的历史说明，由于种种实际因素的制约和理论价格测算本身的误差，实际上没有一次调价能达到理想的合理状况。随着经济的发展变动，它只是为下一次调价（一般4—7年后）准备条件。可见即使大步调价，也不是解决价格问题的根本出路，只不过是在旧体制内达到短期平衡的调节手段。特别值得注意的是，我国几十年来价格基本未大动。基础品价格背离已达极端程度，大手术可能引起的震动，是其他国家难以比拟的。另一种观点是小步调，其优点是分担了风险，较为稳妥。但小调既不能有力刺激短缺物资的生产，也难以抑制其消耗。尤其当前投资决策已相当分散，而小调的效应较小较慢，很难对投资方向和生产结构的调整给出正确的价格信号。故单纯以小调作为解决价格问题的主要措施，看来是独木难支，远水细流解不了近渴。

大调小调皆有局限，出路何在？经济改革的丰富实践已经给人们提供了线索和启示。价格改革面临着价格体系（即比价）的调整和价格管理体制本身的改革（即缩小固定价、扩大浮动价和自由价比重）的双重任务。忽略改革的实践，而单单在一种固定价向另一种固定价的调整上打圈子，势必设计上左右掣肘，实践中难以推行，甚至事与愿违。下面我们循着这条思路，谈一点初步看法，以供参考。

总思路：因势利导，外改内调

工业品出厂价重点是生产资料特别是原燃料价格。

生产资料的一物多价在我国由来已久，近年来发展更为迅速。市价的存在，改变了短线产品越统越死，越少越统的恶性循环，在一定程度上缓解了短线物资的供给和经济结构的失调。但是，生产资料市场至今并未真正形成，有价无货，有钱买不到货，一货多价状况仍然严重存在。这种状况一面造成短缺物资四处囤积，往返转手，一面造成严重紧缺和降级替代使用，极大地阻碍和延滞了生产经营的正常循环。[①] 与此同时，农村的产业调整强烈呼唤一个通畅的生产资料市场；对外开放、引进外资迫切需要国内配套市场，准确地把握信用货币供应量亟待一个物价浮动的市场。总之，经济改革的深入和指导性计划的确立和扩大不可能没有市场依托。鉴于此，我们认为价格改革完全可以和应当利用工业品自销比例扩大、价格松动这一不可逆转的改革趋势，因势利导，有意识地破除各种行政干预和非统配物资的价格管制，进一步扩大工业品进入市场的比重，真正建立除物资调拨系统外的物资市场，使牌价外的多价归一。这样，市场给出了有充分经济意义的信息量，就能有力刺激短线部门的企业挖掘潜力，更新设备，增加生产。其

① 目前我国第一大主要短缺物资钢材，今年上半年总库存反而增加 300 万吨。

他部门的生产要素向其流动集中，促进生产结构的自动调整和合理化，从而使由于市场不通畅造成的不正常高价形成下降趋向。[①]另一方面，我们再参照浮动价、自由价的长期走势和测算的理论价格，分小步把调拨物资的牌价上调，使牌价与市场价的差距缩小，形成固定价、浮动价和自由价各占一定比例（依产品不同）的合理结构。外改内调的步伐要相机掌握，有走有停，有快有慢，基本原则是使物价上升维持在5%—6%，从而保证经济生活基本稳定。其他改革继续深入，财政不感受大的压力，又不过分拉长价格改革的时间跨度。预计经过五六年的时间，（物价总水平累计上升30%—40%），可以同时平稳地完成价格的调整和改革。

步骤：先改后调，改中有调

统配物资本来和指令性计划配套，但目前两者缺口日益扩大。取得短缺或平价物资，是企业不敢、不能和不愿离开反而依赖行政部门和接受行政干预的主要原因之一。现在上面逐步放权、下放企业，若物资体制不作相应改革，物资可能搞得更死，企业很难活起来。所以我们建议：

---

① 由于市场机制的作用，浙江年初尚以180元/吨的价格（销地价）从外省进煤。下半年来，100元/吨以上的煤炭在浙江已无法出手。

1. 各类短缺物资均要网开一面，扩大进入市场比重，一种物资放开部分量的下限是能使其在一定的价格水平上形成稳定的市场做到有钱就有货。上限即不可一哄而起，以免冲击价格总水平上升的警戒线。具体做法要区别不同物资的不同情况：有的要分步收缩统配物资的范围，由物资部门优先高价选购经销或企业自销进入市场；有的要先行稳定原平价供应的物资数额，不再增加。统配以外部分，现规定可浮动 20%，实际长线平稳下浮，而少数短线物资，或者为各级地方和部门层层分割；或者通过各种不合理延深增工、以物易物、倒手等办法变相提价，徒然增加了成本、费用，助长了囤积和短缺；或者甚至成为不正之风追逐的对象和滋生的土壤。而企业则购销两误，殊感不便。现在应下决心一次或分次（依不同物资）撤除这部分物资的价格管制，在形成平衡市场供求的高价后再制订真正浮动的幅度。这部分平抑供求的市价物资，其绝对量未必很大，但能量极大，能对短线物资的生产和消耗都产生极大的效应。[1]有了它，物资供给的全局就活了。

① 1983 年我国炼油工业被迫使用了一部分进口高价油（每吨从 122 元提高到 590 元，据 25 个大炼油厂统计，原料油中高价部分不足 7%，平均进货成本增加 22%，按 1981 年可比指标计算，1983 年每吨成本降低 5.2%）。

2. 各级物资部门也要实行双轨制，在做好牌价物资调拨的同时，全部进入市场，按市价或浮动价经营，并利用自己的信息量优势、强大实力和外贸便利逐步在物资市场上起搭桥、引线、平抑物价的主导作用，真正形成指令性和指导性计划分别控制的双轨制市场。

3. 减少统配物资，与当前缩小指令性计划范围的方向一致。因此要有意识地使两者逐步衔接。制订计划的方法也要逐步改为从国家必保的重点项目、交通、国防等所需关键生产资料倒逆推到初级原料，最终实现或接近平出平进，高进高出，给各类企业创造平等竞争、独立经营的外部条件。

4. 在扩大生产资料市场的同时，其他工业品的固定价也可以改和应该改。这些产品的价格与价值背离不大，可以浮动价为主，搞的面可以大一些，有的可以完全放开，以选优去劣。对那些价格下浮的工业品，可以考虑逐步收缩其牌价物资的供给。

5. 到几种主要物资市价统一、平稳、下跌，即可以开始分步调价。这时再调有三个好处：（1）短线物资的供给已经改善，市价已经打足，调价心中有数。（2）一类产品中，剩下要调的产品量比以前有相当减少，因而调价对经济的震动大为减少。（3）各类产品浮动价、自由价已有相当比例，有的甚至基本放开，经济生活对调价的吸收力、承担力增强。一般加工品和工业品多采用浮动价后，企业提价的欲望受到市场的制约。总的来说，调价以小幅度为宜，不排除有利情况下的较大幅度。

这样的改和调，构成一个周期。多数物资的价格，第一阶段以改为主，改中有调。第二阶段以调为主，调中有改。有的也许一直是有改有调。这样经过一个或两三个周期，价格的调整和改革就可望平稳地完成。

后续影响：财政、工资与货币

国内外的历史表明：对由多种不确定性组成的宏大系统作判断，常识比计算更重要。外改内调只是把实际已经发生的、我们有意无意在做的事情，自觉地加以组织和推动，作为价格改革的有效步骤。因此，它把风险和不确定性减小到最低限度，是容易理解的。

1. 财政问题。

价格改革的财政问题实质是效益问题。因为价格改革必然导致经济活动主体之间的利益分配的调整。因此，撇开经济的正常增长不说，价格改革要使多数人满意或不吭气，需要经济效益有一个较大和及时的提高。价格改革对经济效益的提高可以分解为三个因素：（1）企业生产经营行为的改善。（2）生产资源的节约。（3）生产结构合理化。显然，唯有外改内调方案能同时取得这三方面的效应，使馅饼达到极大。

有了效益，财政收回问题就容易解决。对高价短线物资的盈利，国家仅所得税、产品税、资源税一般已收回 70% 以上，其他特别措施另议。

2. 工资补偿。

由于外改内调均有控制地进行，物价上涨率平缓。故工资补偿主要采取加快调资步伐和幅度的办法解决，并以一次综合性工资补贴办法作为后备手段。这样就基本切断了工资物价的连锁反应。

3. 信贷货币供应量。

原 1∶8 货币供应红灯信号已失效。为防止发票子搞建设、搞改革，确保宏观平衡，需准确控制货币供应量。新的红灯信号专文另叙。

（引自中青年经济科学工作者学术讨论会报告之一：《价格改革的两种思路》，《经济研究参考资料》，1985 年 4 月 3 日，总第 1252 期。）

《中青年经济科学工作者学术讨论会》报告之二

与价格改革相关的若干问题

价格改革要顺利进行，需要处理好诸方面的经济关系，并配套进行相应的改革。

一、价格改革与财政平衡

价格改革与财政的关系极大。如何在财政承受能力允许的条件下进行价格改革，是当前需要研究的重要课题。不同领域的价格改革对财政的影响不同，应据此确定改革的步骤。

大家认为，提高能源、原材料价格，相应改革工业品价格，不需要财政拿钱，可考虑作为价格改革的第一步。从当年看，这项改革带来的财政增收和减收因素大体能相抵。基础工业提价增加的收益，财政可从产品税、所得税、调节税以及资源税等获得一部分，一部分将留给企业，这种“流失”是合理的，否则达不到刺激供给的作用。当然，对“流失”的量应控制在适当的范围内。加工工业成本提高盈利降低，财政将减少一部分收入，为扶持少数企业还要减免一部分税收。但财政的减收一般不会超过增收。这是因为，企业降低成本的努力，使企业盈利的减少必然小于能源、原材料提价的幅度，这部分减少的盈利又是国家与企业分担的。所以，只要改革中处置适当，是不会影响当年的财政平衡的。从近远期看，价格的调整与放活，有助于企业生产经营行为的改善，生产资料的节约，生产结构的合理化。这三方面效益的提高，无疑有利于财政收入的增加。

解决农产品倒挂和补贴过多问题，直接取决于财政的支付能力，宜分步骤进行。建议先解决房租补贴问题。提高房租，相应给职工补贴，需要财政拿一部分钱，这笔钱以住宅专用券支付。房租提高后，职工愿意购房，现有 9 亿多平方米公用住宅就可出售，原来的包袱就能换来相当可观的收入。以每平方米 100 元计，共 900 亿元，如出售 10%—20%，就能得 90 亿到 180 亿元。其中一部分投入住宅再生产，一部分用来解决粮、油价格倒挂等问题。如能实现，住宅建设活了，整个经济也活了。

二、价格改革与通货膨胀

价格改革会不会引起通货膨胀，是人们关心的问题。这可以从两方面进行分析：

从微观看，能源、原材料价格提高，为企业消化一部分外，另一部分将转为加工产品价格的上升。解决粮、油价格倒挂和提高房租，也将使一部分消费品价格上升。这种结构性的物价上涨不可避免，由此引起的货币发行量的增加也是没有危险的。但价格上升的幅度必须控制，不得超过 5%—6%，避免对经济生活冲击过大。由于价格的调整与放活是有计划、分步骤进行的，物价上升的幅度可以得到控制。

从宏观看，价格合理化，会刺激总供给的增加，并提高供给的适用性，减少长期存在的财政虚收的现象。总需求的增长能否得到控制，是实现宏观经济平衡的关键。那么，价格改革对需求会有什么影响呢？就固定资产投资来说，生产资料价格的上升，会导致固定资产投资的增加，而投资方向和结构将得到改善。加工工业盲目发展受到某种抑制，企业为降低消耗会把较多的投资从新建转向用于改造上，这客观上对基本建设规模的扩大会起到约束作用。问题是国家预算内安排的基本建设规模应自觉加以控制。就消费基金来说，生活资料价格的调整，要求消费基金同步增长，在实际生活中这很难做到。各单位会突破规定增发货币，消费的过快增长看来难以避免。

综上所述，为控制通货膨胀，价格改革中宜采取以下措施：

第一，价格的调整和放活必须有计划、有步骤地进行，防止价格上升过快。

第二，控制基本建设规模，把投资主要用于周期短、见效快的企业改造和扩建上，既减轻对能源原材料需求的压力，又加快对社会的供给。

第三，进一步放活消费品生产，加快住宅商品化，引导消费的方向。

第四，搞活批发，建立贸易中心，禁止市场封锁，鼓励开展竞争，防止人为抬高物价。

第五，进口短缺物资和高档消费品，投入市场，平抑物价。

三、价格改革与工资补偿

价格改革要为群众所接受，必须实行相应的工资补偿，其原则是：职工工资总额占国民收入的比重要保持稳定，不能下降；职工收入中因涨价造成的多支数额应得到补偿。为此，编制职工生活费用指数，并依此实行补偿是必要的。问题是采取外挂，还是内挂办法，要慎重考虑。外挂便于群众监督，但在消费增长难以控制，一旦出现物价与工资轮番上升的情况下，政府就丧失了控制经济的能力，并且把生活费用指数与工资补偿直接挂钩，指数就成为争议的焦点，社会舆论不会平静。采取内挂办法，由政府参照指数及时提高工资水平，能进能退，较为主动。

工资补偿可采取以下发放形式：

（一）解决粮、油价格倒挂和调整房租，可分别实行定额补贴，如粮价补贴可按每个职工及赡养人口的口粮标准发放。

（二）其他消费品价格调整使生活费用指数上升，可分别不同情况处理。上升较小时，可放宽奖金征税，及时调整工资来解决。上升较大时，可按指数给予补贴或提高工资标准。

（三）条件成熟时，工资补偿可与工资改革结合进行，把各种补贴打入工资，全面改革工资制度。

四、价格改革与税收信贷

随着价格的调整和放活，税收、信贷对经济的指导作用更为重要。能源、原材料价格提高后，加工工业的发展方向，生产结构、企业结构的调整，主要靠税收、信贷来引导。

价格改革中，大批落后企业将难以维持。这既是我们经济生活中的难题，又是改变我国不合理经济结构的转机。采取一律减免税收，统统保下来的办法，是不足取的，违背了价格改革的原意。这要按照行业的不同情况区别对待。对新兴行业和短线产品实行保护政策，通过减免调节税、产品税或所得税，维持其生存；对一般加工业，实行有限保护政策，在规定期限内减免税收；对长线行业实行淘汰政策，立即促其关停并转。只有坚决而稳妥地做好这项工作，专业化协作才能迈开步伐，地区优势才能真正发挥，社会经济效益才能真正提高。

价格改革中，信贷不应紧缩，而要放活。在大量企业自主地按市场需要生产经营；投资转向以降低消耗、开发新产品为中心的技术改造的情况下，放活信贷有利于刺激有效的供给，对满足需要、回笼货币、稳定物价有好处。为此，国家应利用差别利率和贴息贷款，来引导投资方向。

（引自《中青年经济科学工作者学术讨论会》报告之二：《与价格改革相关的若干问题》，《经济研究参考资料》，1985 年 4 月 3 日，总第 1252 期。）

《中青年经济科学工作者学术讨论会》报告之三

企业实行自负盈亏应从国营小企业和集体企业起步

党的十一届三中全会以来，企业改革取得了很大成效。但是，由于企业吃国家大锅饭、职工吃企业大锅饭的问题没有根本解决，企业的动力、压力仍不大，潜力远远没有挖掘出来。企业改革的方向是实行不同条件、不同程度的自主经营、自负盈亏，建议从国营小企业和集体企业搞起。

理由是:

（一）对国营大中型企业如何实行自负盈亏，还存在不同看法，国营小企业和集体企业实行自负盈亏看法一致。

（二）国营小企业和集体企业灵活性大、适应性强，不牵动国民经济全局，改革起来比较容易，即使有些不当也好纠正，无碍大局。

（三）我国工业企业 38.8 万多个，国营小企业和集体企业达 38.3 万多个，把如此面广众多的企业搞活了，对整个工业和国民经济将产生巨大影响。

（四）国营小企业和集体企业先走一步，可为国营大中型企业的改革探索道路。犹如农村改革由点到面通过示范逐步推开一样。

近年来，对国营小企业和集体企业已采取了一些放活的措施，如国营小企业参照集体企业交纳累进所得税，不再上缴利润，留利增加了一些；集体企业在生产经营、收益分配、劳动人事等方面也作了一些改革，扩大了自主权。这些措施取得了一定成效，但都没有解决企业如何实行自负盈亏问题，即盈了，如何与企业的利益和职工收入直接挂钩，多留、多得；亏了，企业和职工承担什么责任，怎么处理。

为给企业实行自负盈亏探索道路，建议对国营小企业和集体企业作如下改革：

（一）取消成本工资制，工资不进入成本，物质消耗和管理费用为成本。

（二）销售收入，除去成本，为企业净产值，在国家、企业、职工中合理分配。

（三）企业先向国家交纳税、费。税包括产品税、地方税及所得税；费包括承包费或租赁费或固定资产占用费。

（四）净产值除去税费为企业所得。企业必须依法建立后备基金和社会保险基金，余下部分由企业分为生产发展基金和职工收入。

实行上述改革后，“交够国家的，剩下是自己的”，企业就有很大的动力，去减低消耗，创造财富，同时，也有了很大的压力，经营不好，企业就没有收入。

改革中需要处理好两个问题：一是企业收入分配如何防止分光吃尽的问题？可以作两种试验，国家不作任何规定，放手由企业去处理；也可对积累在企业收入分配中的比例规定最低限额。二是企业经营不下去允不允许破产？在这个问题上有一种老观念，认为社会主义企业是不允许破产倒闭的。这是违反经济规律的。从宏观看，需求结构改变，科学技术进步，要求生产结构随之改变，企业结构也必然要改变。全社会中，总要关闭一部分企业，把资金、劳力等生产要素投入到社会需求扩大的行业、新兴的行业中去。在老体制下，这种转移完全靠自上而下的行政办法处理，困难重重，结果社会劳动分配不合理，“许多人无事干，许多事无人干”的局面长期不能改变。从微观看，企业作为生产经营单位，应该对生产经营成果负责。随着指令性计划范围的缩小和价格体系的改革，大量企业将自主地安排生产和销售，大部分产品实行浮动价和自由价。在这种情况下，企业经营亏损，不能维持时就应倒闭。只有这样，企业为了生存和发展，才会努力开发新产品、追求技术进步、珍惜专门人才，才能根本解决企业吃国家大锅饭、职工吃企业大锅饭的问题。是否允许倒闭，是企业实行真自负盈亏还是假自负盈亏、完全自负盈亏还是半自负盈亏的标志。

当前，可制订破产条例，先在国营小企业和集体企业试行。当企业动用后备基金，仍不足以维持职工基本生活时，可向政府申请自救整顿。政府批准后，可酌情在限期内减免税费，职工基本生活费由社会保险基金支付。在规定期限内，企业自救无效，宣布倒闭。政府可帮助联系转并到其他行业或企业，或由劳动服务公司吸收其人员，经培训后介绍就业。

国营小企业和集体企业实行自负盈亏，可先在某些行业和某些地区进行试点。近年来，四川、湖北、湖南、江苏、安徽等地对一些企业，实行“除本分成”的改革试验，是符合改革方向的。望及时总结经验，并配套进行相应的改革，探索出一条企业实行自负盈亏的路子来。

（引自《中青年经济科学工作者学术讨论会》报告之三：《企业实行自负盈亏应从国营小企业和集体企业起步》，《经济研究参考资料》，1985年4月3日，总第1252期。）

《中青年经济科学工作者学术讨论会》报告之四

沿海十四个城市对外开放的若干问题的建议

中央决定进一步开放 14 个沿海城市以来，各开放城市行动很快，但也存在一些问题。主要是开放城市应采取什么政策，办些什么事情，达到什么目的，还不十分明确。在这种情况下，一些城市纷纷效仿我国最先开放的深圳特区，把对外开放开发的重点放在以引进外资为主，建设相对独立封闭的经济特区（也称新区）。但是，深圳特区有其特殊的经济地理条件，毗邻港澳，可利用较便宜的地价吸收港澳资金；原是一片不毛之地，只能通过“七通一平”提供基础设施建设新的工业区。而其他沿海城市的情况则不同，它们一般都有较好或相当的工业基础，但不具备邻近外部经济中心的条件，因而，应根据各自的情况，采取不同的开放形式和发展模式。

一

沿海城市实行对外开放，目的要明确。沿海城市交通便利、工业基础较好、与国外的传统联系较多，有条件和可能利用对外开放，把产品、技术、资金、人才、劳务“打出去”，扩大出口，为国家赚取更多的外汇；同时“引进来”，消化、吸收、推广国外的先进技术，把我国的传统工业逐步建立在新的科学技术的基础上。衡量对外开放成功的标准，应看它扩大出口了没有？引进了先进技术没有？在扩大出口和引进技术方面，又应把工作的基点放在扩大出口上。这是因为，引进技术的规模取决于我们的支付能力，而支付能力取决于我们的出口能力。当然，为了扩大出口，又必须引进技术，把扩大出口和引进技术很好地结合起来。在大家都考虑“进”的情况下，沿海城市要多考虑“出”的问题是十分必要的。

沿海城市首先要围绕“打出去”，加快改造。改革体制，调整政策。对具有出口优势、出口潜力的行业作出规划，优先给予资金、技术、设备、材料，包括微电子等新兴技术进行改造，尽快提高产品竞争能力，开拓、扩展国际市场。要改革外贸体制，外贸公司专业要划细，生意要做精，大部分要改为代理；扩大有条件的工业企业直接出口，大多数工业企业，应按行业建立出口联营公司或出口协会，把外贸和工业结合起来，捏成拳头打出去。要调整政策，推行出口退税制度，所有经营外贸的实体，都要实行自负盈亏；制定鼓励出口的特殊办法，使同类产品的外销盈利水平、奖金水平不低于内销。

二

沿海城市要加快技术引进的步伐。中近期技术引进的目标，是改造传统工业的技术基础，发展新兴产业，为全国战略发展服务。当前技术引进的目标，一是先进的一般工业技术，二是大批量、低成本、商品化、低层次的新兴产业技术。基于这种认识，建议把技术引进的重点确定在以下四个方面：

1. 优先引进技术，改造我国出口潜力较大的行业，努力增加出口，降低换汇成本。这样，就可以在对外开放中形成良性循环，并为其他方面的引进提供外汇。

2. 优先引进为我国传统工业技术改造服务的关键技术。微电子技术中有许多可以直接和传统工业的机器体系相结合，这类技术的引进不必追求过高。引进哪一个水平的技术主要取决于传统工业技术改造的需要。

3. 优先引进交通、通信和能源方面的先进技术，这类技术的引进也不必要求过高，重点应放在发挥我国的优势上，如我国水力资源丰富，如能在技术上解决远程输电等问题，效果可能比引进核电站更好。

4. 高技术产业的配套技术。这是为高技术产业的发展奠定基础的战略步骤。引进这类技术的水平要高，至少要从 20 世纪 70 年代末开始，否则就不引进或缓引进。

引进技术，吸引外资，就要让出一部分国内市场，这就涉及保护民族工业的问题。应该看到，以市场换技术，对国内技术发展长期停滞的行业来说，是一种刺激力量。因此，建议除引进上述四种技术之外，以市场换技术的范围还可以再宽一些。具体来说，还包括以下几个内容：

1. 属国内短线产品，可以让出部分市场以平衡供求并刺激国内产品升级换代；

2. 属国内技术落后而又长期停滞不前的产品，可让出部分市场以刺激国内企业更新技术；

3. 对国内虽能生产，但距国际水平相距较远的产品，不实行全行业保护，可分别档次，允许国外较高技术水平的同类产品进入国内市场。如微电子行业，对16K位以上的产品就应允许部分进入或自由进入国内市场；

4. 对确应施加保护的企业或行业，也要限期达到规定水平，超期不保或逐步减少保护。

这样，长期需要保护的范围就大大缩小了，大体有以下三类：1. 属于国内长线且有能力自行开发的产品；2. 产品质量和技术水平已接近或达到国际标准者；3. 需要垄断技术诀窍的国内传统手工业。

三

沿海城市的开发，需要引进一部分外资弥补资金的不足。但引进外资更重要的目的，是通过资金的引进带动技术的引进。在引进外资中，还有一个开发区新区建设和原有老区建设的关系。根据沿海城市的战略任务，应该确定“新区为老区服务，外资为内资服务”的方针。所谓“新区为老区服务”，是指开发区的建设目的，不是重新建设一个新的工业基地，而是服务和推动整个城市产业的改造和技术的发展。所谓“外资为内资服务”，是指外资引进的目的主要不只是建设新的生产能力，而应主要为带动和提高原有企业的技术水平和生产水平。

目前，许多沿海开放城市的发展方案中显示出“建新区”的倾向，如新区明确的地理边界，完整的工业和生活服务设施，等等，这类方案有一些明显的问题：

开发后，每平方公里“七通一平”的费用一般在 0.8 亿—1 亿以上，再加上标准厂房，就要达到二三亿元。显然，这笔投资不大可能靠外资直接投资，如靠贷款，起步工程一上，每年就要有几百到上千万元的利息。这就必然迫使开发区建设将采取急功近利的策略，先上一批能赚钱的项目，干起来再说。另一方面，像天津、大连这样的老工业城市，技术改造资金严重不足，外商对合作改造老企业又颇感兴趣。这类合作改造项目投资少，见效快，成功一个就能引来一批，带起一片。论经济效益，无论是微观还是宏观，都比在开发区投资好。因此，我们建议不要把开发区和老区人为地隔离开来，开发区的特殊经济政策不应受开发区地理边界的限制，特别是高技术产业，仅从经济效益考虑，如能引来也不宜放在海边。这样，是否在政策上能明确规定以下几点：

1. 外商到老区投资进行技术改造，亦应享受和在开发区投资同等的优惠条件；

2. 国内企业在老区或开发区与外商合资进行技术改造，亦应享受和外商同等的优惠条件；

3. 外商到老市区投资兴建高技术产业或大专院校科研机构，还应给予特殊优惠；

4. 不在开发区发行新货币，以避免货币投机和因货币造成的人为隔离；

5. 考虑到生活习惯和消费结构的差别，有必要在适当地点（不一定在开发区内）建立封闭或半封闭的外国人生活区。

为了顺利地引进外资，需要有一套合理的外资引进政策。近几个月，虽然来谈的大资本多了，但谈成的依然是中、小、低技术水平的项目居多。而且，政策一放宽，旅馆饭店进来许多。这反映了一种情况，即高技术的大资本对外部条件要求较高，有没有市场调节为主的经营环境以及相应的法律保证，这似乎比“七通一平”

和优惠税率更重要。为此，应在沿海开放地带率先进行小区域整体改革。在目前情况下，打开局面可从以下几个方面入手：

1. 以小引大。引来的制造业直接投资多为中、小资本，这应当说是正常的。因为大企业要来，就要有一批中、小企业为它配套，而目前国内企业各受条块约束，很难与外资企业配套，乡镇企业自由度虽大，但近期又发展不起来。因此，引进一些中小企业本身就可能是大企业来华的前奏，不让小的来，大的就更不来，以小引大是一个因势利导的策略。

2. 以低带高。深圳引进的项目有 30% 左右低于国内水平。从各国兴建开发区的经验看，几乎都有这样四个阶段：诞生期、发展期、成熟期、停滞期。高技术资本一般在发展期进入，在成熟期立足，这样看由低到高需要有个过程，大致五至八年。对此，既要防止外国资本把我国作为倾销淘汰技术、落后产品的市场，又不能守株待兔，高不成、低不就，打不开局面。这就要分别不同情况，制订相应的政策，对于我国急需的先进技术和适用技术，在市场、税率等方面给予较大的优惠；相当于国内先进水平的，优惠次之；低于国内水平的，要适当控制。

3. 以银行带工业。投资环境有没有稳定感，有没有银行是一个标志。在当代，银行功能日趋多样化，最突出的特点是转化为信息中心。引进一个银行，就能带来一批企业，建立一批关系，形成一个气候。因此，建议在沿海开放城市优先引进外资银行和跨国银行的分支机构，或者与外商合资兴办联合开发银行，厦门的经验值得推广。

4. 以投资合同确定遵从法规。法制不健全是主要的投资障碍之一，为保证投资合同的有效性，从实际出发，是否可以考虑在合同期满之前，如新政策或新法规与合同规定发生冲突，由外商自行决定是否遵从新规。从南斯拉夫的经验看，这是一种可行的变通措施。

四

沿海开放城市作为我国战略发展的前沿阵地，需要一整套的新的经济体制与之适合。不仅如此，沿海开放城市的改革，还可能成为全国改革的突破口。看来有必要在区域的整体改革和整体的局部改革两个方面去摸索新的改革路子。我们建议在沿海开放地带有选择地逐步推进以下八个方面的改革：

1. 计划体制改革。改革的方向是逐渐打破条条与块块的计划管制，使企业有权依据互利原则与外资或合资合作企业建立协作配套关系。具体作法可以先从条放，也可以先从块放，也可以条块一起先放 50% 或 70%。

2. 流通体制改革。一是外商独资合资合作企业的内销产品不要统购包销，二是这些企业的内供原料和协作产品直接通过订合同解决。

3. 价格体制改革。是否可以考虑在沿海试行“有限浮动价格体制”，即取消原料补贴，实行浮动价格，有放有调，灵活多变。至少要保留外商独资合资合作企业的价格决定权。

4. 外贸体制改革。基本方向是少数外贸企业要成为经营实体，大多数要改为代理，有条件的企业直接对外，可以开展跨国经营。国家和地方外贸机关只保留机关、商检、计划、咨询、监督等职能。

5. 分配体制改革。对企业，主要是向自负盈亏过渡，以税收为主要分配形式；对个人或职工，变暗贴为明贴，逐步取消“三补”（粮贴、房贴、副食贴），相应提高工资，使沿海成为我国的高消费带。

6. 金融体制改革。加强资金的横向流动，在条件成熟的地方发展股份经济，并逐步建立多功能的地方银行。这样，才可能引进外资银行，改善投资环境。

7. 劳动体制改革。向合同、招聘制过渡，促进劳动力的合理流动。

8. 地方政府经济职能改革。由目前政企合一的机构逐渐转化为经济协调机构，并负责制定经济法规，提供多种服务。

沿海开放地带的小区域整体改革并不是沿海一致的划一行动，事实上也不可能做到。应把改革和开放有机地结合起来，把整体改革和局部突破有机地结合起来，采取边放边改，放到哪里改到哪里，成则推广，败则纠正。这样，14 个开放点各具特色，便于总结经验教训，逐步推动我国经济管理体制的全面改革。这就是以改革保证开放，以开放影响全局。

五

沿海开放城市的发展，是整个国民经济发展的一部分，为此必须做好宏观生产力的配置和研究沿海与内地的联合开发，相互协调地发展。

从目前 14 个开放城市上送的方案看，产业配置的初步设想大多雷同，缺乏特色，没有或很少突出各地的优势。比如，都要发展微电子等新兴产业，都要改造老工业，却不明确自己的优势产业和改造的重点。

为了改变这种倾向，有必要由国家从国民经济发展的全局出发，确定每个地区对外开放的特点和应重点发展的优势产业。我们建议是否可以辽宁、天津、上海、广东四个地区为中心来规划整个开放地带的宏观生产力配置。大连重点引进东北重工业技术改造服务的项目，同时发挥地理优势，拓通欧亚陆桥，发展转口贸易。天津腹地最大，腹地待开发的资源又很丰富，可在对外开放中逐渐由目前的低水平出口加工转向北方特有资源的精深加工，以逐步建立未来渤海湾工业区的优势产业。上海则有条件向尖端技术和新兴产业发展，可在开放中逐步形成我国的知识技术密集型工业中心。广东除盯住香港市场发展中、高档消费品外，还应充分估计到南海石油的开发前景，及时起步为石油开发配套并发展石化工业。四个中心的划分并不排除十四个开放点各有优势，但在发展优势的同时应明确自身老工业技术改造的重点，在对外开放和技术改造中积极调整产业结构，扭转目前普遍存在的小而全、大而全的不合理状况。我们认为，这是借对外开放提高沿海开放带宏观经济效益的关键。

国家可以通过分配贷款，分配外汇额度，参与规划以及行政手段影响沿海城市的对外开放，可以通过差别税率等措施引导外资的合理流动，并在条件允许的情况下逐步过渡到某种法律调节。由此看来，目前 15% 的优惠税率太低，可调节性差，如暂时不能变更，可以考虑通过税收减免期来调节。

六

沿海对外开放，内地也应对外开放。内地开放的重点是利用外资开发资源，这不仅有利于内地的发展，还将促进沿海的对外开放。首先，利用外资开发内地资源可以解决高技术产业产品全部内销后出现的汇回利润的平衡问题；其次，外资深入腹地开发资源必然要在沿海开拓输出窗口，从而贯通腹地和沿海的资源运输线，在一定程度上解决沿海交通运输高度紧张的问题，为沿海吸引外资创造条件；第三，资源运输线一旦拓通，就可能带起一批企业，沿海初级加工工业可顺势向腹地疏散，从而逐步由低水平出口加工转向内地资源的精深加工，形成高技术资本的配套环境；第四，跨区域配套生产同时也解决了沿海与内地的联合开放、联合致富的问题，并将影响全国性的生产力宏观配置。显然，这是一个大宏观决策，需要国家统筹考虑。从外商在准噶尔等地的投资意向看，这是一个可行的措施。

基于上述认识，提出以下几点建议：

1. 逐步开放二连、满洲里等陆地口岸，在内地选择几个利用外资条件较好的地区试办“内陆开发区”。

2. 鼓励外资到内地合资甚至独资办矿修路，可根据情况适当延长外商的经营年限，并参照沿海开放地带给予相应的其他优惠。

3. 鼓励外资在内地或沿海进行资源的初加工和深加工，但对污染严重的企业要加以限制。

4. 鼓励内地直接引进国际一流技术进行重点建设，并给予一定的优惠和资助。

5. 鼓励内地部分省区发挥现有的国防工业、航天工业优势，发展一些相关的高技术产业。

6. 鼓励沿海与内地开展多种形式的协作，内地省区可以到沿海开发区合资办企业，亦可以保证原料供应为条件合资合作，并享有和外商同等的优惠条件。

以上六个方面的意见和建议概括起来是：以出口支撑引进，以引进加速改造，以外资吸引外资，以改革保证开放，以开放影响全局。

（引自《中青年经济科学工作者学术讨论会》报告之四：《沿海十四个城市对外开放的若干问题的建议》，《经济研究参考资料》，1985 年 4 月 3 日，总第 1252 期。）

《中青年经济科学工作者学术讨论会》报告之五

金融体制改革的若干意见

长期以来，在我国的经济建设中，与高度集中的管理体制相适应，财政集中了绝大部分积累资金，并用财政手段统一地调配运用。20 世纪 50 年代，预算外资金仅占财政支出的 5%；60 年代占 20% 左右。随着经济体制改革的发展，地方财政留成和企业利润留成迅速增加。1982 年，预算外资金占财政预算支出的比例上升到 70%。近几年来，随着人民收入的提高，城乡居民储蓄增长很快。1983 年末，全国储蓄余额达到九百多亿元。在这种情况下，国家计划内基本建设投资占整个基本建设投资的比重，也从 1978 年的 83.3%，下降到 1982 年的 49.8%。这些现象表明，我国经济生活中资金面貌和资金活动都发生了根本性的变化，单一的由财政分配资金的体制已逐步发展为财政信贷交叉配合提供建设资金的局面，这就要求我们高度重视信贷杠杆的作用和改革金融体制。

为了加强和完善银行在国民经济生产和建设中的作用，合理地控制信贷总规模，从 1983 年底起，人民银行开始行使中央银行的职能，这是金融体制改革迈出的重大步骤。但是，在我国金融体制中，资金横向流动受到限制这一根本问题，并没有解决。

一、现行金融体制存在的问题

我国目前基本上还是实行“统存统贷”的资金管理体制，全部存款从基层银行、地区中心支行、省专业银行分行、专业银行总行，逐级集中到中央人民银行。然后再由中央人民银行逐级下达贷款指标。这样，一是割裂了基层银行信贷业务间的资金横向流动，二是割裂了工商业与各对应层次银行的直接关系，信贷决策远离具体经营活动，束缚了各级银行灵活处理业务，同一地区各专业银行资金盈缺不能调剂，资金流动慢，经济效益差。

我国实行的是中央银行与四大专业银行并存，各自独立协调的机制。中央银行不从事具体业务，专门管理国家的货币发行和控制宏观信贷规模。但是，由于我国不存在金融市场，没有中央银行存款准备率、政府债券公开市场业务、证券再贴现这样三大控制手段，中央银行对专业银行的协调与控制能力很弱。各专业银行通过各自成千上万的分支机构，实行各自的贷款指标体系，各自资金独立，业务也不相互交叉，形成了实际上的四个垂直封闭的资金系统，金融政策和金融活动处于分裂和分割状态，既不利于中央货币政策的发挥，也不利于横向的业务协调。

二、近期改革的政策建议

1. 第一步以扩大地方省一级专业银行自主权为中心，加强区域内资金的横向流动，各专业银行具有一定存贷款自主权，可在同一地区内进行资金拆借，允许交叉开展业务，实现区域内各家银行资金的相互融通。然后在条件具备的情况下，逐步扩大地区中心支行和基层银行的自主权，形成上级银行调剂与各平级银行调剂相结合的横纵网络型资金管理体制和业务流动形式。

2. 以地方中央银行为中心，实现区域内的资金平衡，并同时解决区域与区域间资金纵向分配与资金横向流动的矛盾。地方专业银行将部分存款以准备金的形式交地方中央银行，作为地方中央银行调剂区域内资金的基础。区域间的资金融通，在中央银行的宏观控制下，通过各地方中央银行和专业银行相结合的方式实现。

3. 建立和完善各级银行信托投资部，逐步扩大信托业务范围，把社会各种闲散资金集中起来。

（1）实行商业信用票据化。商业信用的实质，是非金融组织的企业之间的资金拆借。在现代生产条件下，企业间延期付款，形成债权债务关系，这是正常现象。据统计，有些地区企业间的债务占本地区工业生产总值的十分之一左右。为保证债权、债务人正常的经营活动和合理周转资金，应使企业间的商业信用合法化，用商业票据的形式固定下来，允许商业票据转让，从而加速资金周转。

（2）开展银行的票据贴现业务。商业票据的债权一方，可持未到期的期票到银行贴现，取得款项，使企业间的商业信用和债务、债权关系，转化为银行信用和企业与银行的债务、债权关系。银行贴现业务使银行扩大了有保证的企业贷款额度，因而可以扩大社会的生产和流通规模。

（3）通过银行信托部或信托投资公司代理发行股票和债券。由银行出面发行股票和债券，可以保证股票的收益分配，债券的还本付息，控制地区的信贷规模，并对股票和债券的发行实行社会监督。同时可以扶植先进企业，抑制落后企业，防止恶性投机行为。建议近期内证券的流通可以通过信托部买进卖出并行，并以即期证券交易为主。

4. 目前我国缺乏有关金融方面系统而完整的法规，尤其缺乏公司法、票据法、银行法、破产法这样一些保证资金横向流动和金融市场正常运行的重要法律。因此，建议国务院法规中心尽快制定有关的条例和法律，保证金融活动有章可循。

5. 近年来，银行体制改革一直处于行政的分权、集权的变动之中。现行体制需要经历一段时间的发展，才能充分认识其内在矛盾，同时也才能准确地进行更深刻、更彻底的改革。所以，建议对目前的银行机构设置，不要匆忙调整，以免政策变化过快，出现一些本来可以避免的混乱。近期金融改革的重点，应放在搞活资金横向流动和扩大地方省级专业银行和基层银行的经营自主权上。

三、金融改革的配套措施

金融体制改革必须考虑国民经济整体改革的一些制约因素，其中最重要的有三个方面。其一，由于国民经济计划体制中指令性计划和指导性计划同时并存，因此，实行完全的资金横向流动是不现实的。其二，由于目前不合理的价格体制的存在，资金融通的市场调节必然受到某种限制。这样，在今后一段时期内，必须实行人民银行纵向资金调剂与区域间金融组织的横向资金调剂相结合。在价格未理顺前，各银行的贷款条件，特别是利率，应服从整体的产业调整政策，而不能只是服从市场力量。其三，在搞活金融的同时，信贷资金会在一定程度上扩大，为避免过度通货膨胀，控制总体信用规模是必要的。为此，提出三项对策：

第一，地方中央银行应向中央银行转存一定比例的存款准备金，以保证中央银行根据国家宏观经济计划下达贷款指标，保证国家计划项目的顺利进行。

第二，为解决在不合理的价格体系下，资金横向流动带来的盲目投资与产业结构调整的矛盾，中央银行应充分发挥利率的杠杆作用：

（1）中央银行每年确定一次行业性优惠利率。

（2）地方专业银行在此前提下，应有一定的利率确定权，以发挥地方优势，但不得与中央银行确定的行业优惠利率政策冲突。

第三，对信用总规模的控制，应采取物价监测的办法，但要改变现在已经过时的抽样商品物价指数，制定一套较能准确反映当前社会经济生活真实情况的物价指数，根据物价涨落情况采取相应的财政信贷政策，以控制信贷规模。中央银行除适当使用存款准备率控制信贷规模外，在必要时，可采取分配各种集资限额的办法，对超额者课以重税。

金融体制改革的基本方向应是资金的纵向计划管理与资金的横向市场调剂相结合，充分发挥资金横向流动的作用，中央银行应采取“放”与“管”相结合的政策，在放活金融的基础上管好全国的信贷资金。

（引自《中青年经济科学工作者学术讨论会》报告之五：《金融体制改革的若干意见》，《经济研究参考资料》，1985 年 4 月 3 日，总第 1252 期。）

《中青年经济科学工作者学术讨论会》报告之六

发展和管理股份经济的几个问题

自1983年下半年起，在我国的城乡经济建设中，出现了以股票方式筹集资金的形式。今年以来，股份经济发展的势头猛烈，不但乡镇企业，城市集体所有制企业兴办股份公司，一些国营企业，甚至国家重点建设项目也用债券的形式筹集资金。如华东电网发行20亿元债券扩大电力供应能力，并向购买债券的单位优惠供电。在经济生活中，股份经济已经成为不可避免的现实，具有强大的生命力。

一、股份经济产生的原因和意义

股份经济首先出现于农村合作经济和集体经济，然后在沿海地区和大城市周围扩展。股票和债券的股息、红利、债息一般高于银行存款利息固然对货币具有吸引力，但就目前我国的情况来看，这并不是主要方向，还有一些更加重要的因素。

第一，在经济体制改革以后，企业一部分利润留成，集体所有制企业的公积金、公益金，是生产性资金。居民特别是农民的一部分收入，本来就不是消费基金，而是生产基金。股份经济打破了资金只能投入本企业或自我经营的范围的界限，开阔了生产性资金的活动空间，并为资金的合理利用，追求较高的经济效益和经济收益提供了多种选择性。

第二，货币并不等于生产资金，货币要转化为生产资金，必须具备一定规模，并把各种必要的生产要素、生产经营条件组织在一起。股份经济正是提供了这样一种生产组织的新形式，在农村农民带股入厂，是把分散的劳动力和资金组织成为生产化的劳动队伍和生产资金。某些股份公司往往由一些方面土地入股，一些方面技术入股，一些方面资金入股，由有经营条件和经营能力的机构或个人组织经营，形成了各生产要素和经营条件的社会组合，这就为开辟新的生产创造了多种机会。由于农民摆脱土地的束缚，从事各种新的商品生产的要求最为迫切，股份经济在农村发展得也最为顺利。

第三，一些企业向另一些企业入股和投资还在于力求取得某种稳定的经济联系。沿海一些地区筹资开发内地能源，是为了保证能源的稳定供应。一些内地企业向沿海地区和开放城市投资，是为了取得技术和各种经济信息。一些乡镇企业渗透到城市，很大成分上是为了在经济中心争得一方经营前哨。这些经济联系给投资者带来的收益，往往大大超过股票和债券本身分配的收益。

股份经济不但给投资者和投资接受者带来种种经济

利益，还会产生一些社会经济利益。

第四，股份经济把农民的手持现金，居民的一部分本来可能作为消费的收入，吸引到生产方面来，将缓和国家资金紧张的局面。

第五，村镇股份经济的发展，对改变农村的生产结构，为农业剩余劳力提供新的出路，发展农村商品生产，有巨大的作用。

第六，股份经济使投资由国家一元决策的模式，转化为投资者多元决策的模式，由国家单独承担投资风险，转化为投资者多家承担风险。投资决策的分散化将有利于投资决策的合理化，并为一般投资决策的政企分开提供了一种现实出路。

第七，企业资金的相互交叉，居民货币与企业资金的融合，带来横向的经济利益联系。经济利益的联系是其他各种横向社会协作、合理分工、意志协调的稳定基础。

但是，股票和债券本身带有投机因素（这里投机是指投资者对经济利益优化的预期，而不是一般意义上的投机），当投资者的投机目标和投资预期与社会整体利益矛盾时，可能出现一些损害消费者、其他生产者和社会的投机行为。因此，世界各国政府一般都对股票和债券活动施加影响，有时直接参与管理。

二、前股份经济中存在的问题及相应的建议

1. 股票和债券业务是异常复杂的经济活动，特别是它们牵涉到财产的权利和所有权的利益分配，并很少受行政的干预和调节，很大程度上受市场的影响，一些社会共同认可的准则，以及法律的保证就显得格外重要。在目前无法律可循的情况下，建议各地因地制宜，颁布一些暂行的管理条例，以期在总结经验的基础上逐步形成正式的股份经济法律。

2. 对于正在出现的股份经济，各地政府思想准备和工作准备不够充分，因而缺乏必要的政策和管理。在一些问题没有清楚之前，不要急于试图一下子扫清混乱局面，那样很可能把其中一些尚待成熟的好苗头抑制住。建议一是看，观察各类问题的发展方向；二是指导，对似乎清楚又不很清楚的问题提出非强行的指导；三是管，对看准的有把握的事情加以管理。

3. 目前绝大部分股票和债券是直接发行，不通过一定的金融中介机构，发行的股票、债券不允许流动。这种局面既不便于社会监督和不利于股票、债券的经营，也不符合它的本来的性质。建议各级政府提供条件，使暗中的股票、债券交易公开化、社会化。政府在没有设立专门的股票、债券机构之前，它们的发行、购买、转化和偿付可由银行的信托部承担。

4. 为防止有害社会的投机行为，股票和债券的发行应通过相应单位审批。现阶段，可暂时由上级主管部门审查，然后逐步过渡到专门的股票、债券审批机构。

5. 为保护股票和债券的发行和购买双方的合法权益，处理双方的纠纷，建议设立适当的仲裁机构。由于股份企业都有资金存放在银行，银行对这些企业有一定的约束能力，也比较了解这些企业的经营活动，银行可暂时作为仲裁机构，将来逐步过渡到专门性质的仲裁机构。

6. 各类不同性质的企业，应有不同的股票、债券发行政策：

（1）国家重点工程项目主要发行由政府担保的定期偿还债券。

（2）国营大中型企业的建设不宜发行股票。这类企业的技术改造和扩建项目可采用债券形式筹集资金。

（3）国营小企业的建设可发行部分股票，扩建和技术改造可发行股票和债券。

（4）集体所有制、合作经济企业的建设和发展应以股票形式为主，短期资金应以债券为主，国家对此采取鼓励政策。

（5）中外合资经营企业应是股份经济的经营形式。

7. 为了解、监督股份经济的发展，在开始阶段，股票和债券应以记名股票和债券为主。

8. 发行股票和债券的公司，应将其财产和经营状况向主管发行的机构申报，主管发行的机构有根据充分理由提出否决的权力。

9. 银行与工商管理部门有权检查股息、红利、债息的发放是否合理，对非正常的经营给予劝告，对不听劝告者提交仲裁机构裁决。

10. 企业不得用国家预算内资金购买股票和债券，只能用企业可动用的自有资金购买。

11. 建议对企业股票和债券的收入征收所得税。个人从股份和债券所得收益暂不收税，先观察一段时间，再作决定。税收和税率应不阻碍股份经济的发展，又不使股票所有者获得不合理的暴利，因而税收应采取累进所得税的形式，但在开始时，起征点应高一些，累进程度不能过高。

（引自《中青年经济科学工作者学术讨论会》报告之六：《发展和管理股份经济的几个问题》，《经济研究参考资料》，1985 年 4 月 3 日，总第 1252 期。）

《中青年经济科学工作者学术讨论会》报告之七

粮食购销体制的改革和农村产业结构的变动

一

当前，我国农村面临着新的转折。连续几年成功的改革，一方面提出了深入改革农村经济体制、全面改组农村产业结构的新的历史任务，一方面也为完成这个更深刻的变更准备了条件。特别是国民经济体制全面改革的酝酿，城市和大工业长期受到束缚的巨大生产力的初步释放，同农村已经实行的改革汇聚到一起，互相激发、势不可当。

新的形势提出了一系列新的问题，迫切需要在系统的调查研究的基础上，提出可供决策参考的思想认识和解决办法。

二

1979—1983年，我国农业总产值每年平均递增7.9%（其中农牧业为6.3%，种植业为6.1%），创造了世界诸大国经济发展中罕见的速度。这表明党的农村政策取得了战略上的成功。

在连续的农业增产，特别是粮食增收面前，出现了新的难题。现象是“仓容危机”，其实质则是整个国民经济的产业结构、流通体制、收入结构中原有矛盾在新条件下的集中体现。只有进行根本性的改组和改革，才能适应农业（特别是粮食）连年高速增长的要求。

这里有几点认识是必须明确的：

第一，我国人均占有的粮食量尚低于世界平均水平，和发达国家相比较差距更大。因此，目前出现的粮食“剩余”，从总体上说，是一种低水平的相对“剩余”，决不能由此推断我国粮食问题已经获得根本解决，可以从此高枕无忧了。

第二，我国粮食生产的进一步增长，既不能够依靠强制生产者接受低价统派的方式来实现，也不能够依靠国家财政补贴的大幅度增长来维持。真正可靠的基础，应当是社会有购买力的需求。一般说来，随着人均国民收入的提高，社会对粮食的需求也会伴随着食物构成的改善而增长。以此牵导着粮食生产相应增长，将是一种在国民经济比较协调发展中的可靠增长。

第三，目前对粮食的有效需求并没有完全、充分地表现出来。比如，（1）出口还有余地；（2）品种结构需要调整；（3）食品加工业远远不能满足需要；（4）饲料刚刚从口粮形态中独立出来，存在着大规模发展的前景；等等。所有这些方面的需求潜力，都应充分挖掘，以便积极地解决目前粮食低水平所造成的仓容紧张、补贴膨胀、需求不足等问题，保持农业生产的持续增长。

第四，现在影响以上有效需求充分实现的主要障碍，就是我们的粮食（及农产品）购销体制不合理；价格信号失真，无法反映社会供求之间的平衡要求；补贴加在商业环节，掩盖了流通过程中经营效益低下的严重问题。以致出现了财政补贴和过量库存的增长快于生产增长的不正常局面。不仅如此，由于价格倒挂，还使社会无法准确地了解，粮食供给的总规模是否同有购买力的需求水平大体相对应。这就可能因为流通中存在一些问题，而掩盖了农村产业结构必须作出重大变革的根本性任务。

可见，农产品（首先是粮食）购销体制的根本性改革，比过去任何时候都更加紧迫了。供给型的生产和分配型的商业，在新的条件下必须改弦更张。

三

粮食购销体制的改革，涉及工农、城乡，事关国家财力运筹和人民生活，具有相当的复杂性。尽管现在已经提出了若干方案，但是，任何一个方案本身，都无法有把握地回答，生产者和消费者究竟会作出何种反应。改革中最困难的问题，就是粮价补贴和购销体制的改动，都首先会引起农民群众收入水平不稳定性的变化。最乐观的前景，当然是财政补贴不再增加，而农民的收入水平仍然保持高速上升的势头。应当说，这是有可能实现的。因为通过结构的变更，可以把现在农民收入中靠财政补贴支持着的那一部分，改由社会有购买力的需求来替换。这就是说，农村产业结构的变革，有可能达到既停止国家财政补贴的增长，又不减缓农民的总收入增长水平。争取实现这个前景，应当是今后一个时期农村政策的具体目标。

但是，困难在于，中国农村发展的极不平衡状况，使得各地调整产业结构的可能性、收入结构变动的可能性，以及变换产业收入结构所需要的时间，都极不相同。在这样的具体条件下，如果试图由中央统一粮食购销体制改革的步调，规定出一个划一的改革模式，是很难把改革中遇到的各种矛盾妥善解决好的。

为此，我们建议，从粮权下放入手，进行粮食及农产品购销体制的全面改革。

具体的设想是：

（一）中央把对粮食的财政补贴，按一个定额（比如按“倒三七”计算补贴定额）包到各省，以后基本不再增加。

（二）同时也把粮食的管理权限放到各省，由各省决定粮食的购、销、调、存的方式和数量，并给予一定程度上的定价权，允许自主决定补贴使用的数额和方式，把粮食生产品种的调整和农村产业结构的改组，同各省具体的经济社会发展情况更密切地结合起来，同各省财政状况更密切地结合起来，充分发挥地方在改革粮食体制过程中的创造性。

（三）在一定时间内，各省的购粮方式、补贴方式和粮食价格体制，可以有不同的模式。但不论何种模式，都不再增加中央财政对粮食的补贴，都必须完成对中央的、数额有限的粮食上缴任务。

（四）在一定时间内，中央粮食部门只负责京、津、沪的粮食调入和财政用粮，同时建立中央粮食储备系统以调节丰歉，并实行保护价制度。这样，可使中央有更多的精力和财力去研究解决全局性的、长期性的战略问题，并对各地的改革给予切实有力、而又不是“一刀切”的指导、帮助和协调。

现在，改革的时机已经比较成熟。首先，粮食已有一定的储备；其次，全国缺粮省份日益减少，解决余缺调剂的困难不大；再次，近年粮食议购议销和多渠道经营的开展，已加强了各地之间粮食的市场联系；最后，1982 年起实行的粮食包干制已使中央和各省取得了一定经验，今年包干期满，为改革提供了很好的机会。

四

变革农村产业结构是根本解决农产品价格和购销体制的基础，因为，占全国 80% 的农村人口只创造不到

50% 的国民收入，是无法同共占 20% 的城市工业人口进行合理的交换的。农村中种植业经营规模过于狭小，劳动力要素与土地要素结合的比例过大，一方面导致消费农产品商品的人口比例过低，总体需求水平不高；另一方面又使农产品的生产成本过高，因而商品生产者愿意提供商品农产品的价格水平更加偏高。这样，消费者能够支付的农产品价格与农民愿意提供的农产品价格之间存在着一段差距。过去，这一差距或者用强制农民低价出售解决，或者依靠财政补贴解决。这是我国农产品价格不能理顺的根源所在。

为了使一部分农村人口从土地经营中脱离出来，加入其他产业的经济活动，需要解决一系列问题：

（一）选择好带头产业

农村商品生产发展的前景十分广阔。但是，并非每一种商品生产都可能在近期成长为影响全局的产业。农村中首先需要振兴的产业，至少要合乎三个条件：第一，社会对这一产业的最终产品，需求紧迫，市场广阔，随着人均国民收入的增长，其销售量会稳定地扩大，即需求的收入弹性较大。只有收入弹性大的产业，分工结构才比较容易完备，才有可能形成发达的生产系列，产生产业连带发展效应，并不断创造新的发展机会。也就是说，这种产业潜在市场很大，潜在的产业链很长。第二，这一产业的生产率，随着产业规模扩大，提高的幅度较大，生产发展的障碍较易于克服，生产率的上升速率高。也就是说，潜在的行业竞争能力很强。第三，在发展初期，不同产业间资金生产率的比较尤为重要。将大部分资金首先投入回收期短、资金积累速度快的产业，能够使有限资金带动尽量广阔的经济活动，也能为今后的长期投资奠定基础。也就是说，有助于渡过眼前资金紧缺的“坎儿”。只有具备这样一些条件的产业，才有可能成为当前农村新产业群中的核心。首先振兴这类产业，将会引起积极的连锁反应。

当前，农村可供考虑优先振兴的产业有：食品业、饲养业、建筑业（包括建材和建筑劳务）、公路修建业、运输业、采矿业、林业、能源产业（如小型水电、薪炭林、节柴灶及风力、太阳能、沼气的开发等）。当然，由于各地情况不同，首先振兴哪种产业，首先开发哪一个品种，要有各自的规划，不能一刀切。涉及全局经济条件的规划，则要经过国家或区域的综合平衡。

（二）运用好农村资金

在农村产业结构的变革中，资金是一项不可缺少的基本要素。按照本世纪末务农人口缩小到3亿的目标，从现在起到本世纪末，需要从农业中转移出3亿多农村劳动力，平均每年转移出近2000万劳动力。1990年以前，装备这些劳动力和发展新产业，每年大约需要资金200 亿—300 亿元，1990 年以后将更多。这样巨额的资金，是近中期国家财政和银行贷款无法承受的。

但是，农村改变自给半自给生产的面貌，发展大规模的商品经济，不仅对资金提出了要求，也为解决资金问题创造了条件。随着各地农村商品经济的发展，出现了联营、带资入厂、债券、股份信用等多种形式的社会集资。资金积累的根本途径，也正在于大规模商品经济的发展。

在当前农村集资过程中，既寄希望于银行体系的改革，又不必消极等待银行的改革，农村要着眼于多种形式的社会集资。社会集资的发展，第二信用渠道的开辟，将弥补现行银行和信用社体制和功能上的不足，并形成推动银行改革的动力；而银行体系的改革，又会正确引导社会集资的发展。

在合理的货币投放量和信用膨胀的标志尚未搞清的情况下，对出现货币投放过量和信用膨胀的危险估计过高，有可能导致错误的农村资金紧缩政策，不利于农村产业变革。

（三）处理好政企关系

明确企业和政府的各自职能，处理好二者的关系是解决“活”与“乱”的矛盾，做到“活而不乱”的关键，企业和政府的功能应该是互补的。从原则上来说，在必要性的范围内，凡是企业自己能做好的事，政府一般可以不管，也应该不管；凡是企业自己做不了或做不好的事，政府应该管起来。例如：进行经济性的基础设施建设（能源、交通、信息设施、市政建设等）和社会性的基础建设（教育、文化工作等）、进行必要的收入再分配。为企业发展提供良好的经济环境和社会环境，提供经济信息，制订发展战略规划，进行必要的综合平衡，管理和分配紧缺资源，作好消费指导，保护自然资源和环境，等等。政府不管企业能够做好的事情，并不是降低了自己的责任，而是集中力量担负起更重要、更高级的职能，缺少这部分职能，社会经济生活的高级化是不可能想象的。

同样，政府对企业的限制也应科学化。凡是企业自己不想干的傻事，政府就没必要去操心限制。例如，对那些有选择产品方向自主权的自负盈亏企业，就没有必要去限制它，必须"三就地"（就地取材、就地加工、就地销售），只须在企业自己算不清账的时候，给予必要的指导。笼统地限制，就会把一批效益高、社会需要的生产扼杀掉。同理，笼统地规定县内不许重复建厂，也会扼杀掉一批社会需要的有经济效益的乡镇企业。

需要注意的是，不同地区之间，以及同一地区不同时期，企业素质大不一样，能够做好的事情是不相同的，政府的职能也是不相同的。

（四）重视区域特点

中国很大，资源状况和发展水平很不平衡，无论是带头产业的选择、资金的运筹，还是企业与政府之间关系的处理，都带有很强的区域特色。

在比较发达的地区，各种经营主体的动力很足，对经济信号的反应相当灵敏，并且，能对信号作出比较正确的反应。在这种地区，资金的积累，已经渡过了最初的难关，具有初步的生产配套基础，聚集了一批技术人才和管理人才。优势激发优势，机会创造机会，发展生产的门路较广。

在不发达地区，有两种类型。第一类，在同外界的交往中，经营主体深深感到自己的落后，有一种紧迫感，发展的冲动相当强烈。对经济信号的反应相当敏感（甚至是过敏），但对信号作出正确反应的能力还比较弱。在这类地区，资金积累尚未渡过最初的“坎儿”，技术人才和管理人才相当缺乏，且主要集中在政府部门，消费水平低、生产门路不宽，往往搞起什么，什么就过剩。

第二类，经营主体缺乏发展的冲动，对经营信号的反应迟钝，人才奇缺。由于商品生产不发达，仅仅相对于自给半自给的农业生产而言，对资金的紧缺程度感受不深，但资金量相当有限。消费水平很低，生产门路狭窄。

这些仅仅是粗略的划分，实际情况还要复杂得多，在这种复杂的不平衡条件下，任何试图划一地安排带头产业，资金运筹和政企分工的方案，都是很难实现的。

针对区域特点，应有区域政策。针对复杂的不平衡现象，应在不影响宏观利益的条件下，把决策权尽可能地下放。允许不同地区实行不同的改革方案，可以减小改革的风险，提高改革成功的把握。这条经验，正是农村联产承包责任制的摸索和推广过程给我们的有益启示。

（引自《中青年经济科学工作者学术讨论会》报告之七：《粮食购销体制的改革和农村产业结构的变动》，《经济研究参考资料》，1985年4月3日，总第1252期。）

文件 7　中青年经济科学工作者学术讨论会论文摘登十八篇

经济日报
ECONOMIC DAILY
1984年 9月 25 星期二 农历甲子年 九月初一 第541号

探讨经济改革中的理论经问题

中青年经济科学工作者学术讨论会论文摘登

9月上旬，本报同几家新闻单位、浙江省有关部门在浙江省德清县联合召开了中青年经济科学工作者学术讨论会。会议收到的论文从不同侧面对当前改革中的若干理论问题进行了探讨，提出了一些值得重视的见解。这里，本报摘登了其中的几篇。

自负盈亏与企业扩权

郭振英

一

几年来，我们通过企业的各项改革，使企业正在稳步地朝着自负盈亏迈进。

从社会经济发展史中去考察，自负盈亏经营原则，经历了不同的阶段。小商品生产者的自负盈亏，是以换回商品生产者所需要的东西为出发点，它体现着各商品生产者互通有无的一种关系。资本主义的自负盈亏是以取得最大限度的盈利为目的。社会主义制度下，有集体所有制的自负盈亏，它是建立在公有制基础之上的，它体现着劳动者互相合作的一种新型关系。以上三种自负盈亏的共同经营原则，就是以收抵支，使自己的劳动耗费，尽可能低于社会必要劳动耗费，使自己的生产得以继续维持下去并能够不断扩大，否则，就要破产、倒闭。因此，它们的自负盈亏是绝对的。与以上三种自负盈亏不同，社会主义国营企业的自负盈亏则是相对的。这里，所谓“相对”，包含两层含义：一是企业对于国家，必须是在国家总的发展战略范围内活动，企业的盈利，要有相当大的一部分上交国库；企业发生亏损，原则上要由企业的留成基金弥补，甚至扣发职工的部分基本工资。二是企业相互之间，由于企业权、责、利有所不同，因此，自负盈亏的程度也就有所不同。这种自负盈亏体现了生产资料公有制下国家和企业的一种新型经济关系。

从各社会主义国家的经验以及我国建国以来的实践看，国营企业实行自负盈亏是大势所趋，我们应当进一步解放思想，探索我国国营企业的管理模式和管理理论。

国家的经济职能。社会主义国家的职能除了政治职能以外，还有经济职能，这就是要对全国的经济建设进行统一管理。但是，有些同志把国家对经济建设的管理职能长期理解为管得越多越好，越细越好。在这种思想的指导下，对经济管理实行高度的集中，致使企业缺乏应有的动力，这是我们企业素质不高的一个根本原因。国家对经济如何管理，在各社会主义国家还是没有解决好的重大课题。从各国的发展趋势看，都集中在探索计划调节和市场调节相结合的模式，通过正确处理集权与分权的关系，给企业以相对独立生产者的地位。国家处于整个国民经济的组织领导地位，因此，它的主要任务是研究制定经济、科技、社会发展战略。企业是国民经济的基本细胞，与企业及其周围局部有关的微观经济活动，应当由企业来管，使其能够根据国民经济计划提出的方向和速度，自主经营。

国营企业的破产问题。由于经营管理不善，长期亏损的企业达到了相当数额，当然就破产了。但是，在实践中，我们用其他企业的钱来补贴亏损企业，维持它已经枯死的躯壳。我们之所以采取这样办法，是与长期以来存在着，一种国营企业不破产的理论分不开的。我们应当抛弃这种理论，应当在政策上作出这样的规定，企业由于发生非政策性亏损，先由企业上年税后留利中弥补，待企业无法弥补、而亏损额达到固定资产净值的50％以上者，则应视为破产，企业关闭期间，职工生活费由国家救济，保障职工及其家属的基本生活需要。

自负盈亏与所有制的关系。长期以来流行一种说法：自负盈亏是对所有者讲的，国营企业不是生产资料的所有者，而是使用者，因此，不解决所有制问题，国营企业就不能实行自负盈亏。这种观点是值得商榷的。自负盈亏是商品生产的共性，但是，它总是一定社会经济形态下的自负盈亏，它必然依附于一定的所有制形式。所有制关系不同，只会使自负盈亏所反映的内容有所不同。全民所有制企业是相对独立的企业，因此，它的自负盈亏也只能是相对的。认为必须改变所有制关系，才能实行国营企业自负盈亏的看法，是不够妥当的。

二

由于所有制以及生产力发展水平不同，国营企业的改革要比农村改革复杂得多，它的自负盈亏不能象农村集体经济那样简单。必须进行综合配套改革，用法律的、政策的形式把国家与企业的关系划分清楚，才能使国营企业真正成为相对独立的自负盈亏的经济实体。

实行完全的利改税，用法律的形式保证企业的经济利益。实行利改税第二步，是国营企业走上自负盈亏的关键一步。企业在根据国家的税法交纳税金以后，剩余利润完全由企业支配，这就划清了国家与企业的分配关系。既可保证国家的财政随生产的发展而增长，又可保证企业的经济利益相应有所提高。但是，这里有一个关键问题是企业留利的大小问题，只有处理好这个问题，才能正确衡量各部门以及各种经济成分对社会的贡献，各行业，各企业，以及无论是国营企业还是集体企业，就处在同一个起跑线上，真正使企业内有动力，外有压力，经营好，企业收入多；经营差，企业收入少，使企业处于竞争的激流中。

自负盈亏的程度，根据企业不同情况分为不同层次。自负盈亏不但适用于国营小企业，也适用于大、中型企业。但是，由于各类企业在国民经济中地位不同，国家对它们的控制程度也就应当有所区别，根据规模大小和生产产品的重要程度，大体可以分三类：第一类，大型骨干企业和少数重要的中型企业，这些是构成国民经济中重要生产力要素的部门或产业，它们主要是根据国家下达的指令性计划进行生产经营活动。当国家计划的执行，影响到企业自身利益时，企业有权向上级反映，申请调整计划，或要求补偿损失。第二类，一般的中型企业和多数小型企业，这类企业主要是参照国家下达的指导性计划，根据市场需要自行决定生产经营活动，企业产品，除完成国家收购以外，自行销售。第三类，生产小商品和饮食、服务业中的小企业，这类企业的生产经营活动，在国家政策和法律许可的范围内，自行经营，其中有的可实行承包或者租赁经营。

企业由多个行政部门领导改变为设在中心城市的经济组织领导。实行利改税以后，企业不再按行政隶属关系上交利润，只依照税法照章纳税，这就为改变企业作为“条条”或“块块”行政机关附属物的状况创造了前提条件。我们应当尽快消除过去那种“婆婆”多，互不衔接，政出多门的状况。企业应当由一个头领导。为此，在企业的领导体制上要进行改革。企业要由设在中心城市的经济组织领导，企业可以开展跨行业、跨地区的经济技术协作，现有的经济机构要大大精简，只设立少数综合的经济行政机构。政府对经济的干预，就是通过这些少数的行政机构对设在中心城市的经济组织进行，形成国家经济行政机构——中心城市的经济组织——企业，这样一个纵向的经济网络。加强企业纵向联系同时，还必须建立横向经济网络，允许企业之间从经济核算出发，在完成国家指令性计划后，自由选择对象交换自己的产品以及进行经济技术联合。

自负盈亏企业在人财物、产供销等方面，有独立决策的权力。1984年5月10日国务院发布的《关于进一步扩大国营企业自主权的暂行规定》，使企业朝自负盈亏方面又前进了一步。但是，企业要真正做到相对自负盈亏，企业的权力还要扩大：一是计划权。既然要企业自负盈亏，它就应当有生产的自主权，生产什么，不生产什么，要完全按照自己的经济效益高低来决定。在实行指令性计划的企业，只要不影响国家的大局，就应当允许企业经过一定的批准手续调整生产计划。二是价格制定权。企业有权按照价值规律的要求来制定产品价格。同时，允许企业根据供需情况在一定的幅度内自由确定价格，以平衡供需之间的矛盾。三是劳动工资自主决定权。企业根据需要，自己决定职工人数，可进可出，有的企业可实行轮换工、合同工、临时工等，不要只搞固定工一种形式。工资的调整，也应由企业根据国家对于消费基金的总的控制程度和企业生产的情况，自己决定，经营好的企业，就可以上调工资，经营不好的企业，就不能调甚至扣发工资。

国营企业的自负盈亏，是一个大的系统工程，在管理体制上必须进行多方面的改革才能实现。因此，它必然呈现一个由点到面，循序渐进的过程。

三

国营企业实行相对自负盈亏以后，整个国民经济将呈现一种竞争激烈、优胜劣败的状况。如何使国家既能对国民经济进行控制，又能使企业活动自如，是摆在我们面前必须解决的问题。

对企业发展方向进行控制。国民经济有计划按比例发展，是社会主义经济的一个重要特征，然而要做到这一点主要在于社会总劳动在各部门间的合理分配，以及各企业生产能力的充分发挥。但是，企业自负盈亏以后，除了大型骨干企业，国家可以通过计划对它进行控制以外，其他实行指导性计划和市场调节的众多的中、小企业是靠市场调节，这些企业主要是从它自身的经济利益出发，自主地确定生产什么，生产多少，这就涉及到整个国民经济的平衡问题。因此，需要我们找到能直接针对企业的产品生产和流通的经济杠杆，来对企业发展方向加以控制。这种杠杆主要有两个方面，一是税收，二是金融手段。

要控制个人消费基金的增长。个人消费基金必须与社会消费品可供量平衡，否则，不是通货膨胀，就是商品积压。自负盈亏企业，由于自行决定工资形式和在国家总的控制范围内决定工资基金总额，经营好的企业工资基金以及职工个人的工资就会迅速上升，有的会成倍、甚至十几倍的增长。这样，企业与企业之间，个人与个人之间收入就拉开了距离。这在社会主义阶段是合理的，也是必然的。现在的问题是，企业自负盈亏以后，个人消费基金增长的速度怎样才算合理，国家如何控制？这就要求有相应的措施：一方面，国家要根据国民收入增长的幅度，规定个人消费基金增长的幅度，从宏观上控制个人消费基金的增长，使它的增长幅度低于国民收入增长幅度。另一方面，，可以征收个人所得税。1980年我国政府已公布了个人所得税法，这里需要指出的是纳税基数不是一成不变的，它应当随着个人消费基金总的水平的提高而提高。

要管好用好预算外资金。随着企业扩大自主权的进行，预算外资金将增长较快。在企业自负盈亏以后，这部分资金无论是在增长速度上，还是在绝对量上，都会是相当大的，它与国家财政收入之比，将占有一个较大的比重。由于这部分资金分散在各企业，缺乏监督、控制，在使用上比较混乱，重复建设、盲目建设的现象将会普遍出现。因此，国家要对企业自有资金实行监督和指导，甚至行政干预；企业自有资金的使用要编制年度计划，要接受上级经济管理部门和国家的计划指导；建立和健全企业财务报表。

要建立起一整套经济、行政、法律等多种手段相结合的管理调节体系。其主要方面有三点：一是行政手段。二是加强经济立法、司法和监督制度。三是要加强价格、税收、信贷、工资等经济杠杆的调节作用。

（作者工作单位：天津市经济体制改革办公室）

计划管理中综合运用各种经济杠杆

吴 克

如何在计划管理中有效地运用各种经济杠杆，已经成为计划管理体制改革需要解决的一项重要内容。

在运用经济杠杆方面存在的问题

随着经济体制改革的深入，在许多方面都进行了利用经济杠杆调节生产、流通和分配的尝试，并取得了可喜的成就。但是，由于我国商品经济还不发达，旧的管理体制的影响，我国经济环境的局限和经济体制改革还没有全面展开，各种经济杠杆的运用还受到相当大的限制。

经济杠杆的运用既过于集中，又过于分散。所谓“过于集中”，指各种经济杠杆的纵向运用过于集中。价格、信贷、税收等政策的确定，都是由中央的物价、银行、财政部门确定，逐级下达。各级地方和基层物价、银行、财政等单位仅仅是执行性单位，无权根据本地区的具体情况进行必要的调整。这种经济杠杆纵向管理过于集中的决策体制不利于调动各级地方和基层职能管理部门的积极性，也影响了经济杠杆有效灵活的运用。

所谓“过于分散”，指各种经济杠杆的横向协调过于分散。物价、银行、财政等职能部门之间相对独立，使各种经济杠杆的运用缺乏必要的横向协调，容易出现各自为政，互不通气的情况，往往造成经济杠杆的作用目标不一致，甚至相互矛盾的现象。

各种经济杠杆的运用与国家计划脱节。各个掌握经济杠杆的部门与计划部门缺乏必要的业务联系。每个职能部门都从本部门管理范围内的业务平衡考虑较多，而对如何保证计划目标的实现，与其他经济杠杆运用的衔接平衡考虑较少。计划目标与促其实现的各种经济杠杆的脱节，不利于计划实现和整个国民经济的综合平衡。

各种经济杠杆分散运用，缺乏合力，经济效果不好。各种经济杠杆在调节生产和流通，促进计划实现方面是相联系的。目前，各种经济杠杆的运用不协调，力量互相抵消，形不成合力的现象普遍存在，

迄今为止，我国各种经济杠杆的运用还是以条条为主，部门分割，缺乏一个协调各种经济杠杆综合运用的有力的组织机构。这是经济杠杆运用不活，经济效果不好的一个重要原因。

综合运用各种经济杠杆的基本原则

各种经济杠杆在现实经济活动中有着密切的关系，主要表现为:(1) 作用相关性。各种经济杠杆之间是互相联系，互相影响的，每一种经济杠杆的运用都是以其他经济手段的存在和运用为条件的。(2) 效益整体性。经济杠杆之间作用相关性决定了最终经济效果取决于多种经济杠杆的综合运用。经济杠杆运用的不同组合产生的经济效益是不同的。(3) 功能代替性。在许多情况下，为了达到某种经济目标，可以采取不同的经济调节手段，几种不同经济杠杆的运用可以取得相同的效果。从这个意义上说，一种经济杠杆的运用可以代替另一种经济杠杆的运用，两种经济杠杆具有调节经济的同样功能。二者可以互相代替。例如，为了鼓励某项新技术的应用或新产品开发，可以采用减免税的办法，也可以采取低息或无息贷款的方式，或者采取财政补贴或高价政策。这种功能代替性使我们在调节经济活动时，可以从多个经济杠杆的多种方案中综合考虑，选择最佳经济调节手段。当然这种功能代替性是相对的，有条件的。(4) 环境适应性。经济杠杆的运用要随环境的变化而不断调整。经济环境既包括生产力发展水平的变化，也包括各种经济杠杆本身的变化。

各种经济杠杆之间如此密切的关系说明，每一种经济杠杆的运用都不是孤立的，都要与其他经济杠杆的运用结合起来。从我国目前的情况看，综合运用各种经济杠杆要遵循以下几个基本原则：

第一、必须把经济杠杆的综合运用作为计划管理必不可少的手段和重要内容。各种经济杠杆，如价格、信贷、财政等，本身都是国民经济平衡的不同侧面，同时又从不同的侧面调节着整个经济的比例关系。它们既是平衡的内容，又是平衡的手段。计划目标的实现在很大程度上要依靠各种经济杠杆的综合运用；经济杠杆的综合运用作为计划的一项重要内容又与计划目标结合起来，这是经济发展的客观需要。

第二、正确解决经济杠杆运用集中和分散的矛盾，实行“统一领导、分级管理，多层次平衡协调”的原则。我国是个经济尚不发达的大国，各地区自然经济条件相差较大，经济发展水平也不平衡。在运用经济杠杆进行管理时，如果权力过分集中，既不利于调动各级经济管理部门的积极性，把经济杠杆用好用活；也容易使经济调节脱离客观经济发展的实际情况，起不到良好的作用。应该在实行统一计划的基础上实行分级管理，明确规定哪些必须由中央统一管理，哪些内容由中央规定出平均水平，地方在一定范围内分级管理，哪些可以由地方根据情况灵活处理。这种统一领导，分级管理，多层次平衡的体制是我们在实际工作中综合运用经济杠杆搞活经济的客观要求。

第三、坚持价格、信贷、税收等经济杠杆运用的相对稳定和适时调整。基本经济政策长期稳定是建设社会主义现代化的保证。但是作为经济调节手段的价格、信贷、税收等经济政策，只具有相对的稳定性。具体价格、利率、税率在一定时期内，是随经济形势的变化而变化的，同时，在同一时期内，在不同的地区，不同的经济条件下也要发生一些变化。这样才能使之发挥积极的作用。

综合运用经济杠杆的组织落实

建立一个强有力的组织机构，负责各种经济杠杆的综合平衡以及与计划目标的结合，是充分发挥各个经济杠杆调节作用的组织保证。

要建立一个什么样的组织来负责协调各种经济杠杆的运用呢?在建立经济杠杆综合协调的组织机构时，至少应当考虑两个因素：一是不同层次经济杠杆协调的性质不同；二是每个层次中经济杠杆协调的内容也具有不同性质。据此，就应当根据不同的层次，不同的工作性质，建立适应各自情况的综合运用经济杠杆的协调机构，从组织上保证使经济杠杆的运用与计划目标衔接起来，使各种经济杠杆运用的横向联系建立起来，有利于充分发挥各种经济杠杆调节社会生产和流通的积极作用。

（作者工作单位：中国人民大学工业经济系）

經濟日報
ECONOMIC DAILY
1984年
9月
28
星期五
农历甲子年
九月初四
第544号

探讨经济改革中的理论问题

中青年经济科学工作者学术讨论会论文摘登

从蛇口工业区的开发得到的启示

常修泽

在社会主义的国土上开办经济特区和经济开发区，这在历史上是前所未有的。党的十一届三中全会以后，我们开始摸索、寻找创办经济特区的路子，进行了若干区域性试验，深圳经济特区蛇口工业区是创办比较早而且比较成功的一个。

蛇口工业区是由交通部香港招商局独家开发经营的。从1979年7月破土动工以来，短短的几年时间，就把昔日的荒滩野岭变成了一座初具规模的滨海小城镇。它的开发建设速度之快，效益之高，影响之深远，在世界"出口加工区"建设中都是罕见的。它的成功尝试，不仅为其他经济特区，而且为经济技术开发区都提供了可资借鉴的宝贵经验，将给予我们以有益的启示。

一、创办经济开发区，首先要选好地址，确定适当的发展规模。

蛇口距深圳市区三十公里，距广州一百五十公里，水路距香港中区二十海里，距珠海市三十海里，此外，蛇口作为南海石油开发的后勤前哨基地，距珠江口石油钻井区块范围半径一百海里。距离香港这个国际性海运中心和贸易中心比较近，交通运输方便，是选址决策的决定性因素：（一）距离香港近，可给投资者带来诸多方便。（二）由于交通运输方便，工业区所需的原材料可及时运进，工业区生产的产品可及时运出。（三）距离国际市场近，可以大大减少产品的运输费用，有利于降低成本，提高产品在国际市场上的竞争力。所有这些，有利于贯彻工业区提出的"以工业为主，积极引进，内外结合，综合发展"的方针。

蛇口的选址是符合特区选址要求的。从历史上看，世界上第一个经济特区就设在意大利西北部热那亚湾的港口附近；从现实来看，当今世界其他各地兴办的"出口加工区"或"自由贸易区"也大多设在国际贸易的交通线上，例如，新加坡的裕廊工业区，南朝鲜的马山出口加工区，以及我国台湾省的高雄、楠梓、台中出口加工区莫不如此。实践告诉我们，沿海城市各经济技术开发区在选址时，应选在运输方便的国际贸易交通线上，尤其是在海港附近，如果近旁已有现代化的港口设施，或者具备建设码头、泊位的良好条件，则可作为优先考虑的对象。根据蛇口的经验，经济开发区的规模不宜过大，要从实际出发，量力而行，稳步前进。

二、搞好基础工程建设，创造一个良好的投资环境。

蛇口工业区是在海边一片荒滩野岭上开发的。在基础工程建设方面，蛇口狠抓"五通一平"，取得显著的成绩。

（一）通航：用移山填海和深挖航道、港池的办法，兴建了一条六百米长的顺岸式码头，可停泊吃水六米以下的客货轮，码头前沿配有相应的装卸设备。经过几年建设，蛇口港经国务院批准已成为对外开放港口，经常有国内外货轮在此停泊及装卸货物。

（二）通车：兴建了一条八公里长、八点五米宽的柏油公路，由港区码头至南头（地名），与广深公路联接起来，这样，由蛇口乘车，往北可以到黄埔港和广州；往东可以到深圳市区（到深圳市区后可以经文锦渡到香港）。

（三）通水：兴建了一座自来水厂，铺设了一条长十三点八公里的引水管道，把深圳西沥水库的水引进蛇口。

（四）通电：现已从深圳引高压线至蛇口，每天供电能力达一百三十五万度。

（五）通讯：引进了具有当代国际先进水平的微波通讯设备，在山岗上建立了微波通讯站，这样在蛇口工业区内可以直拨深圳、香港，并接通世界各地电话、电传。

一平：平整了一百三十万平方米土地，可供一百多家工厂、企业和成万职工的住宅建设之用。

在上述基础上，蛇口工业区还建设了办公大楼、工业大厦、公寓、酒店、宾馆、学校、娱乐场所等社会辅助设施。

三、坚持"以工业为主"的方针，并注意发展高技术产业。

招商局在规划开发蛇口时，明确提出了"以工业为主"的方针，在这个前提下，适当发展商业、旅游业、房地产业等。截止1983年底，蛇口工业区共签订中外合资企业项目六十三项，外商独资企业项目十项，其他八项。打算到1985年力争引进一百二十项，其中工业占八十项，在引进工业项目过程中，特别强调要引进那些属于新兴的技术先进的，或是我国当前仍是空白的企业。

四、在税收、土地、劳动工资等方面，给投资者以优惠待遇。

外国投资者之所以愿意来我国特区和经济开发区投资，目的无非是"有利可图"。几年来，蛇口工业区根据经济特区的有关法规和条例，并参照国外"出口加工区"的各种优惠待遇，在下列几个方面采取了一些优惠的措施：

（一）税收：从国外或港澳进口供工业区企业使用的机器设备、零配件、原材料、运输工具和其他生产资料，免征关税。进口的生活用品，根据具体情况，分别征税或减免进口税。工业区企业生产的成品和半成品外销实行免税出口。企业自投产之日起免征三至五年所得税，以后按企业利润征收15%。对投资额达五百万美元以上的企业，技术先进、资金周转期较长的企业，以及目前在我国仍是空白的企业，给予特别优惠待遇。

（二）土地和土地使用费：招商局委托蛇口工业区地产公司统筹规划并管理工业区土地。企业要按规定向地产公司申请用地，缴纳土地使用费。

（三）劳动工资：外资企业所需要的劳动力，由劳动服务公司介绍，实行劳动合同制，允许企业择优录用，也可以自行招聘、试用、辞退。

（四）外汇管理：工业区内的企业在缴纳所得税后的合法利润，可按照特区外汇管理的规定，通过工业区内银行汇出。企业雇用的外籍职工的正当收入在缴纳个人所得税后，也可自由汇出。由于采取了上述优惠措施，才吸引了一批投资者来蛇口投资办厂。到1984年初，已签订中外合资企业项目和外商独资企业项目七十三项，外商资本约占总投资额的70%。

五、讲究投资的经济效益。

蛇口工业区不仅积极引进外资，而且十分讲究投资的效益。应当看到，引进资金并不是主要目的，重要的是要使资金投放得适当，使资金发挥其最佳经济效益。

蛇口工业区资金来源大体有两部分，一是招商局本身的资金，约占开发投资的三分之一；另一部分是从国际银行筹集的资金，约占开发投资的三分之二。无论是对前者还是后者，工业区都坚持按"商业原则"办事，争取得到较好的经济效益。

六、注意人才的培训。

蛇口工业区把人才培养摆在经济特区发展规划的重要位置上。工业区成立了培训中心，有计划地培训干部，第一期培训了一批懂得欧美企业管理知识的会计人员；第二期专门对从全国各地考试招聘的技术人员和管理人员进行培训；第三期对分配来的应届大学毕业生进行培训。现在不少的人已到企业里担任经理、厂长。在脱产培训干部的同时，他们还举办不脱产的培训班，组织员工学习文化和企业管理知识。为了培养高级人才，工业区还与国内大学挂钩、委托培养或派到香港和国外进行学习和培训，等等。

七、制定明确的法规。

经济特区必须要有完善的、与非特区有所不同的特区法律，用法律形式来保障我方和外国投资者的合法权益。关于经济特区制定法律要遵循的原则是：有利于我国开办经济特区的目的的实现；有利于引进外资、技术和先进的管理经验，保障投资者的合法权益；有利于特区经济的繁荣和发展。

八、建立高效能的领导管理机构。

蛇口工业区的开发建设之所以取得显著成绩，关键在于有一个能高效能执行中央的路线、方针、政策的领导管理机构。参照国外出口加工区的经验，蛇口工业区设立了工业区管理委员会，它主要是企业管理机构，而不是一级政府，它主要是行使企业的职能，用经济办法来管理工业区经济；同时，又按照国家既定的政策和法律规范，在政府的授权或委托下，行使某些行政职能，向政府负责。

经济技术开发区还根据"政企分离"的原则，成立经济技术开发区管理委员会。它是经济开发区最高行政领导机构，它代表政府对经济技术开发区实行统一管理，行使规划、协调、监督、服务的职能。

（作者工作单位：南开大学经济研究所

沿海开放地带的战略地位

夏禹龙　谭大骏　陈　平　蔡乃中

国务院决定进一步办好经济特区和开放一批沿海港口城市，这是一个重大的决策。

十四个港口城市、四个经济特区和海南岛联成自北向南沿太平洋西岸一条线，处于中国对外开放的前沿地带，形成全线对外的态势。怎样根据它们的现有基础、地理位置和发展前景等，分别确定它们的目标方向，形成一个既有分工，又相互联系的有机结构和系统，是一个带有关键性的问题。

按我国开放城市和特区在太平洋地区中的地理位置及其与欧洲的联系途径，可分为三大块：

第一，自大连到连云港。它们的近海有渤海与黄海油田，东面主要对着日本（还有南朝鲜地区），而向西则是三座欧亚陆桥：

（一）从大连经满洲里通过西伯利亚铁路到欧洲。沿途东北三省为其腹地。走这条路线到欧洲（特别是东欧）要比走海路缩短三十五天左右，运价可降低20—30％。而大连又是不冻港，条件较苏联紧靠海参崴军港的纳霍德卡港优越得多（纳霍德卡港冬天封冻）。日本货物如从大连转口要比通过纳霍德卡港节省时间和运费，并不受季节影响。所以，大连的转口贸易大有可为，可以逐步发展为自由贸易港，围绕转口贸易发展仓储、加工、包装、运输等产业以及加强原有的造船业等。但大连有两个弱点：一是缺电：二是缺水，应当设法补救。

（二）从天津经二连浩特穿过蒙古接上西伯利亚铁路。沿途河北、内蒙古为其腹地。

（三）从连云港沿陇海路等铁路线直达乌鲁木齐。将来有可能由此向西延伸开辟到达欧洲的新线。沿途江苏北部至新疆八个省区为其腹地，矿产资源丰富，到二十一世纪重点开发大西北时，连云港将日益显示其重要性。

第二，自厦门（也可包括温州）到北海。它们的近海有南海油田，面对的是我国的台湾省、香港地区和东南亚以至大洋洲诸国，而与欧洲的联系则是通过传统的出马六甲海峡的海路。

厦门与台湾省隔海相望，是特区中知识技术力量、文化科学水平和工业基础相对说来最强的一个。它的发展以及对台贸易的加强，对于将来和平统一祖国会产生重要的作用。

深圳与香港相接，在1997年我国恢复对香港行使主权后，它将起更大的作用。

这些港口城市和特区，将把福建（也可包括一部分浙东地区）至云南的南方各省作为自己的腹地。

第三，自南通到宁波。它们地处中国海岸线中部，近海有南黄海和东海油田，面向太平洋，背靠长江流域广大腹地，形成全方位对外的态势。

南通、上海、宁波三个港口城市均处于上海经济区内，它们应该形成以上海港为中心的港口群（包括张家港）。目前，实行港口分流之所以成效不大，除了体制的原因外，关键在于后方的交通运输设施跟不上。

中国能否在世界未来的经济中心中争得一席地位，关键在于能否在大力引进国外先进技术的同时，成功地加强自己的科技研究和开发力量，以此为基础，形成和发展各种知识技术密集型产业，并用以改造传统产业。沿海城市开放后，可以考虑辟出有固定边界的经济开发区，采取特区的优惠政策，并让出部分国内市场，用于引进高技术。要发展知识技术密集型产业，就要注意到它的特点，即投资大、更新快、综合性强和地区集中。

沿海地区开放以后，都应享受开放的特殊政策待遇，如：合资或独资优惠；与国外合作方面的自主权；引进技术、设备的涉外审批权；发明和成果的奖励、专利和转让权。

根据我国的国情、国力并以参照国外的经验，发展知识、技术密集型产业，决不可分散力量，遍地开花，而应集中在少数条件好的地区和城市。以硅工业基地来说，美国搞了两个，日本、英国各搞一个，法国、联邦德国也正在各建一个。美国的“硅谷”，其核心占地为十二平方公里，从六十年代初开始建设，总投资已达六百亿美元。以我国的国力，能拿出多少投资？如不集中使用，又能收到什么效益？就全国而论，从适应技术力量、文化科学水平、工业基础、管理效能、市场容量、信息交流等综合指标来考察，上海经济区具有发展知识、技术密集型产业的最有力的条件，应该优先进行重点部署。

（作者工作单位：上海科学学研究所）

谈谈技术的梯度推移规律

郭凡生

国内技术的梯度推移规律理论（下简称梯度推移理论）认为：我国经济发展不平衡的特点，自然会在国内形成一种经济、技术力量的梯度。内地和边远地区，虽然资源十分丰富，但由于种种历史原因，技术力量薄弱，资金不足，开发也较慢，大片地带仍然处于“传统技术”、经济落后的水平上；此外，大多数地区是“中间技术”、一般水平；还有一些地区则已具备“先进技术”和雄厚的经济力量。我们国家应该让一些有条件的地区首先掌握世界先进技术，然后将这些技术按梯度逐步向“中间技术”地带、“传统技术”地带转递（转移、转梯）。这样花费少而获利多。随着经济发展，通过转梯的加速，逐步缩小地区差距，是一条多快好省的路线。

梯度推移理论正确地指出了我国生产力发展不平衡，在经济、技术水平上分为三个梯度的客观事实。对我国过去三十余年不从实际出发，要求经济发展齐头并进、全面赶超，不顾经济效果搞“山、散、洞”的方针和做法提出了批判，是我国在科学学、经济学理论和政策研究中迈出的非凡一步。从历史唯物主义的观点出发，必须客观地承认梯度推移理论的学术价值。但是，今天当我们用发展眼光展望和研究未来，从我们面临新技术革命的挑战、从改革发展的大趋势来看，梯度推移理论就明显存在着重大的缺陷，已不能适应现实的需要。

一、没有冲破旧观念的束缚，是梯度推移理论产生错误的主要基础。

首先，梯度推移理论逻辑和推理的理论基础，基本上还是把我国看作一个闭关自守的封闭系统，在外资、技术、设备、人才的引进，国内的技术经济协作等一系列影响技术转移的重要方面，都没有冲破旧观念、旧体制、旧管理原则的束缚。随着改革的实施，我国闭关自守的封闭系统正在被冲破。我国不但前所未有地开放了沿海十四个城市，而且引进大量资金、技术跳过发达和次发达地区，对不发达地区（第三梯度）进行开发建设。在我国，目前不但走着一条发达地区依靠原有的经济技术基础和人才，引进外资和技术的致富之路，而且正在开辟一条不发达地区依靠自己丰富的资源引进资金、技术和人才的第二条致富之路。这符合我们国家和民族的根本利益，是我们建设具有中国特色社会主义所必须经历的一个客观阶段。因此，从发展变化的角度看，国内技术梯度推移的理论，在很大程度上正在被我国的实践所否定。

第二，从近代和现代科学技术发展史看，科学技术有三个基本走向。一是向商业和贸易发达区转移，二是向智力和生产力水平较高的地区转移，三是向资源丰富的地区转移。

我国近几十年科学技术的第三个走向体现较差，关键是我们实行了闭关锁国政策所致，限制了国外先进技术向不发达地区的直接输入，也阻碍了同国内发达地区的技术经济交流。这是我们在经济建设中一些政策失误和落后的管理体制所造成的一种反常现象，并非是反映了一种规律。中东的石油输出国在其石油资源开发前，社会生产力和科学技术水平远比我国当时的内蒙古、甘肃、新疆等不发达地区低得多。但他们利用自己丰富的资源吸引了国际上的资金、技术和人才，从而使整个经济技术水平得到了超越性发展。苏联六十年代开始对其东部地区的开发，也是经济技术发展产生明显跳跃的一例。上世纪美国对西海岸的开发，德国鲁尔工业区的建立，都发生了明显的跳跃。所以，按我们所掌握的国内外经济技术发展史的资料看，技术按现有生产力水平梯度推移并非是一个能够充分反映技术转移特点的规律。

第三，目前，我们正面临新技术革命的挑战。既然新技术革命给了不发达国家一个超越性发展的机会，在新技术革命挑战面前，发达与不发达国家在同一条起跑线上，为什么这一原则就不适应于国内的发达与不发达地区之间呢？

二、赞成梯度推移理论的观点，在一些基本理论和例子的理解使用上具有片面性，致使推论发生问题，是梯度推移理论产生错误的又一原因。

首先，对生产力发展不平衡规律的理解不够全面。生产力发展不平衡是绝对的，平衡是相对的。发达地区与不发达地区之间距离拉大是符合生产力发展不平衡规律的。但是，这只是这个规律的一个方面，不平衡规律的另一个重要方面，就是不发达地区和国家借助某些有利条件，正确实施对策而后来者居上，超过了发达地区的水平。

第二，梯度推移理论在论证中往往使用这样一个例子：日本现代经济从东京湾、大阪湾开始发展，延伸到伊势湾、濑户内海沿岸，这四个经济区面积仅占日本的22％，而工业产值则占全面的80％。但是，中国与日本的具体情况有很大差异所以这一例子的引用没有多大说服力。日本资源贫乏，日本沿海湾建立加工工业基地是符合日本国情的。而我国资源丰富，又主要分布在内地和不发达省区。我们没有必要象日本那样把80％的工业继续集中在沿流地区。苏联、美国、联邦德国的冶金、煤炭、炼油、建材等工业主要都分布在资源丰富的地区。

三、国内技术的梯度推移不能构成一个规律。

现代技术转移有两个特点：第一、技术转移是按现有生产力水平推移特点实施。按现有生产力水平推移的技术与原有工业基础联系密切。这些工业采用的主要技术转移时体现的推移特点较强。第二、以超跃现有生产力水平为主要特点转移的技术。这类技术主要分布在布局易接近资源和原材料产地的工业中。由于我国主要未开发资源都在不发达和次发达地区，因此这些工业采用的技术在转移时在国内主要体现在超越特点。以上两类技术在实践中并不是可以截然分开的，而是相互联系，在一定条件下又可互相转化的。它们虽然转移的特点不同，但在本质上具有同一性。即：现代技术这两个转移特点都是遵从节约时间规律的。这是同一事物的质在不同条件下表现的两上特点。在社会主义社会，技术转移时，从根本上服从于节约全社会劳动时间的需要，提高经济效益。

把现代技术转移的两个特点综合起来，抽象其本质中的共性表述为技术转移的遵从效益规律较为合适。这一规律在实际生活中体现为：按现有生产力水平梯度推移和超跃现有生产力水平转移的两个方面。这两个方面相对独立，互相联系，在一定条件下相互转化，构成一个不可分割的整体。

（作者工作单位：内蒙古自治区党委政研室）

引进外资引力何在

陆丁　张一宁

我国是一个正在准备起飞的发展中国家。要在现有基础上，改造 振兴沿海老工业基地，利用它们技术力量较强 原材料有来源 产品有销路 经营有经验的优势，才能用较少的钱，较快较多地形成振兴经济的新生产力。目前，这些老基地的突出问题是设备老 技术陈旧 管理不善，必须加以改造。

近来，中央领导同志已经决定把利用外资、引进先进技术、改造老工业基地作为沿海城市对外开放的重点 利用外资给现有企业注入新鲜血液，这是一条改进经济结构 提高经济素质的有效途径。

利用外资，是向外国银行举债筹款为主，还是打开门户 让人家直接进来投资为主？发展中国家在这方面有不少经验教训。一些亚太国家和地区，七十年代以来采取直接引进投资为主的外资政策，吸引外国企业投资办厂，不但引进了现代化的技术和设备，还学到了先进的管理经验，既建立了一批外资企业，又振兴了民族经验。看来，这样的做法可供我们借鉴。

要让人家乐于把资本投放到我们的企业中来，必须创造一个良好的投资环境，形成了一个『资本引力场』。

那末，我们现在有没有较强的『引力』呢？

有，而且这种『引力』是世界上独一无二的 我国是世界上人口最多的国家：十亿人口，这对于外国企业家是一种神奇的数字。对于许多企业家来说，来中国投资设厂，他们所看中的，正是我们国内潜在的巨大市场；他们所渴望的，就是在我们国内就地设厂，就地生产，就地销售。而我国沿海的老工业基地，经济基础较好，海陆交通方便，作为地区或全国的经济中心城市，正是他们开辟中国市场理想的前沿地带。

十亿人口的国内市场——这就是强有力的『资本引力场』。我们要想方设法发挥这个强大引力场的优势

（作者工作单位：复旦大学世界经济研究所　世界经济导报）

经济日报
ECONOMIC DAILY
1984年
9月
29
星期六
农历甲子年
九月初五
第545号
（总1116号）

关于价格改革思路的思路

田　源　　陈德尊

当前，不合理的价格体系严重地阻碍着经济改革，引起了各方面的关注，许多同志从不同的角度研究价格问题，提出了多种思路。应该说，各家之言存在着互相补充的可能性。但是，在不同观点的背后，蕴含着某些根本性分歧。

一、关于改革价格的理论依据

有一些关于价格改革的思路，忽略了价格的自发调节对经济发展可能带来的危害，认为自由价格制度是经济活动唯一有效的调节机制，只有价格自发调节才能使社会经济效益达到最大化。这种思路自觉或不自觉地接受了“均衡价格”理论。这种理论的核心在于确认：社会经济存在一个永恒的自动调节机制，即自由价格机制。实际上价格的调节远不是万能的。西方经济学者都承认，市场上变幻无常的自由价格所发出的错误信号可能更多，自由价格并不能保证资源的合理配置和社会效益最大化。即使在一种交通比较发达、信息比较灵通、生产力发展水平比较平衡的经济中，自由涨落的市场价格所反馈的信息和生产调节之间，由于投资周期、生产周期或流动资金周转周期所导致的调节时滞，常常使供给跟不上需求的变化，必然发生价格的暴涨暴落，引起周期性的结构失调（即西方经济学所称的“蛛网现象”）。各种重要的商品出现这种失调，就会导致结构型经济危机，造成社会劳动的巨大浪费，我们通常所谈论的资本主义生产的盲目性，就是如此。

如果赞同这种“均衡价格”理论，那么，我们现在所依据的劳动价值理论、再生产理论和在这个基础上建立的经济政策及价格政策，都要从根本上推翻。在马克思主义的经济理论看来，市场所决定的价格难免暴涨暴落，剧烈波动，价格调节所造成的均衡（社会劳动按比例分配或资源合理配置）带有严重的破坏性，而实行计划管理正是为了避免这种弊端。在计划管理中，自觉地运用价格杠杆是极重要的一环。而价格管理的依据应是以劳动价值论为基础的价格形成理论。

在实践上，由于我国的经济不发达，地区差别大，信息不灵，交通不便，如果把平衡经济合理配置资源的任务交付给自由价格，市场经济那种盲目性的灾难必然产生，而且会更加深重。

二、关于价格体系不合理的原因

有的同志对这个问题的认识逻辑是：价格体系不合理，是固定价格的罪过，而固定价格，则是国家有计划管理价格的罪过。由此否定了国家对价格的管理。

这种分析，根源在于价格自动调节理论。从现在向后追溯新中国的价格形成史，可以看到，不合理价格体系的形成，即有旧社会遗留下来的原因，也有计划管理方面的原因，而计划失误出现的原因是众所周知的，避免这种失误，必须改革价格体制，但不能以过去的失误来否定国家管理价格本身。在我国几十年的实践中，计划价格成功的情况也不乏其例。比如，十一届三中全会以后，农业生产出现破天荒的繁荣，主要原因之一，就是国家有计划地调整了农产品价格。实践说明，国家对价格进行管理并不等于固定价格，也不必然导致价格偏离价值，而且可以在有计划地解决价格不合理问题的同时，采取措施尽量减少调整价格对经济建设和人民生活的冲击。

三、关于价格体系改革的对策

由于存在着两种对立的价格理论，因此，也就存在着两种对立的改革对策。持均衡价格论的观点，必然主张国家放弃对价格的管理，必然主张各种产品的价格退出计划价格。支持这种对策的又一论据是认为社会产品有几十万种，国家无法掌握这几十万种产品的供求情况，因而没有能力管理价格。

其实，国家管理的只是一部分重要产品的价格。经验证明，这些产品的价格、成本、利润、供求情况，国家不仅是可以掌握的，而且也可以有计划地控制其变动。改革不合理价格体系的对策，自然应该是除了那些可以放开的价格以外，通过有计划地调整价格的办法，逐步解决。同时形成互相补充、互相促进的经济杠杆体系，自觉地保持经济的平衡发展。

我们认为，经过认真地测算理论价格，可以确定煤炭、石油等主要产品偏离价值的方向和大致幅度，国家完全有能力通过有计划的调整解决我国价格体系中初级工业产品和消费品价格严重不合理的问题。

四、关于价格管理改革的目标模式

价改革包括两方面的内容，一个是价格体系，另一个
是价格管理体制。对于后者，持不同的价格理论，则会有不同的目标模式。

我们认为，社会主义经济所要求的价格体制，既不是全面管制的体制，也不可能是全面的自由价格体制。因为这种体制下的价格，不可能反映国家长期发展战略、收入分配合理化、抑制经济波动的要求。

价格体制改革的目标模式大致是：以计划价格为主体，其中包括统一定价和浮动价格，其它的不适于纳入计划价格的放为自由议价。

在计划价格的两种形式中，都要以价值为基础，充分考虑供求机制对价格的影响，经常进行调整。其中，浮动价格应该成为主要形式。这种价格由国家规定中准价和浮动幅度或规定上限、下限，以抑制可能发生的暴涨暴落，避免对生产的破坏。不同地区、不同时间的实际价格，则由企业根据供求情况和规定的幅度限额自主决定。近年来，机械部、电子部的试点已经证明，这种价格体现了计划调节和市场调节的结合，是一种较好的社会主义的价格形式。在价格改革中，应当大力推行这种价格形式。

自由价格是计划价格以外的价格形式，对于那些生产周期短、生产容易、投产和转产都不困难的商品，实行自由价格是非常必要的。

实行计划价格和非计划价格管理形式，并不排除实行计划价格的商品，可以划出一定数量实行非计划价格，也不排除执行计划价格的商品改行非计划价格和执行非计划价格的商品改行计划价格。这要取决于当时经济条件下的具体情况。

价格改革无需增加财政负担

周小川　楼继伟　李剑阁

价格改革，可实现“自筹资金”。

价格改革对生产领域，特别是对资源分配、经济效益与经济结构方面具有积极作用，价格合理化可以促进国民收入和财政收入的提高，其中相当一部分是当年见效的。因此，有可能在原有财政预算的基础上，让价格改革“自己养自己”，在不给财政增添新负担的情况下逐步实现改革。

首先，可以从资源分配方面看到价格合理化在短期内对国民收入及财政收入的促进作用。假设将短线资源及基础设施小幅度提价，并通过税收将供给方的增收利润的大部分或绝大部分收回财政。这时，稀缺资源的供给弹性，需求弹性，使用的替代弹性同时发生作用：即资源供给方因利润略有提高而增产，使用方将节约，并尽量用相对长线的投入来替代短线投入。这方面的具体实例很多，几种弹性的大致数量也可参照国内外情况找出。另外，调价缓和了供求关系，企业库存趋于下降。这几个方面综合作用，使得严重制约国民经济规模的短线资源出现余量，这种余量就会推动国民收入（以不变价格计算）达到新的水平，从而也使财政收入有所提高。另一部分是经过稍长一点时间的技术改造后适应这种增产、节约与替代的。财政用提价增加的与当年国民收入提高增加的两笔收入，来执行新的收入政策调整，以使居民（或包括企业）的利益不受损害。最简单的收入分配配合办法是级别工资（可包括退休金）与物价指数挂钩。这个方案的特点是要一步一步调整，并在每一步中不断收集、计算及核准各项弹性数据、价格指数、及收入政策。算细帐就可做到不增加财政负担，而步子太大就搞不准数据，就得算粗帐，从而可能向财政伸手要钱。

这种改革的方案也有一些技术方法的准备需认真解决。第一，事先估算因调价而增长的国民收入和财政收入。第二，核准各种主要产品的成本推进比例。第三，设计并评价收入分配的配合政策。

价格改革的进程很大程度上决定了整个经济体制改革的进程。

高度偏差的价格体系客观上要求施行集中的实物型指令计划，不改革价格，就难以突破这个局面。价格在商品市场中对无数的微观经济单位起引导作用，从而可以决定产品结构、投资结构和进口结构。商品价格还间接地影响劳动工资和资本利润，从而影响着不同类型劳动力的流向和资金的流向。在不合理价格体系下，以调动各种积极性为核心的经济体制改革，在放权过程和加强市场调节过程中就会出现一系列的产品结构、投资结构、进出口结构、劳动力配置及资金分配上的盲目性，诸如我们已体验过的农产品结构失调，财政分灶后的大量盲目重复建设，外贸放权后的肥水外流及亏损。在这种局面下如不改革价格，就必然出现恢复集中、加强实物型指令计划的呼声。

改革的坚持者可能倾向于利用经济杠杆干预放权后企业的经营方向与收益的分布，以缓和不合理价格的歪曲的引导作用。我们认为，这种作法在价格改革难度过大尚不能起步的情况下，无疑是十分积极的、有效的。但也要看到，这样使用的杠杆也有不足之处，在很大程度上不能摆脱实物型指令计划。体现为：①这些杠杆往往只作用于供给或需求的某一方，而不是双方。②国家掌握这些杠杆的数值决策，往往跟不上市场变化的速度而出现偏差。③税率、利率、关税等政策具有指导长期经营的意义，不利于国内企业及对外合作上的长期经营。④差别杠杆的管理难度较大，易出现各种投机活动。⑤在价格不合理的情况下差别杠杆不能准确地指导微观经济的经营数量。如果价格合理化了，允许在一定范围内浮动，就可以利用上述经济杠杆指导去达到希望的平衡点，从而实现比指令性计划更为优越的“管而不死”的综合平衡。以上看来，价格不改，指令性计划必然仍占很大的比重，投资资金基本上仍要高度集中，进出口也倾向于相对集中，放权不可能充分，积极性的调动远不彻底。

我国的物价与通货膨胀理论亟待有所突破。

我国的价格偏差已经持续了许多年，逐步积累的效果导致了目前的严重结构矛盾。凡短线基本上都是长期价格偏低的，凡长线库存积压品基本上都是价格相对偏高的。在这种情况下，凡短线都存在着涨价的合理压力与趋势，而长线却存在着限产而并非都是减价的趋势。这就构成了结构性通货膨胀现象，特别是在加强市场调节和减少物价管制的情况下，这种现象表现得更加突出。货币供给总量对物价上升率有明显的重要影响，但并不等于是唯一影响物价上升的因素。

另外，我国现行的价格体系是以建国初期制定的低工资政策及低价满足基本生活必需品的政策为基础的。随着收入水平的提高，高额补贴的管理愈发困难，迟早要改为按供求规律办事。这种调整也必然导致物价指数上涨。实际上，这是更广义的价格结构矛盾问题。因此在商品价格领域里，我们应强调“调整价格而不降低实际生活质量”的政策目标，而不必过分强调价格体系的长期稳定性。

（作者单位：清华大学　中国社会科学院研究生院）

价格体制改革是改革的中心环节

张维迎

要找到改革本身的机制

中国经济体制改革的基本目标应该是：通过改革，把计划建立在价值规律的基础上，导入市场机制，建立一个具有自动调节功能的计划经济的新体制，以保证经济系统在正常的轨道上正常地运行。现有体制存在的根本问题就在于缺乏一个保证经济系统正常运行的机制。大家都看到改革的目的是创造机制。但改革本身也需要机制，这却是不少人所没有注意到的。经济改革实践已证明，能否找到改革本身的机制，关系到改革能否顺利进行。从而关系到能否为经济系统提供机制。首先找到改革本身的机制，再通过机制创造机制，这应是改革的着眼点。

改革本身需要机制，这也是农村改革给我们的启示。农村改革给农村经济带来了奇迹，关键是农村改革找到了本身的机制。农村改革的机制就是放活市场。

社会经济系统的基本矛盾就是供给与需求的矛盾。价格是协调供求关系的一种信息杠杆：它把宏观资源稀缺信号传达给微观，保证微观的效益选择符合宏观的平衡；它在生产者和消费者之间互通情报，保证生产和消费的协调；它诱导资源按经济合理原则进行转移，保证经济结构的合理演化。价格的功能，在于为资源的合理配置提供一种信息。但在现行的体制下，我们的价格制度导致不合理的价格体系，不合理的价格体系提供给我们一种错误的信号和错误的选择标准，引起经济结构的扭曲。使得综合平衡和经济效益这对孪生兄弟成了对头，并由此造成了宏观与微观的对立、计划与市场的对立、集中与分散的对立、整体与局部的对立、速度与效益的对立、速度与比例的对立、眼前与长远的对立。这些对立，又进一步引伸为中央与地方的对立、行政与经济的对立、城市与农村的对立，等等。从而使经济系统在极端矛盾的状态中强行运转。

现行的价格制度必然对应于高度集中的、以行政命令为主的、不讲物质利益原则的管理体制。这种管理体制又必然导致政治对经济的不适当干预，妨碍经济系统的正常运转。

正确认识现行体制的运行规则，明白它的症结所在，我们就可以找到体制改革本身的机制。这个机制就是价格制度的改革。不改革现行的价格制度，就解不开现行体制的纽结点，整个改革就不能顺利进行，就达不到“宏观控制、微观搞活”的目的。

调整价格和价格改革

价格体系的不合理，使得整个国民经济体制的改革无法顺利进行。调整价格并不是价格改革。价格改革是要解决价格制度的弊病。价格体系不合理只是其表现形式，价格制度的不合理才是其根本原因。价格的问题在于现行的价格制度切断了供给与需求的关系，使得价格不成其为价格。在这种价格体制下，即便初始价格完全合理，也会很快变得不合理，除非经济处于绝对静止状态。这并不是一般地否定价格调整，而只是说，价格调整还不是解决问题的根本办法。

抓住价格体制改革这个中心环节

所谓改革价格体制，就是有计划地放活价格管制，逐步形成灵活反映市场供求关系的平衡的价格体系，以充分发挥价格在计划经济中的功能作用。

为什么说价格体制的改革是整个体制改革的中心和机制呢？

第一、体制改革的总原则是：计划经济为主，市场调节为辅；宏观控制，微观搞活。所谓宏观控制，就是经常地、自觉地保持国民经济的总体平衡。这是计划经济为主的基本内容。所谓微观搞活，就是允许企业根据效益最大的原则选择生产经营活动。在企业有了选择权后，就必须有一个合理的价格制度。

第二、体制改革的目的是要在计划经济内导入市场机制。

市场机制的核心是价格，价格体制的改革过程实际上就是市场机制的形成过程。

第三、现行的计划体制、物资供应体制、商业体制、财政体制、劳动工资体制等等都是与原有的价格体制相对应的。价格体制不改，其它体制就不可能有根本性的改变。另一方面，只要价格体制松动了，整个市场关系就会发生变化，迫使其他体制也跟着松动。从这个意义上讲，价格体制的改革就是整个体制的改革；价格体制是改革的“牛鼻子”。

第四、伴随价格体制改革，计划管理体制将发生根本性的变化。计划指标由以实物为主、指令性为主转向价值为主、指导性为主，计划工作的重心转向制定中长期性战略计划，转向宏观控制。这样整个微观就搞活了。

第五、利改税的工作已经开始，但合理的税制只能建立在合理的价格制度上。只有把僵化的价格变为灵活的价格，多样化的税率才能变成统一的税率。

第六、价格体制的改革将带动经济结构的合理化，合理的管理体制和合理的经济结构就同时形成，改革和调整就统一起来了。

第七、随着价格的合理化，各地区的优势就可以充分地显示出来，竞争的浪潮将冲破“地方割据”的堤防，合理的地域分工体系就会形成，中心城市的威力就可得到充分发挥。

第八、价格体制改革后，城市经济系统和农村经济系统就会融合起来，在一个共同的机制作用下有条不紊地运行，新的经济系统就形成了。

价格体制改革的具体办法，可以参照农副产品价格改革的办法，实行双轨制价格，旧价格用旧办法管理，新价格用新办法管理，最后建立全新的替代价格制度。与价格调整相比，价格体制的改革是一个连续的逼近过程。问题不在于第一步是否就完全合理，问题在于它是不是趋向于合理。

（作者单位：西北大学经济系）

经济日报
ECONOMIC DAILY
1984年
10月
4
星期四
农历甲子年
九月初十
第549号
（总1122号）

探讨经济改革中的理论问题

中青年经济科学工作者学术讨论会论文摘登

联产承包制适合当前生产力状况

张宝通

联产承包责任制，是以家庭为单位组织农业生产。它的普遍推行，是我国农村生产关系的重大变革，它冲破了传统的农业模式，开拓了一条适合当前我国生产力状况的社会主义农业发展道路。

过去，我们一直认为，协作劳动可以提高生产力，随着生产力的发展，生产组织应该逐步扩大，因而在农业上，我们长期采用集中劳动的生产组织，并打算沿着生产队——大队——公社的模式逐级过渡。实践证明，对农业来说，集中劳动弊多利少，而实行联产承包责任制，即以户为单位组织生产效果则好得多。

生产组织是人们为了进行生产而结成的基本生产单位，它必须和一定的生产力状况相适应。从历史上看，工业生产组织的单位曾由个体发展到简单协作，从手工工场发展到机器工厂，从独立分散的中小企业发展到集中联合的庞大企业。但是，对农业来说，情况则有所不同，随着生产力的发展，生产组织有缩小的趋势：它曾由较大规模的氏族生产组织发展到中等规模的家族（家长制大家庭）生产组织，接着又由中等规模的家庭生产组织发展到小规模的家庭生产组织。以户为单位的家庭生产组织，不但在生产力落后的传统农业中，在自然经济的条件下长期存在，而且在生产力发达的现代农业中，在商品经济的条件下仍然具有生命力。目前，在发达的资本主义国家，农业生产的组织就仍然是以家庭农场为主要形式。家庭农场占农场总数的比例，美国为89%，日本为91%，法国为80%。尽管随着生产力的发展，农场的数目在不断减少，生产的规模在不断扩大，但这个扩大主要是土地和资产的扩大，是生产力的扩大，而不是生产组织的扩大。在这些家庭农场中，雇工的数量相当少，而且多为季节性短工。即使加上雇佣工人，生产组织的规模也是相当小的。例如，美国1940 年有农场六百一十万零两千个，平均每个农场有土地一千零六十一亩，生产性资产六千一百五十八美元，劳动力一点八人，到1977 年，农场下降为二百七十万零六千个，平均每个农场的土地增至二千四百零九亩，生产性资产增至二十一万五千六百四十八美元，劳动力下降为一点五人。即使是大的农工联合体，多数也都是以家庭农场为基础组织起来的。长期以来，在农业上，资本的集中之所以比较缓慢，资本的积聚与生产组织的变化之所以不同步，其基本原因就在于农业生产需要较小的生产组织。以户为单位的家庭生产组织将在我国农村长期存在。它是我们发展农业的一项战略措施，而不是权宜之计。

为什么农业生产组织和工业生产组织会呈现出不同的发展情况？为什么家庭生产组织会在农业生产中长期存在呢？这是因为它们赖以存在的农业生产力和工业生产力具有不同的特点。

我们知道，工业的生产资料一般都是可移动的死物，便于集中和分散：组成产品的各个部件的生产和同一生产过程的各道工序，一般都是可以分解开来，能够同时并存地进行，能够实行固定分工的；工业生产一般来说受土地、气候、季节等自然条件的影响比较小，可以按照一定的程序常年集中在工厂进行。所以，随着生产力的发展，传统的工业生产组织有扩大的趋势。因为，在大的生产组织内部便于实行较细的分工，便于组织专业化生产，便于发挥分工协作的优越性，只要生产力具备了一定的条件，只要它能为大规模的管理提供足够的科学知识和有效的技术手段，生产组织就可以采取较大的规模。而大机器的使用又从技术上决定了生产组织必须具有一定的规模。

农业生产力与工业生产力不同：第一，农业的劳动对象是生物，农业生产是有生命的物质生产，而生物都有自己生长发育的规律，因此，农业再生产必须依赖于生物的自然再生产。农作物与工业品不同，它是不可分解的活的有机体，它成长的各个阶段在时间上是连续的，不可中断的，农业劳动的成果必须表现在最终产品上。因此，农业生产需要有固定的人员对农作物生长的全过程进行连续的观察和自始至终的管理，而不能象工业那样同时进行不同过程的生产。第二，农业的基本生产资料是土地，土地是农作物生长发育不可替代的物质基础，农作物必须固着在广阔的土地上，因此，农业劳动必须随着分布在不同地段上的农作物移动变换和分散进行。而土地同时又是人们的生活居住地，所以，从历史和现实来看，农业生产一般总是同家庭组织联系在一起的。它不象工业生产那样，可以集中起来，固定在工厂进行。第三，农作物生长发育需要一定的自然条件，农业生产必须在适宜的生态环境中进行，而且自然条件是复杂多变的，因此，人们必须根据土壤、肥力、季节、气温、光照、雨水和病虫害等自然条件的差异和变化，灵活机动地组织和安排生产，而不能象工业生产那样按照一定的程序和固定的模式稳定进行。所以，随着生产力的发展，农业生产组织有缩小的趋势。对农业来说，生产组织小些，便于做到有固定的人员对生物成长的全过程进行精心照管，便于在广阔的土地上移动变换和分散作业，便于因时、因地、因作物制宜，灵活机动地组织和安排生产，才便于发挥劳动者的能动作用。只要生产力允许，只要较小的单位能够抵御自然力，农业生产组织就可以采取较小的规模，不一定要组织大规模的集中劳动形式。

农业生产力的上述特点，是不以生产力的一般发展为转移的。在农业生产力达到工业化、农业生产方式实现工厂化以前，尽管农业的机械化水平会大大提高，人们对农作物生长过程的控制程度会不断加强，但农业生产力的特点是不会发生根本性变化的。在这种情况下，家庭生产组织就仍然是有效的。只有在人们对生物的自然再生产的控制程度大大加强，因而可以采用工业生产方法的某些项目上，如机械化畜禽饲养等，以及从农业中分离出来的某些工业生产环节，如加工、贮藏等，人们才能够采用适合于工厂式的生产组织。

农业生产组织较小，是不是社会化程度就不高呢？不是。社会化程度不仅要看生产组织的规模大小，更要看生产组织的社会联系范围。原始公社生产组织尽管比较大，但很少与外界发生经济联系，它们的生产是封闭性的。现代家庭的农业生产组织尽管比较小，但专业化程度很高，它们的生产是为整个社会的，它们的需要是由整个社会供给的，与它们同时并存的，还有广泛发达的产前产后服务。事实上，现代家庭的农业生产是与整个社会的生产联成一气的。因此，它们的社会化程度是很高的。只不过农业生产的社会化与工业生产的社会化具有不同的特色罢了。

（作者工作单位：陕西省社会科学院经济研究所

县级经济管理体制改革的趋势

王长远

县是城乡经济的结合部，县级经济管理是国民经济管理的一个重要环节，改革县级经济管理体制，是农村经济体制由单一农业向农工商转化的转折点。要发展商品生产，只进行单项的局部的改革不行，必须在全县范围里进行综合性的同步改革。

县是一个基本战略单位，具有比较齐全的经济门类和社会组织系统，只有取得县级改革的成功经验，才能进一步巩固和扩大农村体制改革的成果，为全面改革提供更为完善的经验。

当前，县级经济改革面临十大趋势：

变行政领导为经济管理

在县一级，经济管理主要是通过行政领导的形式来贯彻，行政领导方法都是采取“办公会议”决策来实现。这种领导方法有两个明显的弊病：一是事先往往缺乏对可供抉择的各种方案进行切实的经济技术分析；二是对决定拍板者往往是对事件本身缺乏了解的人。这样，就可能造成决策中的失误。县级经济管理要真正使行政领导与经济内容融为一体，需要着重研究经济决策问题。改善现行的经济决策系统，应当在县委、县政府组成一个经济管理机构，其任务是综合分析全县的经济活动，对县内重要建设项目作可行性研究，收集各方面的经济信息，为县级决策提出方案；它的成员应该囊括各行各业的能人，既有真才实学，又善于出谋献策。

政企分家

各级政府是政权组织，企业是经济组织，是相对独立的商品生产单位或者经济实体。多年来，我们实行的管理方法是使企业成为各级行政机构的附属物，没有自主权。而我们的各级领导机关却又管了很多不该管、管不好、管不了的事。为了解决这个问题，就要使政企分家：政府只管经济工作的重大方针和对重大经济问题作出决策，企业搞好经营管理和组织指挥本企业的生产。

简政放权

精兵必须简政，简政必须放权。目前县级经济管理机关承担了许多工作，其中大量是属于公共行业里头的事务，如质量评比、职工教育等，这些不涉及权力问题的政，都可以简掉。针对现在的情况，有些局一级机构撤掉之后，行业上的公共事务应当由行业性的公司来管理。

经济组织管经济

在工业改组过程中，许多大、中城市的工业部门都按照行业梳辫子，把属于本行业的大、小企业统统集中组建成带有行业性质的工业公司。这些公司是一种半行政性、半企业性、半协会性的“三合一”组织。

从县级的实际情况来看，组织行业公司需要注意以下几个问题：确定适当的规模，划分时要粗细合理，大小适当，便于管理；确实建立一个按照责、权、利相结合的管理体制，调整和巩固公司的专业分工和协作关系，制订行业规划，开展技术交流；在行业公司内部和各行业公司之间组织各种联合体，发展企业之间的横向联系；正确划分公司同所属企业的管理权限，在坚持统一管理的前提下，尊重和确认下属企业的经营管理自主权；为各企业的生产、流通、生活做好服务工作和协调工作，为它们创造和提供良好的条件。

以大化小　以多促专

当前，企业结构由集中转向分散，由大型转向小型，已成为世界性的趋势。为了适应新形势的要求，有必要对企业实行专业化改组，按行业产品归口管理，调整其规模，以大化小，以多促专。这样，便于提高产品质量，升级换代，创名牌，向高、精、尖发展。每一个县，每一个地区都有自己的自然资源优势，多办几个同类厂，开展竞争，能够充分利用当地资源，还可解决就业难的问题。这是一个很值得研究的问题。

用系统论方法改革管理体制

县级经济管理体制，麻雀虽小，五脏俱全。从系统论的观点来看，需要建立智力机构，强化指挥系统，完善监督手段，发挥调节作用，做好服务工作，建立起内有活力、外有压力的农工商企业经济运行系统，准确灵敏的经济信息体系，科学严密的经济决策体系，灵活有效的经济调节体系，严格有力的经济监督体系。

综合的管理机构

县委主要管经济工作的方针、政策、规划和措施，不参与日常经济活动的指挥调度。县政府主要是通过计划、财政、税收、信贷等部门，用经济手段来指导、调节、监督和干预经济活动。可以考虑：县级设工经委，统管凡是从事商品生产带工字的企业的生产、流通、信息的调度；农经委，统管带农字特征的生产、流通、信息的调度；商经委，统管带商字的经济实体的来源、流通、信息的调度。它们是调度中心，是县长领导经济工作的执行机构。

工商企业的自负盈亏和灵活经营

赵紫阳同志在五届五次人代会上指出，对小型国营企业，准备在今后三年内分期分批地推行由集体或职工个人承包、租赁等多种形式的经营方式，实行国家征税，资金付费，自负盈亏的制度。县营企业在依法交纳税金的前提下，由他们自负盈亏，自主地采取灵活的经营方式，这是县级经济改革的立足点。

经济组织的干部素质

经济部门的干部，不但要对领导机关负行政责任，而且要对商品生产者——企业或者产品加工者的经济效益负责。他们不但要懂得行政组织管理，还要懂得多种经济手段和有关科学技术和信息；不但要有本企业的生产知识、科技知识，还要具有马列主义的经济常识、商品流通知识、现代化的管理知识；他们要尽快使自己成为有现代化的眼光，能统观经济全局，有全面的经济常识的商品生产的领导者，成为农工商企业的经营家、活动家。

城乡一体　建立工业经济网络

一个县的工业生产要有较大幅度的增长，一是改善经营，二是加强开发，坚持以城带乡，帮助社队和专业农户办工业，建立县级工业经济网络。一方面，要发挥县城工业的骨干作用，形成“销售大集中，加工满天星，管理一条线，生产一条龙”。另一方面，要发挥社队的能动作用，充分利用它投资少、见效快、适应性强、灵活性大的特点，因地制宜，就地取材，形成全县网络型的企业体系。

（作者工作单位：山西省闻喜县工经委）

农村家庭经济及其发展趋势

张太平　王凤春

在中国这样一个小农经济占绝对优势，政治、经济发展不平衡的国度里，通过什么样的道路进行农业的社会主义改造，加速农村经济的发展，在理论上和实践中仍然是一个重大课题。回顾合作化以来农村经济发展的曲折道路，分析农村变革后出现的新形势，不能不发人深省，给人启迪，使我们对农村经济的发展道路进行再认识。

家庭经济长期存在的合理性和可能性

旧中国农村中占统治地位的封建土地关系的基本特点是，土地所有权的高度集中和生产经营的极度分散。这一矛盾体维持了小农经济的广泛存在和自然经济的恶性循环。全国解放后，土地改革的完成，彻底打破了封建土地关系，完成了实现"耕者有其田"的历史使命，为农村经济的发展开拓了广阔的道路。土改后，在农村确立了农民个体家庭经济的地位，这种生产者同生产资料直接结合的个体经济，在新中国的政治经济条件下，一开始就表现出了强大的生命力。到1952 年，全国主要农产品产量超过了解放前的最高水平，农民生活条件和生产条件得到了很大改善，农村经济得到了迅速的发展。

随后，合作化运动和人民公社化运动改变了农村经济的形势，集体经济模式在农村确立了统治地位。

大家知道，马克思列宁主义关于改造小农的合作化理论的基本原则具有重要的指导意义，但我们没有深刻理解它。以致在实践中造成失误。合作化运动和集体经济是我们在社会主义的条件下，探索改造小农经济、发展农村经济的一种尝试。它的失误，根本的原因就在于不适应我国农村的生产力水平和经济、社会的发展状况，违背了农业生产的特点和农村经济的发展规律。

历史已经证明，农民个体家庭经济的存在和发展将是一个较长的时期的事情。

第一，从农业的一般特点看家庭经济长期存在的合理性。首先，农业生产的对象受自然条件影响大，农产品取决于整个生产过程的劳动质量。这就要求劳动者在整个生产过程中进行艰苦、耐心的劳动，这在生产力水平低下时如此，在科学技术提高的条件下也得如此，家庭经济较适宜于这种劳动。其次，家庭经营有利于增进生产者对土地的感情，根据不同类型土地的不同要求，进行合理的利用和有效的改造。再次，农业劳动具有分散性的特点，家庭经济很适宜于这种特点。

第二，从农业资源和经济状况看家庭经济较长时期存在的合理性。首先，农村农业劳动力绝对数量多，短时期难以转移出去，土地资源相对数量少，决定了长时期内农业的特点是小规模的劳动密集型的精耕细作，正好适应家庭经济的特点。其次，从国家经济状况看，在相当长的时期内，农业的发展要靠自身积累，小规模家庭经济所需资金少，并能最有效地提高资金利用率。较长时期放宽政策能够促使农民增加自身积累，增加对生产的直接投资。

第三，从世界农业的发展看家庭经济长期存在的合理性。农民个体家庭经济的存在具有世界的普遍性。家庭经济不仅在落后的发展中国家里普遍存在，而且在发达的国家也大量存在，并且有发展的趋势，特别是家庭农场占了绝对优势。这种家庭农场费用少，成本低；劳动质量高，集约化水平高，是扩大再生产的一条有效途径。家庭经济能够存在并且发展的根本原因是农业生产本身的特殊性，现代化的生产力不但不能消灭它，而且为它的存在和发展提供了条件。

第四，从家庭经济本身的特殊性看其长期存在的合理性。首先，家庭是以血缘关系组成的一种特殊社会组织，家庭成员之间特殊的"和谐"关系，保证了这个社会组织的特殊稳定性，具有"内聚力"。其次，家庭经济可以实现内部成员最合理的分工，得到最有效的管理。再次，家庭经济具有经营上的灵活性、连续性和稳定性。最后，家庭成员的高度责任感，能最有效地提高经济效益。

在我国，农民个体家庭经济不仅具有长期存在的合理性，而且也具有现实的可能性。一、在不发达的社会主义阶段，为了社会主义经济发展的需要，允许多种经济成分并存。二、农民个体家庭经济是服从于社会主义经济控制和指导，属于社会主义经济范畴的经济形态。三、充分发展农民个体家庭经济，让小农的充分发展来完成自身的否定，是彻底改造小农经济，加速农村经济发展的一条"特殊"道路。

要保证农民个体家庭经济的长期存在，就要解决两个问题，一是改变现存的土地关系，二是改变农村经济管理体制。有必要国家取得完全的所有权，确立农民的较长时期使用权。国家通过立法，鼓励对土地的合理使用和改良，要允许土地使用权在农户之间有偿转让，鼓励土地集中。要以经济、法律和行政相结合的综合管理方式管理农村经济，更多地用税收、价格和信贷等经济手段，把农村经济活动纳入国家计划轨道，促进商品经济的发展。

未来农村经济的发展趋势

未来农村经济的发展是一个系统的动态过程。其内外部条件的变化虽然会影响它的发展速度和它某一阶段的特征，但是，我们仍可循其规律，大体把握它发展的趋势。

第一，"小而全"的家庭经济还需经历一个较长的发展过程。我国农村生产力水平低，经济落后，"小而全"的自给、半自给性的家庭经济占绝对优势。从根本上改变生产条件和生活条件，需要一个较长的过程。

实行家庭经营以后，部分农户依靠技术、劳力和资金等有利条件，在较短的时间内就改善了生产和生活条件，开拓了新的生产门路，发展为专业化生产的专业户，存在于农村中的各行各业。它们是农民家庭经济的"先趋者"，代表了家庭经济的发展方向，带动和促进家庭经济向专业化生产迈进。

在家庭经济发展的基础上，出现了各种形式的经济联合体。各种合作经济组织可能都要经历一个不断组合——体解的变化过程，只有符合分工协作要求的经济组合才具有稳定性。

第二，专业化生产将彻底突破"小而全"的家庭经济。家庭经济的发展，将会促进收入的增加，使农户的生产和生活条件得到普遍改善。生产条件的改善（工具等生产资料的改进），有利于促进劳动生产率的提高，为剩余劳力和多余资金的结合开拓新的生产门路，发展家庭副业，形成了家庭经济内部的良性小循环，这种小循环会进一步加强农户的经济实力，促进生产的进一步发展，使农户由自给性向商品性经济过渡。商品生产能教会农民充分利用价值规律和提高经济效益，这样农户就会根据各自条件，选择某一种"优势"产品，作为主要生产方向，开始以一业为主，兼营别业转变为专业化生产，于是"小而全"的家庭经济就转变为各种专业生产的专业户。家庭经济专业化是改造小农经济的关键一步。

第三，专业化生产促进农村经济的综合发展。专业化生产促进生产规模的不断扩大，农户要求占有更多的生产资料，土地的有限性促使更多的农户不再留恋小块土地，把生产转向非种植业，客观上促进了土地的集中，为种植业专业户的扩大再生产提供了条件。转移到种植业以外的农户，不断开拓新的生产门路，不仅促进了农业内部的全面发展，而且把生产扩大到农业生产之外，使农村工业、商业、交通运输和服务业等得到了进一步发展。与此相适应，商品经济的发展要求提供更多的产品和劳务，要求把劳力、资金、物资和技术等按照社会的要求合理地分配于各个部门。专业化生产推动商品经济的发展，商品经济进一步促进专业分工，两者的互相促进，推动了农村经济的综合发展，使农村经济资源得到充分利用，各业得到协调发展，形成了整个农村经济的大良性循环。

第四，农村经济由"综合型"转变为"单一型"。专业化生产促进了农村经济的综合发展，综合发展进一步提高了专业化水平。从农业内部看，专业化程度提高，由粗放经营转向了集约经营，农业生产水平得到了很大的提高。从农业外部看，由于农产品的增加，为其它各业的发展奠定了坚实的基础，专业化程度提高，生产规模在不断扩大。

专业化生产促进了农村经济的综合发展，实际上是"小而全"由家庭经济内部转移到了外部，这是农村经济既发展又不发展的表现。专业化生产的进一步发展把"小而全"的家庭经济排斥到了农村经济之外，由小规模的专业化发展为更大范围的社会专业化。

第五，农村经济的社会化。农村专业化的进一步发展，将极大地提高农村经济的社会化程度。首先，农村内部各农户之间经济联系加强。其次，农村经济和城镇经济联系加强。家庭经济进一步发展的趋势是，农民家庭经济为一个独立的经济实体，独立从事农业生产活动；它作为经济合作组织的一员，是社会化大生产的一个环节，不能脱离合作组织和整个社会化生产而单独存在。这时，农民家庭经济得到了根本的改造。

（作者工作单位：内蒙古自治区党委政策研究室　内蒙古社会科学院经济研究所

经济日报
ECONOMIC DAILY
1984年
10月
11
星期四
农历甲子年
九月十七
第555号
（总1129号）

搞好沿海开放城市的产业配置

郝一生　杜厦

沿海城市对外开放以来，在产业配置问题上，存在以下三种倾向：1、不加区别、不加选择地提出“引进技术，改造老企业”。2、不从实际出发，一概提出“重点发展微电子工业等新型产业”。3、采取急功近利的策略，往往使近期规划与长远规划脱节。

这种状况，在对外开放中不利于实现十四个开放城市合理的宏观生产力配置，不利于宏观经济效益的提高。

发挥沿海开放城市各自的特点，逐步形成自己的优势产业，加速整个国民经济结构的调整与改善，应是沿海开放城市产业配置的基本原则。

整个沿海开放地带的宏观生产力布局，似可从辽东、津京唐、长江三角洲、珠江三角洲四大沿海“经济圈”来考虑。在这四个经济圈中，根据各自不同的特点和目标，主干产业应有不同侧重。例如：

1、辽东：以大连为中心，优先引进为重工业技术改造服务的相关产业和技术；同时充分利用地理优势，利用“大陆桥”扩大转口贸易。

2、津、京、唐：以天津为中心，逐步建立以华北、西北特有资源为依据的精加工、深加工工业；同时发展为津、京唐产业结构调整和技术改造服务的产业。

3、长江三角洲：以上海为中心，充分利用技术、信息、人才等优势，重点发展新兴产业，以期形成我国最大的尖端技术基地。

4、珠江三角洲：一方面大力发展为南海油田开发、配套的产业和服务业及一定的石化工业，另一方面利用临近香港、消费水平最高的优势，发展服装、家用电器及其它中、高档消费品的生产。

还有，一些有可能成为旅游和度假地的城市，也要发挥其优势，切不可破坏这种资源，而应以发展旅游业为其主要方向。

（作者工作单位：天津社会科学院日本所
南开大学经济研究所）

探讨经济改革中的理论问题

中青年经济科学工作者学术讨论会论文摘登

借鉴特区形式　开发新兴工业

夏禹龙　谭大骏　陈　平　蔡乃中

建立新兴工业开发体系，为什么要跳出现行体制？

第一，新技术产业化的规律决定了要有不同于传统工业改造的机制加以保证。

首先，微电子、新材料、生物、宇航、海洋、激光等新技术产业化的速度很快，新旧技术交替换代的周期很短。技术换代的加速要求技术产业化及设备更新有更高的速度，否则，经济上就不合算。因此，如在研究、开发、生产的衔接上决策失当或稍有迟疑那就可能步步落后被动。

其次，从国际市场发展的趋势看，传统工业技术正从发达国家大规模转移出来，而新兴工业技术市场的竞争却日益激烈。传统工业改造所采用的一般是国内外成熟的先进生产技术、工艺与装备，这是常规式引进。而新兴工业开发风险大、成功率小，在我国还存在出口高亏问题，需要用非常规手段才能保证实现产业化。

第二，实现四化战略目标的紧迫感要求大力发展新兴工业。

经济发展依靠科技进步，科技进步面向经济发展。而在科技发展中起领航作用的是以微电子技术为中心的新技术。从根本上和从长远看，这方面的科研储备、技术开发能力、产业化速度以及对传统工农业的改造能力，将决定我国在世界经济上的地位。

据有关部门测算，为实现党的十二大制订的战略目标，我国全民所有制独立核算企业的技术进步对产值增长的贡献应从20％提高到60—70％。另据估算，上海的劳动、资金、技术三大类密集型产业比例需由4∶4∶1提高到1∶1∶1，也就是说新兴工业比重要从11％提高到33％，否则便难以完成结构的高度化调整。

能不能把新兴工业尽快搞上去，与引进战略战术的选择有很大关系。根据日本的经验，结合我国国情，有三种可以采取的引进方式：㈠种子型，即全套引进，然后消化，仿制，再创新推广，这样做速度慢，而且可能冲击本国的自主研制工作；㈡嫁接型，在自主研制基础上引进关键技术、工艺与装备，融中外为一体，这是一条比较快的路子；㈢细胞融合型，中外科技合作研究，从基础研究搞起，逐步向产业化发展，这种方式适用于科研型新兴工业的远期储备。看来，当前一个时期内，在这三种引进方式中，应着重采用嫁接型的方式，再逐步转向以引进人才和知识的细胞融合型方式为主。同时，还应当考虑：冲破发达国家的技术垄断，从新技术引进为主逐步转向自主开发为主。总之，从战略角度看，建立新兴工业开发体系，看似还远，实际已近在眼前。

第三，要使科研与生产体制和相应的政策与新兴工业开发相适应。

我国的研究、开发与生产各成系统，条块分割由来以久。由于缺乏横向联系，从基础和应用研究，经过技术开发再转入生产技术，最终形成大规模生产的渠道不畅通，科技成果中途搁浅。高等教育与科研的联系不紧密。人才与信息的流通渠道不畅。

新技术产业化规律要求有高效率、高速度运转的知识、信息、人才、技术流通机制，以及相应的控制机构和调节政策。而我国旧体制、政策所造成的教育、研究、开发、生产、市场之间的脱节，与开发新兴工业要求相去甚远。如要等待这些体制和政策上的问题全面解决再开发新兴工业，那必然要耽误时机。为了及早开发新兴工业，要跳出现行体制，参照特区形式，建立"小气候"，走一条新路。

近年来，越来越多的学者，提出新兴工业开发体系借鉴经济特区形式。沿海城市开放后，在有条件的大城市，都可以考虑辟出有固定边界的经济开发区，采取特区的优惠政策，并让出部分国内市场，用于引进高技术。因此，经济开发区有可能成为新兴工业区。开发区的建设到形成投资环境一般需三至五年，因此，可以与老企业的改造在时间上互相衔接。

建议：凡是属于新兴工业开发体系内的地区，都应享受开放的特殊政策待遇。在科教特区技术开发中心区与新兴工业区内要实行自立的单行法规，建立科研与经济责任制、合同制、成果有偿转让制与统计、审计制，还需要建立成果所有权的保护与重大成果的保密法规。

上述开放区域体系在原则上对外、对内都开放。不论何部门、何地区的科技人员都可以按项目合同应聘在区内合作研究与开发，以避免部门、地区分割造成的脱节、封锁、低水平重复等弊病。使国家得以集中有限的人财物力于刀刃上，实现重大项目的科研及其成果的产业化，进行引进高技术的消化、创新。我国沿海地带新兴工业开发体系的建立与运转，将标志着我国经济向发达国家靠拢迈出决定性的一步。

（作者工作单位：上海科学研究所）

对外开放与人民币汇兑制度的改革

沈水根

吸收外资，引进先进技术、先进设备和先进管理方法是实行对外开放政策的重要内容。在引进先进技术和设备的过程中，我们以市场为筹码，只要进来的技术和设备确是先进的，我们可以让出一块国内市场作交换条件。当前，在贯彻执行党中央所制定的这些对外开放政策中，在某些经济管理体制或规章制度方面，我们遇到了一些急需解决的问题，现行的人民币汇兑制度，就是其中一个突出的问题。

我国现行人民币实行双重汇率，法定汇率和内部贸易结算汇率之间，价差浮动幅度达25—47%。在吸收外资时，规定只能按较低的法定汇率结汇。因此，外商在外资尚未拿进来之前，就“先见其害，不见其利”，往往不愿直接拿钱进来投资，宁肯在国外购买现成的原材料或设备运进来。这样，不利于我们独立自主地运用外资引进最先进的技术设备，而且使吸收外资的工作变成了低级的洋货倾销过程。其次，现行人民币不能自由兑换为其他货币。在以市场换技术的过程中，外商独资企业或中外合资、合作企业的一部分产品在国内市场销售以后，得到的货款收入是人民币，而这些人民币不能自由兑换成外币汇出境外，这样，外商要在国内继续贷款用于购买原材料时，资金周转由活变死。这样，就使我们在吸收外资、引进先进技术设备的项目洽谈中遇到了障碍。从发展的趋势来看，上述矛盾将会越来越尖锐，直接关系对外开放政策的继续贯彻执行。

解决这一矛盾的对策有两种方案可供选择。一种是象深圳经济特区那样准备发行能够自由兑换的特区货币来解决，这个办法可把问题彻底解决，但我国没有那么多外汇储备，至多在经济特区的小范围内施行。另一种方案是在维持现行人民币制度的前提下，首先进行汇率改革，即把现行的双重汇率变为单一汇率，而且要使法定汇率向内部贸易结算汇率靠拢。提高法定汇率将有利于更多吸收外资和扩大出口。原来的法定汇率偏低，与过去的宏观经济政策目标中没有吸收外资的问题是相适应的，与外贸主要为解决进口以满足国内某些短缺物资的需要是相适应的；但是，现在的宏观经济政策目标是既要大量吸收外资，又要鼓励出口。因此，提高法定汇率就能与中央确定的对外开放的大战略目标统一起来了。其次，对于外商独资和中外合资、合作企业的部分内销产品的人民币收入，国家则需要拿出一定数量的外汇额度来解决，兑换的汇率究竟按法定汇率，还是按调剂汇率或议价汇率计算，则要根据企业的产品人民币价格怎么定作进一步的规定，而且通过什么渠道来解决这个兑换问题，也需要作进一步的研究。总之，我们既要给外商解决货币兑换的资金周转问题，又要防止外商在价格和兑换汇率中钻我们的空子，赚双倍的利润。

（作者工作单位：深圳国际信托投资总公司国际金融部）

引进先进技术与保护民族工业

朱嘉明　何伟文

近来，多数人主张要引进尖端技术，但从引进外资的实践看，往往有盲目性，许多低于国内一般水平的技术进来了；相反，一些尖端技术进来之后，却往往得不到很好的利用。这就提出了一个问题：现阶段引进技术的重点应在哪里？

我们要先澄清两点认识，第一，地区不同，技术引进的重点应不同。技术引进必须和全国的宏观生产力配置及各地区原有工业的结构性改造相结合；第二，时期不同，技术引进的重点应不同。现阶段引进技术的重点应根据我国国民经济发展的战略目标来确定。

我们看到，到本世纪末，我国经济的主体将是一个以新兴技术为条件、以传统工业为中心的产业结构并以此为基础有选择地发展一些新兴产业，为传统工业的技术改造服务。基于这种认识，我们认为，技术引进当中应注意以下几点：

1、要重点引进改造我国的出口产品加工工业技术，以实现对外开放的良性循环；

2、引进技术要有利于改造我国一般传统工业，以改变现有传统工业的技术条件；

3、重点引进交通通讯等基础设施建设的先进技术，以解决我国目前基础设施建设发展落后的问题，保证国民经济协调发展。

4、重点引进高技术产业的国外配套技术，有选择地建立一些高技术产业和试验基地，为将来我国产业结构的根本性调整准备条件。

怎样才能把我们所需要的技术引进来？除通过技术贸易等途径之外，一个比较可行的措施是以市场换技术。那么，怎样看等保护民族工业的问题呢？毫无疑问，以市场换技术，必然对民族工业有所冲击。但是我们不能把引进技术和保护民族工业对立起来。

保护民族工业并不等于保护现有的一切国内企业，确切的含义应当是保护民族工业的正常发展并通过保护措施促进民族工业的高速发展，以缩小它和国际先进水平的差距。这样，引进技术和保护民族工业就可以达到矛盾的统一。因此，除上述四类引进重点之外，以市场换技术的范围和内容就更丰富了，不仅要让出部分市场以换取技术，而且要通过让渡市场刺激产品升级和技术更新。

第一、对国内已能生产的产品，不应实行全行业保护。要分别层次，有重点地允许国外技术先进的同类产品进入国内市场，通过竞争促进国内产品升级。

第二、对需要保护的行业，也应区别对待，一般不采取无限期保护。应限期达到规定标准，超过期限则被撤销保护或逐步减少保护。保护期要因产品而异，但一般应以固定资产的平均更新周期为限。

第三、对技术发展停滞的国内企业，如需保护则一般应实施有限保护，通过让渡部分市场形成竞争，以推进技术进步和产品升级。让渡市场份额的大小，应因产品而异，因地区而异。

第四、对较大规模的引进项目，应由国家主管部门将项目分解，鼓励国内企业参与分包投标，并逐步提高国内企业的分包比例。

如此看来，需要全面保护的范围就大大缩小为：属于国内长线并且有能力自行更新技术的产品；经过努力在产品的技术水平和质量等方面已达到国际标准者；需要垄断技术诀窍的国内传统手工业。

（作者工作单位：国务院技术经济研究中心
经贸部国际贸易研究所）

内地资源开发与沿海对外开放

金岩石

沿海十四个城市进一步对外开放，内地怎么办？一种思路是：先沿海，后内地，沿海富起来，再以沿海的资金去开发内地资源，以沿海的技术去武装内地工业。另一种思路是：沿海应开放，内地更应当开放，也更有条件开放。内地有丰富的资源，可以在对外开放中走出一条资源致富之路，靠超越式引进技术和跨区域利用外资来实现跨梯度发展，以缩小沿海和内地在经济发展程度上的差距。这种思路中包含着一个新的认识，即应当从实践中摸索沿海与内地联合开放的道路。从目前的条件出发，看来沿海内地联合开放是必要的，其确切含义是利用外资开发内地资源应和沿海对外开放同时起步。这样做有两点战略性的意义：第一，以联合开放带动我国生产力布局的合理调整，为将来我国经济发展的战略重点转移准备条件；第二，以联合开放带动沿海的对外开放向纵深发展，为我国经济迅速转向一种开放型经济模式准备条件。

利用外资开发内地资源为什么能够促进沿海对外开放呢？

首先，外商深入腹地开发资源，必然要在沿海寻找输出窗口，贯通内外运输。这样，就在一定程度上促进解决我国基础设施建设发展滞后的问题，为沿海大量吸引外资创造条件。其次，资源运输线一旦拓通，就将带起一批企业，或为企业生存创造条件。这对沿海的对外开放有重要意义。有了这些配套企业，沿海就增加了吸引外资的条件；资源的初加工工业将向内地转移，沿海的工业就向高层次的深加工升级，成为高技术资本来华的配套环境；沿海工业也将从目前的低水平出口加工逐渐转转同内地资源的精加工、深加工，这就有条件加强出口产品的竞争力，并形成新的优势产业和“拳头产品”。这不仅会增强沿海对外的吸引力，而且会增强沿海对外的辐射力。再次，沿海吸引外资，产品内销量大，必然造成外汇难以自我平衡的问题，因为，沿海产品全部内销的企业没有外汇收入，如果这类企业还必须使用国外原料、配件和技术人员，外汇需求量就更大。要补偿这部分外汇，可以由沿海开放城市用自己的外汇留成额度进行综合平衡，但这会对沿海城市的对外贸易增加越来越大的压力。利用外资开发内地资源就不同了，外商将入腹地，从本地工人的工资和协作产品到一应国内支付均需付出外汇，这就引出了一个外汇收支宏观综合平衡的渠道，即以内地资源开发所得的外汇收入，补沿海对外开放所造成的外汇短缺。

（作者工作单位：南开大学经济研究所）

建立我国的金融中心

李　弘　蔡重直

金融中心，从广义上说，是指聚集了各种金融机构，集中进行多种资金融通活动的中心城市或地区；从狭义上说，是指具体从事某种或某几种金融交易的场所。

我国一般的社会主义货币与信用教科书认为，社会主义银行是信贷中心、现金出纳中心和结算中心，按照逻辑的推理，这三个中心就是金融中心，实质上，这是行政性资金调拨中心 它与真正意义上的金融中心有重大区别：一是中心参加者的地位不同；二是资金流动的方式和方向不同；三是地理概念不同；四是融资的方式 工具不同；五是金融中心形成的基础不同。

建立我国国内金融中心有其客观的必然性，这种必然性的根源蕴藏在我国商品经济发展的一系列变革中 具体地说，这就是商品经济迅速发展，规模日益扩大；以中心城市为依托组织商品生产和经济活动；社会资金分布状况发生了很大变化；商品生产者的法人地位普遍地得到了加强。

我国现行银行管理体制的现状不大适应建立金融中心要求，它不允许金融中心对资金进行灵活有效的调拨，不利于资金在金融中心的集散，限制了多种金融机构及金融业务的发展。

可以设想：配合城市改革和金融中心城市的建设，逐步在我国的东西南北形成几个各具特色的金融中心 这些金融中心的主要功能是采取多种金融工具和形式，为资金盈余单位和资金的不敷单位之间的资金调剂提供一个集中可靠的场所。具体步骤是：㈠以交通便利 经济和金融基础雄厚的试点城市为基地，进行金融中心的试点工作。㈡扩大试点城市人民银行的权限。㈢专业银行要逐步成为地方性的银行。㈣进一步密切地方人民银行与专业银行之间的横向联系，密切地方各专业银行之间的横向联系 ㈤建立真正意义上的专业银行或区域性专业银行。㈥建立一些证券投资中心，等等。

（作者单位：中国人民银行总行金融研究所）

文件 8　中青年经济科学工作者学术讨论会纪要[①]

中青年经济科学工作者讨论会纪要

中青年经济科学工作者学术讨论会于1984年9月3日至10日在浙江省德清县召开。这是建国以来第一次全国性的中青年经济科学工作者讨论会。这次会议是由《经济学周报》、《经济日报》、中央人民广播电台、《世界经济导报》、《中国青年报》、《中国青年》杂志、《中国村镇百业信息报》、《经济效益报》、浙江省社会科学院、浙江省经济研究中心联合发起召开的。参加这次会议的正式代表124人。

会议就经济体制改革中的几个主要问题进行了探讨，现纪要如下:

一、关于价格改革问题

大家认为，随着经济体制改革步子加快，特别是企业放活和投资权下放，迫切要求改革不合理的价格体系。经过几年来的调整、改革，我国经济逐步走上正常发展的轨道，财政状况有所好转，大多数工业生产资料和生活消费品供求状况改善，为价格改革创造了有利条件。当然，经济生活中还存在国家财力不足、能源原材料短缺、企业素质较差等制约价格改革的因素。但是，这些困难的克服，在很大程度上却依赖于价格改革的进行。

价格改革主要解决两个问题，一是以提高采掘工业品价格为中心，改革工业品价格体系；二是以解决农产品价格倒挂和补贴过多为中心，调整消费品价格和公用事业收费。对工业品价格如何改革，会议形成两种思路。

第一种，“调放结合，以调为主”。

这种思路认为，能源、原材料等短线工业品的价格，应由国家统一调整，加工工业品的价格可分别不同情况实行浮动价、议价和自由价。如何调整能源、原材料价格，一种主张小调，以减少对整个国民经济的冲击力。但小幅度提价，不足以刺激生产部门增加供给，使用部门节约、代用难以得到明显成效。另一种主张中调，以较大幅度的价格变动，刺激生产和消费，把增产节约的潜力激发出来。对由此产生的连锁反应，作不同的处理。此方案对供求的调节有明显的作

① 《经济学动态》1985 年第 1 期。

用，并且对价格的调整及影响可实行有力的控制。但困难在于对较大幅度调价产生的连锁反应难以准确计算，政府不容易决策。特别是由于调价对企业利益的影响完全取决于国家政策的规定，所有行业都会举出各种理由要求其产品相应提价，使方案难以施行。这有可能使价格改革长期处于纷争之中迟疑不决而不能起步。

第二种，"调放结合，先放后调"。

这种思路认为，能源、原材料调价之所以不易决断，是由于国家计划供应和统一分配的能源、原材料比重仍过大。在这种情况下，较大幅度地提高能源、原材料价格，势必冲击整个国民经济。相反的，如果逐步缩小计划供应物资的范围，即除重点建设项目、重点生产企业（如大电网、铁路、大型骨干企业），以及援外、出口、军工等继续计划供应外，其余一般的建设项目和一般生产企业改由市场供应，缩小统配煤、钢材的比重，再调整这部分物资的价格就容易决策了。这就要求把计划、物资、价格统起来进行配套改革。其具体办法是，先选择供求平衡或供过于求的一般产品，取消指令性计划，改为指导性计划或市场调节；放开其价格，实行浮动价或议价；同时取消平价供应的煤、钢材。由此带来的成本上升，由企业努力生产适销产品、提高产品的竞争力来解决。随着一个个行业的逐步放开，统配煤、钢材的比重就会缩小，供应钢铁厂的统配煤的比重也随之减少。这时较大幅度地提高能源、原材料价格就不会对整个国民经济产生很大冲击。在缩小统配物资比重的同时，如何建立、扩大、疏通物资市场具有重要意义。目前，企业购买短线物资，要迂回曲折地通过各种途径，贻误时间，增加成本，抬高了价格。要改变这种状况，一是放松对自销物资价格20%浮动的控制，实行更高幅度的浮动价或自由价；二是物资企业按议价和市价积极参与计划外物资的购销；三是国家外汇进口的物资划出一部分投放市场；四是普遍建立物资交易中心和批发市场。物资市场的扩大和畅通，不仅可以刺激短线产品的供给，还可引出不符合使用者需要而为社会急需的库存短线物资。这就可能使计划外短线物资的不正常的高价下浮。而市价和牌价接近的趋势就为进一步缩小统配物资的比重，提高统配物资的价格创造了有利的条件。

这种"先放后调，以放促调"的办法好处有三：一是把价格改革这个十分复杂、难以决策的大系统，分解为一个个行业、一类类产品的小系统，改革起来容易预测、决断和施行。二是利用指令性计划外的浮动价、议价创造的市场机制，促进计划价格的改革。这不仅调整了不合理的价格体系，又改革了僵化的价格管理体制。三是把计划、物资、价格统起来配套改革，既缩小了指令性计划，又搞活了物资购销，也改革了价格体系，为企业放活、简政放权、政企分开创造了条件。随着这些老大难问题的解决和突破，城市经济体制改革就能出现新的局面。

上述两种思路，侧重点有所不同，但并不互相排斥和对立，在改革中可把"调"与"放"结合起来，能放的先放，能调的先调，互相促进、相辅而行。

二、关于工业企业实行自负盈亏问题

工业企业实行自负盈亏，根本解决企业吃国家大锅饭、职工吃企业大锅饭问题，才能激发企业积极性，进一步挖掘潜力。会议认为，工业企业实行不同条件、不同程度的自主经营、自负盈亏，可考虑从国营小企业和集体企业起步。为此，建议对国营小企业和集体企业作如下改革：

1. 取消成本工资制，工资不进入成本，物质消耗和管理费用构成成本。

2. 销售收入，除去成本，为企业净产值，在国家、企业、职工中合理分配。

3. 企业先向国家交纳税、费。税包括

产品税、地方税及所得税；费包括承包费或租赁费或固定资产占用费。

4. 净产值除去税费为企业所得。企业必须依法建立后备基金和社会保险基金，余下部分由企业分为生产发展基金和职工收入。

实行上述改革后，“交够国家的，剩下是自己的”，企业就有很大的动力，去减低消耗，创造财富，同时，也有了很大的压力，经营不好，企业就没有收入。

改革中需要处理好两个问题：一是企业收入分配如何防止分光吃尽的问题？可以作两种试验，国家不作任何规定，放手由企业去处理；也可对积累在企业收入分配中的比例规定最低限额。二是企业经营不下去允不允许破产？从宏观看，需求结构改变，科学技术进步，要求生产结构随之改变，企业结构也必须要改变。全社会中，总要关闭一部分企业，把资金、劳力等生产要素投入到社会需求扩大的行业中去，这是一种新陈代谢。从微观看，企业作为生产经营单位，应该对生产经营成果负责。随着指令性计划范围的缩小和价格体系的改革，大量企业将自主地安排生产和销售，大部分产品实行浮动价和自由价。在这种情况下，企业经营亏损，不能维持时就应倒闭。

当前，可制订破产条例，先在国营小企业和集体企业试行。当企业动用后备基金，仍不足以维持职工基本生活时，可向政府申请自救整顿。政府批准后，可酌情在限期内减免税费，职工基本生活费由社会保险基金支付。在规定期限内，企业自救无效，宣布倒闭。政府可帮助联系转并到其他行业或企业，或由劳动服务公司吸引其人员，经培训后介绍就业。

三、关于发挥中心城市多功能问题

随着经济体制改革的深入发展，在提出发挥中心城市作用之后，又提出了发挥城市多功能问题。大家进行了讨论，提出如下意见：

（一）放活企业、增强企业活力，是发挥城市经济多功能的前提和关键。

从历史看，中心城市的形成、城市多功能的发挥，都是建立在高度发展的商品生产、商品交换基础上的。随着商品经济的发展，适应工商企业生产、交换的需要，城市作为这些活动的交汇点，逐步形成了工业中心、流通中心、金融中心、信息中心、科技中心等。我国在生产资料所有制社会主义改造完成之后，实行了高度集中的管理体制，企业被封闭在行政系统、行政区划的框框里，不能自主地扩展联系，因而集聚了大量企业的城市只能成为工业基地，城市经济的辐射力减弱了，城市经济中心的作用和多功能也萎缩了。所以，要发挥城市的多功能，关键在于放活企业。为此，部门要放权，省要放权，城市特别是中心城市也要放权。

城市要把生产经营权放给企业，除了国家统一下达的必要的指令性计划外，城市一般不再增加指令性计划品种的范围，也不在国家下达的指令性计划上加码。统配物资的供应按 1984 年的基数分到企业，今后增长的需要由企业从市场采购，市政府及各部门都应从目前组织生产、供应物资的具体经营事务中解脱出来。对商业的购销活动，市政府除监督企业完成计划调拨任务外，不加干预，更不应实行市场封锁。在放权中，简政要同步。城市对企业的管理层次要大大减少，局和行政性公司两级都要精简或撤并。

（二）城市政府要为城市经济多功能的发挥创造条件，进行规划、指导、服务、监督和管理。

城市在政企分开、不直接管企业生产经营事务之后，主要职能是：

第一，研究确定城市的发展方向。市政府要根据国民经济全局的要求和自身的特点，研究城市多种功能中哪一个是主导功能，多种优势中哪些是最大优势？按照确定的城市发展方向，制订规划，改变产业结构，引导城市经济的发展。

第二，加强基础设施建设、发展第三产业。城市要成为流通中心、金融中心、信息中心、科技中心，需要兴建贸易大楼、宾馆，加强交通、通讯建设，发展各种咨询、服务事业。

第三，发挥指导、管理、监督企业的作用。市政府主要运用经济手段和发布经济信息指导企业的活动，加强对企业的工商管理和税收管理，监督企业完成国家的指令任务和遵守法令，对企业进行必要的仲裁和协调。

（三）要发挥城市多功能，必须改变考核办法和进行相应改革。

要鼓励城市发展第三产业和加强经济合作，需以国民生产总值指标代替工农业总产值指标；把城市与外省、市的联合取得的税利额作为重要的考核指标；改革财政、税收制度，把发展第三产业的大部分好处留给城市。

四、关于沿海14个城市对外开放问题

对外开放就是要结束我国国民经济系统的封闭状态，使我国经济模式具有对外开放的基本特征。因此，对外开放不仅仅是一种方针，更不是权宜之计。

会议认为，在沿海城市对外开放中，要解决以下几个问题：

（一）处理好“打出去”和“引进来”的关系。

沿海城市交通便利、工业基础较好、与国外的传统联系较多，有条件和可能利用对外开放，把产品、技术、资金、人才、劳务“打出去”，扩大出口，为国家赚取更多的外汇；同时“引进来”，消化、吸收、推广国外的先进技术，把我国的传统工业逐步建立在新的科学技术的基础上。衡量对外开放成功的标准，应看它扩大出口了没有？引进了先进技术没有？在扩大出口和引进技术方面，又应把工作的基点放在扩大出口上。这是因为，引进技术的规模取决于我们的支付能力，而支付能力取决于我们的出口能力。当然，为了扩大出口，又必须引进技术，把扩大出口和引进技术很好地结合起来。为此，沿海城市应对具有出口优势、出口潜力的行业作出规划，调整产业政策，优先给以资金、设备、材料、技术，加快技术改造，同时改革外贸体制，以求扩大出口，开拓、扩展国际市场。

（二）处理好技术引进和保护民族工业的关系。

要确定技术引进的重点：优先引进改造我国出口潜力较大的企业的技术；优先引进为我国传统工业技术改造服务的关键技术；优先引进交通、通讯和能源方面的重点技术；优先引进高技术产业的国外配套技术。合理地引进技术要以外资为媒介，以市场换技术。属国内短线产品，可以让出部分市场，以平衡供求并刺激国内产品升级换代；属国内技术落后而又长期停滞不前的产品，可让出部分市场以刺激国内企业更新技术；对国内虽能生产，但距国际水平相差较远的产品，不实行全行业保护，可分别档次，允许国外较高技术水平的同类产品进入国内市场；对确立施加保护的企业或行业，要规定达到规定水平的期限，超期不保或逐步减少保护。这样，所谓保护的范围就局限在：属于国内长线且有自行开发能力的产品；产品技术水平和质量已接近或达到国际标准者；需要垄断技术诀窍的国内自行开发的高技术产品和传统手工业。

（三）处理好沿海开放城市的老区与开发区的关系。

根据沿海城市的战略任务，应该确定“新区为老区服务，外资为内资服务”的方针。“新区为老区服务”就是指开发区的建设目的，不是重新建设一个新的工业基地，而

是服务和推动整个城市的改造和技术发展；“外资为内资服务”，就是指外资引进的目的主要不只是建设新的生产能力，而应主要为带动和提高原有企业的技术水平和生产能力。所以，可以考虑不要把开发区和老区人为地隔离开来，开发区的特殊经济政策不应受开发区地理边界的限制，在政策上是否可明确确定：外商到老区投资进行技术改造，亦应享受和在开发区投资同等的优惠条件；国内企业在老区或开发区与外商合资进行技术改造，亦应享受和外商同等的优惠条件；外商到老区投资兴建高技术产业或大专院校、科研机构，还应给予特殊优惠；不在开发区发行新货币，避免货币投机和因货币造成人为隔离；在适当地点（不一定在开发区内）建立封闭或半封闭的外国人生活区。

（四）处理好各个沿海开放城市开发重点的关系。

从目前14个沿海开放城市的开发方案看，产业配置的初步设想大多雷同，缺乏特色，没有或很少突出各地的优势。为了改变这种倾向，有必要由国家从国民经济发展的全局出发，确定每个地区对外开放的特点和应重点发展的优势产业。是否考虑以大连、天津、上海、广州四个城市为中心来规划整个开发地带的宏观生产力配置。大连重点引进为东北重工业技术改造服务的项目，同时发挥地理优势，拓通欧亚陆桥，发展转口贸易。天津腹地最大，可在对外开放中逐渐由目前的低水平出口加工转向北方特有资源的精深加工，以逐步建立未来渤海湾工业区的优势产业。上海则有条件向尖端技术和新兴产业发展，可以在开放中逐步形成我国的知识技术密集型工业中心。广东除利用香港市场发展中、高档消费品外，还应充分估计到南海石油的开发前景，及时起步为石油开发配套并发展石化工业。四个中心的划分并不排除14个开放点各有优势，但在发展优势的同时应明确自身老工业技术改造的重点，在对外开放和技术改造中积极调整产业结构，扭转目前普遍存在的小而全、大而全的不合理状况。这是在对外开放中提高沿海开放带宏观经济效益的关键。国家完全可以在继续实行分配贷款、分配外汇额度的同时，通过差别税率等措施引导外资的合理流动。

（五）处理好沿海开放和内地开放的关系。

沿海的工业和人才，国外的资金和技术，内地的丰富资源，这三个因素在新形势下的合理组合才能达到最佳的宏观经济效益。因此，目前很有必要在实践中探索沿海与内地多种模式的联合开放之路。具体建议包括：开放一些陆地江岸，在内地选择几个利用外资条件较好的区试办“内陆开发区”；鼓励外资到内地合资甚至独资办矿修路，可根据情况适当延长外商的经营年限，并参照沿海开放地带给予相应的其它优惠；鼓励外资在内地或沿海进行资源的初加工和深加工；鼓励内地直接引进国际一流技术进行重点建设，并给予一定的优惠和资助；鼓励内地部分省区发挥现有或其它产业的工业优势，发展一些相关的高技术产业；鼓励沿海与内地开展各种形式的协作。

五、关于金融体制改革问题

会议认为，随着经济体制改革的发展，地方财政能力不断扩大；企业利润留成不断提高；居民储蓄不断增长。这表明，我国单一的财政分配资金的体制，已逐步发展为财政信贷交叉配合提供建设资金的局面，这就要求高度重视信贷杠杆的作用和改革金融体制。

（一）现行金融体制存在的问题。

我国目前基本上还是实行“统存统贷”的资金管理体制。存款统一集中到中央银行，贷款由中央银行统一下达指标。这样，一方面割裂了各基层银行信贷业务间的资金横向流动，另一方面也割裂了工商业与对应层次银行的直接关系。造成信贷决策远离经营活动，束缚各级银行灵活处理业务，同一地区专业银行资金不能调剂等问题。

同时，四大专业银行各自形成垂直的封闭系统。在我国不存在金融市场，没有中央银行存款准备率、政府债券公开市场业务、证券贴现三大控制手段的情况下，中央货币政策很难发挥作用。

（二）近期改革的政策建议。

1．扩大专业银行和三级银行的存贷自主权，允许资金拆借和交叉开展业务，形成各家各级银行资金互相通融的网络化资金管理体制和业务流动形式。

2．地方专业银行将部分存款以准备金的形式交地方中央银行，作为中央银行调剂区域内资金的基础，并以中央银行为中心，结合专业银行，实现区域内资金平衡和区域内资金融通。

3．建立和完善各级银行信托部，集中社会闲散资金。一是实行商业信用票据化，使企业间的延期付款等关系，转化为票据化的债务债权关系；二是开展银行的票据贴现业务，将企业间的商业信用和债权、债务关系，转化为银行信用和企业与银行的债务、债权关系，从而加速企业的资金周转和扩大银行有保证的贷款额度；三是银行通过信托部或信托投资公司代理发行股票和债券，以保证股票分配、债券的还本付息，控制信贷规模，以及对股票和债券的发行实行社会监督。

4．尽快制定金融方面系统、完整的法规，特别是公司法、票据法、银行法、破产法这样一些保障金融市场正常运行的法规。

5．鉴于目前一些问题尚不明朗，条件尚不成熟，银行机构的改革建议从缓，而把改革的重点放在搞活资金横向流动和扩大各家、各级银行自主权方面。

（三）金融改革的配套措施。

1．建立银行准备金制度，以保证中央银行根据国家宏观经济制度下达贷款指标，保证国家重点项目的顺利进行。

2．为了克服不合理价格体系对资金盲目流动的影响，应充分发挥利率杠杆作用。一是中央银行每年确定一次行业性优惠利率；二是地方专业银行在与中央银行利率政策不冲突的情况下，具有一定的利率确定权。

3．改革目前已过时的抽样商品监测物价指数的办法，建立科学的物价监测用价格指标，以便于控制信用总规模。中央银行除用调整存款准备率控制信贷规模外，必要时可分配各种集资的限额，对超额者采用惩罚性高息等办法。

六、关于发展和管理股份经济问题

1983年下半年起，在我国城乡经济建设中，出现了以股票方式筹集资金的形式，并迅速得到发展，一些国营企业，甚至国家重点建设项目也用债券的形式筹集资金，股份经济已经成为不可避免的现实，具有强大的生命力。

（一）股份经济产生的原因和意义。

股票和债券的股息、红利，债息一般高于银行存款利息，对货币具有一定吸引能力。但就目前我国情况来看，这并不是主要的方面，还有一些更加重要的因素，主要是：

1．经济体制改革后，企业的自有资金和农民手中的生产性资金增多。股份经济打破资金只能投入本企业和自我经营的范围的界限，开阔了生产性资金活动的空间，为资金的合理利用，取得较高的经济效益和收益提供了各种选择。

2．股份经济提供了把各种生产要素和经营条件组织在一起的生产组织的新形式，因而为开辟新的生产创造了各种机会。

3．一些企业和地区向另一些企业和地区投资还在于力求取得某种稳定的经济联系。这些经济联系给投资者带来的收益和重要性，往往大大超过股票和债券本身分配的收益。

4．股份经济还可吸引一部分居民的消费基金，缓和国家资金紧张的局面。

5．村镇股份经济的发展，对改变农村生产结构，为剩余劳力提供新的出路，发展农村商品生产有巨大作用。

6．股份经济使投资由国家一元决策的模式，转变为由投资者多元决策的模式，为投资决策的分离提供一种现实出路。

7．企业资金的相互交叉，居民货币与企业资金的融合，带来横向的经济利益联系，这又是社会分工、协作，及利益协调的稳定基础。

(二）当前股份经济中存在的问题及相应的建议。

1．由于股票和债券业务涉及到复杂的财产权利和所有权的利益分配，又很少受行政的干预和调节，因而应颁布一些暂行管理办法，并逐步形成正式的股份经济法律。

2．对于正在发展的股份经济，由于有些问题尚不清楚，建议对发生的问题，一是观察其发展方向，不急于做结论；二是给予非强行的指导；三是对看准的事情加以管理。

3．在政府没有设立专门的股票、债券机构之前，它们的发行、购买、转户、偿付可由银行的信托部承担，让暗中的股票、债券交易公开化。

4．为防止有害于社会的投机行为，股票和债券的发行要通过相应单位审批。现阶段可暂由上级主管部门审查，然后逐步过渡到专门的审批机构。

5．建立适当的仲裁机构，由于企业有资金存于银行，银行对其有一定约束能力，并比较了解其经营情况，建议暂时由银行作为仲裁机构。

6．各类不同性质企业应有不同的股票、债券发行政策：国家重点工程和国营大企业的技术改造、扩建项目的发行由政府担保的定期债券为主；国营小企业的建设可发行部分股票，扩建和技术改造可发行股票和债券；集体所有制企业的建设和发展应以股票形式为主，短期资金以债券为主；中外合资经营企业应是股份经济的经营形式。

7．在目前阶段，股票应以记名股票为主。

8．发行股票的公司应将其财产和经营状况向主管发行的机构申报，在理由充分的情况下，主管发行的机构有否决的权利。

9．银行和工商管理部门有权检查股息、红利、债息的发放是否合理。

10．企业只能用自有资金，而不得用国家预算内资金购买股票和债券。

11．建议对股票和债券的收入征收累进所得税。但开始时起征点应高一些，累进的程度不要太高。今后根据股份经济的发展逐步调整。

七、关于农村产业结构变动问题

农村产业结构的变革需要解决一系列问题。

（一）解决价格倒挂和改革购销体制。

具体建议是：中央对粮食的补贴按定额包给各地区；同时把粮食的管理权限放到各地区；在一定时期内，各地区在保证中央上交任务后，在购粮方式、补贴方式和粮食价格体制方面，可以有不同的模式；中央只负责主要城市的粮食调入和财政用粮，同时建立中央粮食储备系统以调节丰歉，并实行保护价格政策。合理的价格体系和畅通的流通渠道是农村产业结构变革的必要条件。

（二）选择好带头产业。

农村新的产业要选择那些近期有可能成长为影响全局的产业，它们至少要合乎三个条件：第一，这种产业的市场广阔，并随着国民收入的增长，其销售量稳定地扩大，并且能带动一系列相关产业的发展，也就是说潜在市场很大。第二、这种产业的生产率随着产业规模的扩大，提高的幅度较大，也就是潜在的竞争力很强。第三、这种产业的资金回收期较短、资金积累速度快。目前农村可供考虑优先振兴的产业有：食品业、饲养业、饲料业、建筑业、公路修建业、运输业、采矿业、林业、小型能源产业等等。

（三）运用好农村资金。

从现在起到本世纪末，农村平均每年要从土地上转移出2,000万左右的劳动力，装备这些劳动力每年需要200～300亿元的资金。这是国家财政和银行贷款无法承受的。但是农村改变自给半自给生产面貌，发展大规模商品经济，不仅提出资金要求，也为解决资金问题创造了条件。随着农村商品经济的发展，出现了联营，带资入厂，债券、股份等各种形式的社会集资。社会集资的发展，农民自己组织的第二信用渠道的开辟，将弥补银行功能的不足和推动其改革。

（四）重视区域的特点。

我国农村的资源状况和经济发展水平很不平衡，因而经济开发和产业政策都带有强烈的区域特色。我国农村基本上处于三类状态：第一类是比较发达的地区，商品经济比较成熟，具备必要的资金积累和初步的生产配套基础，拥有一批技术人材和管理人材，优势激发优势，机会创造机会，发展生产的门路广阔。第二类是起步的地区，他们资金、技术、管理能力较弱，商品生产不发达，市场不广阔，但有一种强烈的发展欲望，急于寻找发展的机会，但经常搞什么则什么过剩。第三类是滞后地区，他们商品生产的条件差，处于自给半自给生产状况，甚至感觉不到有发展商品生产的迫切性。我国的农村产业政策应针对地区特点有所不同。对第一类地区，主要是从政策上进一步放活；对第二类地区，主要是解决发展商品生产的一些必要条件；对第三类地区，主要是扶植和引导。只有采取实事求是，而不是"一刀切"的政策，农村的产业结构变革才能更加顺利地发展。

八、关于我国现阶段政府经济职能问题

实行政企分离，是我国现阶段经济改革的基本目标之一。

会议在分析政府经济职能的制约条件后认为，总的来说，我国政府的经济职能应当缩小，由经营型转向调节型，由微观经济转向宏观经济，由低层次的管理转向高层次的管理。具体讲，政府应当下放大部分企业的经营管理权，由企业根据市场需要组织生产。政府应当担负的经济职能主要有三项：

1．对微观经济活动进行调节。包括：处理利益关系，例如制定和实施经济法规，负责社会收入再分配，负责社会保险、补贴、救济等；协调经济活动，例如制定经济、社会发展战略，经济发展长远规划，年度指令性计划，提供经济信息和社会统计，用经济手段引导生产和消费方向。

2．提供经济发展的环境。社会环境方面包括维持治安，负责公用事业，基础设施建设，控制人口等。自然环境方面包括治理环境污染，保护稀缺资源和社会共有资源等。此外，在对外经济关系中，政府要担负一切以国家名义进行的经济活动。

3．经营少数关系国计民生的企业。这方面主要有交通、邮电通讯、银行以及新兴产业的重点项目、国防工业等。

政府的经济职能问题，除了政府同企业的分工外，还包括政府系统内部各层次的分工，需要确定中央政府、省、地、市、县各级政府的职能范围。

（大会秘书处）

3.《经济日报》报道

周平、阎卡林、高善罡："全国首次中青年经济科学工作者学术讨论会 探讨经济改革的重大理论和现实问题，勇于探索，深入分析，互相切磋，提出了一些值得重视的见解。"载《经济日报》，1984 年 9 月 12 日。

經濟日報
ECONOMIC DAILY
1984 年 9 月 12 星期三 农历甲子年八月十七 第530号 (总1103号)

全国首次中青年经济科学工作者学术讨论会

探讨经济改革的重大理论和现实问题

勇于探索，深入分析，互相切磋，提出了一些值得重视的见解

本报杭州专电 中央人民广播电台通讯员阎卡林、记者高善罡报道 刚刚在浙江省德清县闭幕的全国首次中青年经济科学工作者学术讨论会，在组织中青年经济科学工作者发挥聪明才智、为经济改革献计献策、理论联系实际地探讨社会主义建设和改革中的重大理论问题和现实问题方面，进行了可喜的尝试。在会风方面也有创新，受到会议代表和许多老同志的称赞。

这次会议由经济日报、经济学周报、中央人民广播电台、中国青年报等单位联合发起，得到了中央有关部门的关怀，以及浙江省委、省政府的大力支持。浙江省委副书记、省长薛驹，省委顾问委员会副主任崔健，省委常委、宣传部部长罗东到会讲话，对会议表示支持和祝贺。

参加这次会议的一百二十多名正式代表，是由会议筹备组根据来自全国二十九个省、市、自治区的一千三百余篇应征论文挑选产生的。在选拔过程中，坚持不讲学历、不讲职称、不讲"名气"、不讲关系，代表资格一律凭其论文水平确定。

这次会上没有采取各自宣读论文、交换资料、泛泛议论等老办法，而是以城市经济改革及其相关问题作为中心议题，分七个专题小组展开讨论。有的同志对实行第二步利改税后，如何进一步改革价格体系提出了设想；有的同志对自负盈亏和行业管理在较深入的层次上进行了探讨；有些同志针对开放中存在的一些问题，对开放城市如何创造良好的投资环境进行了分析；有的同志对发挥中心城市多种功能的必要性及其遇到的障碍作了分析，提出中心城市改革的一些设想；有的同志对现实经济生活中出现的股份经济、保险、私人办企业、金融市场等新课题展开了讨论；有的同志从现实出发对我国当前农村形势和改变产业结构等问题进行了讨论，提出了一些解决办法；还有的同志围绕体制改革的总体设想、政企分离、国家的经济职能、所有制形式以及经济模式的选择等基本理论问题展开了讨论。大家在研究探讨过程中，力求运用马克思主义的立场、观点和方法，运用个人平时积累的知识和调查材料进行深入分析，互相切磋，提出了一些值得重视的见解。

会议开得生动活泼，大家畅所欲言，平等讨论，不讲发明权，互相补充，形成集体成果。会议期间，不看电影，不游山玩水，激烈的讨论经常延续到深夜。不少老同志说，这批中青年经济科学工作者，不仅有马列主义理论修养，而且知识面广，信息量大。他们勇于探索、勇于进取，严肃认真，表现了高度责任感和紧迫感，富有事业心和献身精神。与会的中青年经济科学工作者也感到，通过这次会议，扩大了眼界，打开了思路，为今后如何联系实际搞好理论研究工作得到了有益的启示，希望以后多开这样的会。

4. 刘佑成工作笔记本（1984.9.3-9.8）

9月3日 中青年学术讨论会

上午：开幕式

王瑞荪主持，致开幕词。

薛驹同志讲话。

这次会议的召开有历史意义。会议的召开，标志着中青年在政治上、理论上成熟。

浙江体制改革的情况。浙江工作的方针是“两改、两开”（改革体制，技术改造；对外开放，对内开放）

改革的问题：

1. 农村集资办企业问题。农民拿出27000万集资，农民买汽车占全省运输的1/3。对集资企业的引导，如何使之由单纯盈利，转向开发生产。另外，官商合资的问题。160万专业户的集资。

2. 国营企业现在有权不会用，不敢用，不能用。如何进一步发挥国营经济的活力。

3. 政府的经济职能，计划体制改革。

4. 行业管理、专业化协作，同中心城市作用问题。如旅游，要求全省和省际联系，但城市也要下放饭店。

5. 对外开放。

9.3、中日经济学术讨论会。

上午：开幕式。

主持薛暮桥，致开幕词。

薛暮桥向日方讲话。

这次会议的召开有历史意义。会议的召开，标志着中日经济交流上、理论上的成就。

讲到经济体制改革的时候，谈到了两个方针是两改、两开。（经济体制改革，技术改造，对外开放，对内开放）。

改革的情况：

1、农村集体经济的改革。农民出现2700万专业户。农民要求走什么道路的问题。对集体经济的影响。如何保证协作、体制，农村向什么方向发展。城乡经济关系的问题。160万降低的集体

2、国营企业改革所有权又分开，又能用，又能用。如何走一条搞活经营管理的活力。

3、改革的经济管理体制，计划体制改革。

4、行业管理、专业化协作，中心城市作用问题。如旅游，技术合作和考察研究，但，城市也要下放权力。

5、对外开放。

9月3日晚：召集人碰头会

9月1日，张劲夫在投资公司会议上的讲话。

经济形势很好，增长速度都在两位数。

传达赵的讲话。

我们经济目标是富民兴邦。

改革的必要性。农村，财政等。

改革的复杂性。

我们还要搞计划经济，但要搞活，减少指令性计划，扩大指导性计划，二者加起来就是计划经济为主。国营企业要独立核算，自负盈亏。所有权同经营权不能画等号。

经济发展的部署。一是搞老企业的改造，一是对外开放，引进技术和设备。手段是用技术换市场。此外抓先进的、优质的产品。薛暮桥讲两个病灶，低工资、低价格。

赵讲，现在要采取一个主要的工作方法：两代人的对话。

9月3日晚：

召集人碰头会。

9月一日，紫阳同志在技协与科学议上的讲话。

经济形势很好，城乡建设都更好地。

传达赵的讲话。

我们经济目标是富民兴邦。

改革计划的体制。价格、财税体制。

改革计价体制。

我们还是搞计划经济，但要搞活，减少指令性计划，扩大指导性计划，二者加起来同是计划经济的。12[illegible]要明白搞活，国家宏观控制。包括权利代替权力划分等。

经济发展的布置。一是搞基本建设的投资，一是对老企业，引进技术和设备。广泛运用技术改造。出口机电产品、优质的产品。

薛暮桥讲了个问题，低工资、低价格。

赵讲，认真采取一个较好的工作方法；两个人的对话。

政府的经济职能

一、问题的提出：确定政府经济职能的意义。

1. 现存体制的结构。体制是生产关系的具体综合形式，国家所有、国家经营管理（计划）、国家统分、社会改革的总体方向。

2. 结构性弊端。

3. 出路何在：社会主义的商品经济。

4. 缩小政府经济职能是关键。

二、政府的经济职能确定依据

1. 政府是怎样产生的。

（1）阶级对立

（2）社会公共事务

2. 政府的基本职能是调节社会矛盾和担负公共事务。

政府的经济职能

一、问题的提出：确定政府经济职能的意义。

战时体制 苏联 影响。

1、现存体制的特征。体制是与特定的具体情况相联系的。以个人为本，以行政管理(计划)，12和的5。

2、统制性弊病。

3、出路何在：社会主义的商品经济。

4、搞好政府经济职能是关键。

二、政府的经济职能确定依据。

1. 政府是怎样产生的。

①阶级对立　②社会公共事务。

2. 政府的经济职能是调节社会矛盾和执行公共事务。

9 月 6 日 各组交流

第一组

1. 模式：改革计划管理体制。

核心：企业活力，自负盈亏。

条件：计划——物资——价格，以价格改革为中心的配套改革。

2. 价格改革三方案：

（1）调整价格，先调后放。

价格不合理，不是由国家管价造成的。

一是统一定价（能源、原材料、公用事业），二是浮动价，三是自由价。价格管理权适当由中央下放到地方。

价格改革的约束条件：财政、收入、波动。

（2）逐步放开。基点是国家不应管制物价。

第一步，指令转指导，统配转市场，定价转自由。

第二步，生产资料统，其他放。

第三步，分批放，分步放。

6/7、分组讨论：

一、第一组。

1. 模式：改革计划管理体制。

核心：企业活力，自负盈亏。

条件：计划—物资—价格，

以价格改革为中心的配套改革。

2. 价格改革三方案：

(1)、调整价格，是利润分配权。

价格不合理，不是由它本身造成的。

一是统一定价（钢铁、原材料、公用事业），二是浮动价，三是自由价。价格管理权逐步由中央下放到地方。

价格改革的保障条件：财政、收入、储蓄。

(2)、政策改革。若干部门的不合理利益化。

第一条，指令性指标，逐渐改为市场，定价权下放。

第二种，由于行业性质，共同定。

第三，~~[illegible]~~分配权，定价权。

***（未触及的问题）**

一、价格改革的方向，决定于经济模式的选择，后者又决定于政府的经济职能。（应当立足于放）

二、价格改革的条件：

三种价格统一进行：（1）商品的价格，（2）劳动力价格，（3）货币价格（利息）。

政府是国家机器的一部分。

（政府的经济职能应涉及到目前具体的体制，如价格、物资要不要管、所有制。）

经济法规：制定破产法，对象是小企业、涉外企业。

国家经济职能应由管微观转向管宏观，由管企业转向管行业。国家应不应当管行业？以国家的行业部和行业协会两种形式搞。区域管理要不要。

※（李[illegible]的谈话）

一、价格改革的方向，决定于经济模式的选择，
而后又决定于政府的经济职能。（经营决策权）

二、价格改革的条件：
三种价格并一进行：(1)、指令价格，
(2)、市场价格，
(3)、浮动价格。（利息）
政府是国家机构的一部分。

（政府的经济职能是涉及国家宏观的控制，如价格、利率、税收及财政、货币的控制。）

经济杠杆：利息、税率，汇率
是第一位的，其次[illegible]。

国家经济职能是由谁做的，就向谁负责，[illegible]由谁负责，就向谁负责。国家是不是要有政府[illegible]？从国外的经验看，[illegible]。[illegible]

（3）两派的共同点是：第一，紧缺的生产资料统一定价；第二，农产品和公用事业价格变动要谨慎。

二、第二组：自负盈亏，行业管理。

1. 自负盈亏（两个问题：A. 中小企业的自负盈亏，B. 大企业的优惠政策）

（1）概念：

“自”：资产所有者，独立经营等。也就是说，企业拥有所有权，还是经营权。认为国家所有，国家经营；和国家所有，集体经营；国家所有，承包经营；国家所有，租赁经营。

自负盈亏使企业成为相对独立的经营主体。

（2）自负盈亏的实现条件。

第一，改变计划体制。扩大指导性计划。

第二，价格体系必须改革。

第三，扩大再生产的权要给企业。企业留利形成的固定资产，应该留给企业。但没有改变所有者。

(3)、两级的主从关系：第一、坚持以中央为主的统一领导。第二、地方有权在中央统一领导下灵活变动的顺序。

2、第二个问题：厂长负责，行政负责。

1、厂长负责：（附注：A、中小企业的厂长负责，
B、大企业的代表负责）

①、概念：

"厂"长负责的前提，就是所有权与经营权分离。也就是说，
企业拥有的所有权，还是经营权。这就是说，
国家的，归国家所有；和企业的经营权，归企业；
职工的权力，归职工；个人的，归个人。

厂长负责使企业成为相对独立的经济实体。

②、厂长负责制的实施条件。

第一、改变计划体制，扩大指导性计划。

第二、价格体制的改革。

第三、扩大自主权给企业。企业有利润的使用权，交给企业。但没有积累的财产。

第四，其他改革的配套。

（3）小企业放活后，大企业怎么办？

要给大企业优惠政策：

第一，折旧率提高。

第二，减免调节税。

第三，对短线产品实行递增包干。

第四，实行低息无期贷款。

第五，搞补偿贸易。

第六，发行股票。

第七，改变指令性计划层层加码。

2. 行业管理。

第三组：对外开放

1. 对外开放的几个理论问题。

（1）目的与含义。

目标一是追求宏观的社会效益，提高现代化实力；

第二是探索有中国特色的社会主义模式。含义有三：第一是多方面的开放，第二是多层次的，第三是既进又出。

第四：基础改革的配套。

③、小企业放权后，大企业怎么办？

要给大企业优惠政策：

第一、折旧率提高。

第二、机动调节税，

第三、对主要城市企业实行重点改革。

第四、实行低息长期贷款。

第五、推销信贷。

第六、实行股份。

第七、改变指令性计划层层加码。

五、行业管理：

第三部分、对外开放：

1、对外开放的几个理论问题。

①、关于主权问题。开放是一个国家在经济上的联系，不是社会主义独有的，第二个特点就是在经济上的合作交流方式。

经济特区三：第一个是开放的窗口，第二个是经济的，第三、试验场。

（2）以沿海地带为先导，推动全面改革。

这条路子比从某个环节开始改实在，比从农村改有先进性。区域解决。

（3）对外开放和改革的关系。

2. 我国投资环境分析。

（1）税率不是吸引投资的主要因素，基础设施也不是决定条件。

基本条件是：第一，提供外资可以生存的环境。第二，对外谈判双方都应是经营实体，而不是政府。第三，要有稳定的法制条件。

（2）协调关系。

沿海开放和内地开发相结合，以平衡外汇。带动内地，解决内地的原料。上游、下游产品扩大。

3. 引进来与走出去的问题。

②以沿海地带为先导，有步骤地展开。

这样做也可以从基本上保证开放的成功，也可以保持政策连续性。保持稳定。

③对外开放和改革的结合。

2、引进技术和经济合作。

①、技术引进要以增加出口为前提。合资企业也可以搞返销。

需要注意三点：第一、提供外汇的必须严格。第二、对外谈判双方都要讲信用，而不是欺诈。第三、政府授予的优惠条件。

③、十四个城市：

(1)、沿海开放和内地开发相结合，以平衡外汇。帮助内地，促进内地的发展。

上海、天津多方扩大。

3、引进与走出去的问题：

4. 加快技术引进的步伐。

7% 世界先进，23% 国内先进，4% 国内一般，30% 是落后于国内的技术。（深圳引进技术的结构。）中国要强调引进适度技术，不是引进高技术。因为无消化能力，无配套能力。

具体：（1）交通能源、通信技术。我国急需，国外又不是尖端；（2）传统产业的改造技术；（3）新兴产业。

5. 经济实体。

对外开放的经济实体应是企业，不是政府。

（1）开发区的经济实体应是企业，首先实行政企分开。

（2）外贸单位应企业化。

6. 提高对外开放中的宏观经济效益。

沿海地区形成四个经济圈。

（1）大连，为东北（圈），成为大陆桥。

4、加快技术引进的步伐：

1/3是较先进，23%比较先进，44%的一般，30%是落后于比较的技术。（这里指技术的说明）。中外合资项目引进多数技术，不是引进的技术。因为先进的能力，无配套能力。

关键：(1)改进审批、引进技术，加强急需，(2)引进外汇消化；(3)促进与外方谈判技术。(4)制定条件。

5、经济立法：

对外开放的经济立法主要包括、立法机构。
(1)开放区的经济立法要重视、宏观和行政法律。
(2)对外贸易法规要统一化。

6、推进对外开放中的若干经济政策。

沿海开放的14个港口城市。(1)大陆，(2)特区。
(3)四大经济区。

（2）天津

（3）上海：高精尖

（4）珠江三角洲

南海油田保守估计20亿吨

第四组：中心城市发挥多功能。

怎样发挥贸易中心，形成全国统一市场问题。

当前应注意解决的问题：

第五组：金融问题

1. 对外开放用人民币制的矛盾

（1）汇率，现有两种，价差达47%。

现在结算按法定汇率，因而使外商不愿把外汇带进来，而宁可在国外买设备。这已成为引进外资一个障碍。现用发特区货币的办法解决。

（2）人民币不能自由兑换。

（3）沿海搞优惠汇率。

（二）、天津，（三）、上海、南京，（四）、[illegible]

[illegible]经济合作的组织形式。

第四部分：中心城市的[illegible]问题。

怎样发挥它的中心，就涉及到[illegible]问题。

需要立法来解决的问题：

第五部分：金融改革。

1、对改革现行人民币制的意见。

（一）、汇率。改用浮动汇率。公布出价。

[illegible]汇率，[illegible]汇率[illegible]。[illegible]

（二）、人民币之间自由兑换。

（三）、[illegible]汇率。

2. 银行改革要扩大地方的权限，分行独立。改变现在统筹统贷的办法。

3. 宏观信贷规模控制。

货币发行量现在从两个点考虑：

（1）商品流通需要量；

（2）信贷需要量。

从后者出发，货币发行过多。关键是从宏观上控制信贷规模。信贷不足，不平衡，可以通过提高利率，限制贷款，和发股票、搞证券市场等形式。

4. 社会集资和股份经济。

第七组：

1. 所有制问题。

（1）所有权同经营权的分离的依据和后果。

（2）不同所有制的相互融合。

2. 政府的经济职能。

3. 体改目标模式的选择问题。

2、银行以本行对授权地方的权限，分行如此。改变现在统筹信贷的办法。

3、宏观信贷规模控制：

货币发行量现在从两个方面：(1)、财政透支；(2)、信贷差额。从而会造成货币发行过多。关键是从宏观上控制信贷规模。信贷不足，不平衡，可以通过提高利率、限制贷款，和收缩贷款，抛售证券市场的方式。

4、社会集资和股份信贷：

第八组：

1、价格制度：

①、价格改革与经济体制改革的依据和后果。

②、又对价格制订的双重作用。

2、政府的经济职能：

3、体制目标模式的选择问题。

9 月 10 日上午大会讲讨论结果。

一、城市多功能。

二、自负盈亏。

三、粮食问题：

△不能用财政补粮食，这不仅因为财政补不起，而且因为它不能促进由第一粮食转为第二粮食。要靠产业结构变化，由购买力来引导粮食增长。办法是中央财政补贴同省切开，由省自主。中央建立粮食保险制度，粮价保护制度和统计制度。

△农村经济的另一个问题是促进产业结构的变化。

9 月 10 日下午：

崔健同志讲话：

1. 会议开得好，是成功的，向党献计献策。

2. 当前形势有两好。

3. 几点希望：

（1）把这次会议的研究成果继续钻研下去；

（2）认真刻苦地学习。

罗东同志讲话：

表态性的。

冯兰瑞同志总结：

一、会议评价：

1. 开出了青年人的精神；

2. 出了一些可供中央参考的成果；

3. 提出了一些问题。

9.10. 上午大会讲讨论结果。

一、物价改革的方向：

二、价格改革。

三、粮食问题。

△现阶段问题对价格改革影响，这不仅问题是价格体系的不合理，而是问题已不能体现出由第一轮和第二轮。政府与生产者的变化，由生产者去实现粮食购销。问题是中央的财政补贴的负担，由农民承担。中央已把粮食价格控制权，粮价统购统销和统计制度。

△、粮食问题对价格改革的另一个问题是促进产业结构的变化。

9.10 下午：

岳进同志讲话：

1. 会议开得好，是成功的，问题越讨论越清楚。

2. 学术气氛开得好。

3. 几点希望。

①、把这次会议的研究成果继续深入研究下去；

②、认真刻苦地学习。

③、

安东同志讲话：

表态赞同。

冯兰瑞同志总结：

一、会议评价：

1. 开出了年轻人的新风格。

2. 出了一批可供中央参考的成果。

3. 推出了一批新人。

二、会上提出和实际提出有待研究的问题：

1. 关于计划经济

（1）市场调节部分是否脱离计划指导；

（2）指导性计划和指令性计划要不要使用市场机制；

（3）国家对经济的宏观控制要不要经济杠杆；

（4）商品经济。

2. 价格改革

（1）理论依据是什么，是由国家制定，还是由市场机制自然地形成？

（2）改革两方案的预测；

（3）粮食价格问题。补贴是否继续，暗补还是明补？

3. 农村经济

农村产业结构的变动，涉及我国农业现代化的道路问题。

4. 中心城市

发挥城市多功能是在什么条件下提出来的，指什么？这个问题同商品经济是分不开的。

三、会议不足之处

1. 理论准备不足；

2. 献计献策事先没有打招呼。

2，会上提出和交谈提出有待研究的问题：

1、关于计划经济。

①、市场调节部分是否脱离计划指导。

②、指导性计划和指令性计划如何运用市场机制。

③、国家对经济的宏观控制如何运用经济杠杆。

④、商品经济。

2、价格改革。

①、理论价格是什么，是由国家制定，还是由市场机制自发地形成？

②、改革的方案和预测。

③、粮食价格问题，对此是否解决，时机还是成熟？

3、农村经济：

农村产业结构的变动，涉及到对小农业认识和他们的适应问题。

4、中心城市：

城市对城乡的功能是在什么条件下提出来的，指什么：部门的和地区经济是否不解决。

三、会议不足之处：

(1) 理论准备不足。

(2)、对讨论事先没有打招呼。

9月8日，会议向张劲夫同志汇报

地点：王庄2号楼，时间上午8时–12时。

人员：张劲夫、李湘鲁、孔丹、张钢、徐景安、华生、田源、周其仁、陈申申、刘渝、沈水根、刘佑成等10人。（天津）

张劲夫：紫阳同志最近提出两代人对话，理论与实际对话，中央同地方对话，我们随便谈谈，交换看法。现在中央正研究城市体制改革问题，你们有好的意见，可以吸收进去。

下边由田源等人分别汇报价格、粮食、金融、对外开放问题。在汇报价格调整时，劲夫插话：请浙江同志研究一个问题，搞一个材料。为什么浙江的企业用协作煤，价格高，产品的效益还高呢？财政收入还改善了呢？（价格放开后，肯定是一个上涨的趋势，因为我们的基础工业落后，生产资料不足。但价格上涨可以迫使企业节约材料，找代用品，江浙就是现实的例证。）

汇报结束后，请劲夫同志作指示。

劲夫：

1. 听了汇报后，感到基本的精神是放。不要都挑在中央的肩上，问题和责任分散，大系统分解。但同时不要增加财政负担，要算算账。（对减少中央的负担感兴趣）

2. 要研究改革同建设的关系。体制改革的主要困难是，目前基本建设的规模还九月八日，今议向张劲夫同志汇报。

地点：玉北2号楼，时间4时—12时。

人员：张劲夫、李湘鲁、孔丹、

张钢、徐景安、华生、田源、

周其仁、陈申申、刘卿、沈水根、

刘佑成等10人。（天津）

张劲夫：紫阳同志最近提出两代人对话，理论与实际对话，中央同地方对话，我们随便谈谈，交换看法。现在中央正研究城市体制改革问题，你们有好的意见，可以吸收进去。

下边由田源等人分别汇报价格、财税、金融、对外开放问题。在汇报价格控制时，劲夫插话：请浙江同志研究一搞一个材料。

问题：为什么浙江的企业同时体现出，价格高，平均的效益反而高呢？财政收入反而改善了呢？[价格放开后，曾是一个上涨的趋势，同时我们的基础工业发展后，生产资料不足。但价格上涨又可以使企业节约材料，找代用品。浙江就是很好的例证。]

汇报结束后，请劲夫同志作指示。

劲夫：

（不要都加在中央的头上，之间应考虑代价和大小，综合）

1. 听了汇报后，感到青年人的精神可敬。但他们对不要增加财政负担，要关心些。（对此和中央的负担应考虑）

2. 要研究改革的过渡的办法。体制改革的总体设想，从原来过渡到新模式是大，要搞改革不能火上添油，要釜底抽薪。改革怎样才不导致通货膨胀？如果搞价格等改革，要不要控制货币发行量，货币每年搞三位数行不行？要考虑经济承受力。总之，体改的目标看准，步子走稳。

3. 城市体制改革，大事是计划经济为主，市场调节为辅，怎样理解，怎样具体化？首先要明确社会主义社会还是商品生产、商品交换，不承认商品生产就变成了自然经济。紫阳讲，我们是计划经济，但计划不等于指令性计划。现在要扩大指导性计划，缩小指令性计划。市场经济有广狭之分，广义的市场经济是西方那种，我们讲的市场调节是狭义的，就是陈云同志讲的小商品。现在改革的方向不是搞广义的市场经济，而是扩大指导性计划，指令性计划也要运用价值规律。

4. 我想同研究世界经济的人接触一下。战后资本主义是如何运转的，用什么办法减缓衰老？有些值得我们研究。例如，目前西方的新自由主义，现在真正在起作用。列宁当年很重视研究资本主义的东西，这种辩证的方法我们要学习。

最后，会议代表提出要帮助中青年研究问题。劲夫讲，你们开一个名单，我给有关方面打招呼。

差大，要搞改革不闯出点新路，要有闯的精神。改革怎样才不导致过分紊乱呢？必要搞价格改革。要不要搞到步骤，为何发行货币，价格要搞三年还是五年？要考虑经济的实力。总之，经济改革的规律，需要摸索。

3. 城市体制改革，大方向是计划经济为主，市场调节为辅，怎样理解，怎样具体化？首先要明确社会主义社会还是商品生产、商品交换；不承认商品生产就违反了价值法则。中央讲，我们是计划经济，但计划不等于指令性计划。现在要扩大指导性计划，缩小指令性计划。市场经济有个狭义的、广义的，市场经济是西方那种，我们讲的市场调节是狭义的，就是陈云同志讲的那部分。现在改革的方向不是搞广义的市场经济，而是扩大指导性计划，指令性计划也要运用价值规律。

4. 我们研究经济理论的人接触一下。现在全部都是从何处来的，用什么来代替以前的东西：应该说我们研究。例如，旧时西方的新自由主义，现在有反作用。刘国光同志很重视研究经济理论的事的，这种东西应该介绍给我们分开。

⑤ 最后，会议能不能提出几个需要研究的问题。马洪同志讲，能否开个会，找部分同志研究？

（向张劲夫汇报）会议中提出的新思想：

1. 价格改革

（1）价格改革要加快进行。第一，城市体制改革的主要问题是计划体制，而计划实质是物资，物资实质是价格，价格不改，各方面都无法改。第二，现在生产资料价格偏低，致使浪费很大，早改可增加财政收入。第三，对外开放要求改价格，否则汇率无法定。因此，建议中央提前进行价格改革。

（2）改革的两种方案：

A. 调放结合，以调为主。价格三块：工业品出厂价、消费品、农产品，以工业品为先。主要问题是调价的连锁反应不可预见，难下决心。同时价格是上涨趋势，财政负担会增加。

B. 调放结合，以放为主。好处是缩小可控、可预见的范围，减少财政负担。

会议中提出的新思想：

1. 价格改革：

①. 价格改革要加快进行。第一、城市经济体制改革的突破口是计划体制，而计划关键是物资，物资关键是价格，价格不改，各方面都无法改。第二、现在比价体系价格体系混乱，补贴负担很大，早改可增加财政收入。第三、对外开放要求改价格，否则汇率无法定。因此，会议中要求提前进行价格改革。

②. 改革的两种方案：价格改革：一步到位下价。调整价。以小步走放开

A. 以调放结合，以调为主。这问题是计划体制的思想改变不可能，难下决心。同时价格上涨的趋势，也就是放开会增加。

B. 调放结合，以放为主。好处是缩小可控、可能的范围，减少财政包袱。

办法是逐步把价格放开，由供求来决定。先放长线的、非垄断的，并定浮动价格。价格上涨后，一方面促进生产，改变供求关系；另一方面迫使企业进行技术改造，相对减少需求。待供求平衡后，价格稳定下来，然后再调整。放的办法是，放产品计划、价格和物资供应同时进行，放的顺序可考虑从长线和短线两个方面开始，这是价格改革的新思路。

（3）存在的问题：竞争环境，与工资挂钩，以及预测。

2. 农村经济

（1）怎样进一步发展粮食生产？

农村责任制后，粮食生产形势很好。但要看到近几年是非正常增长，局面不能维持下去了，要采取新的政策。

先放开城市、非管部门、重要消费品价格。

办法是逐步把价格放开，由供求来决定。价格上涨后，一方面促进生产，改变供求关系；另一方面迫使企业进行技术改造，加强管理、节约消耗。待供求平衡后，价格就会下降，然后再调整。我们的办法是，放开部分计划，价格和物资供应同时进行，我们必须从自成和转成两个方面开始。

这是价格改革的新思路。

③、防止通货膨胀：要控制货币发行，与工资挂钩，以便控制。

存1500亿元好。
600—800亿元 转为存款

2、农村经济：

(1)、怎样进一步发展粮食生产：

农村实行责任制后，粮食生产形势很好。但是未来能否这样持续增长，问题不能忽视（接下去），要采取新的政策。

目前的形势是粮食在低消费水平上的相对过剩。一方面国家用财政补贴粮价的办法刺激生产，另一方面收购的粮食又销不出去，大量堆积在仓库，仓库容纳不了。（存1500亿斤粮，600亿-800亿斤露天存放）所以，粮食生产的政策要由靠财政补贴，改为增加有支付能力的需求。办法是不再增加粮贴。中央和地方财政补贴按现在比例三七开，切开负责。地方粮食自主权灵活使用，促进产业结构变化。特别是要发展第二粮食。

（2）发展新的产业结构，转向带头产业。为此要搞活资金、劳力、技术。

3. 金融

（1）扩大地方银行权利，加强横向资金流动。

（2）股票问题。

现在财政每年赤字30亿元，国债40亿元，向银行透支60亿元。

目前的形势是粮食在低消费水平上的相对过剩。一方面国家用财政补贴的粮价补给的办法刺激生产，另一方面收上来的粮食又销不出去，大家也忙于找仓库，仓库容纳不了。所以，粮食生产的政策要由靠财政补贴，改为增加有支付能力的需求。办法是不再增加补贴，中央和地方财政补贴现在按比例三七开，切开包干。地方粮食有支配权，灵活使用，促进产业结构变化。特别是发展第二粮食。

(2)、发展新的产业结构。转向第三产业，为此要增加信贷、劳力、技术

3、金融、

(1)、扩大地方银行权利，加强银行资金流动。

(2)、改利率。

现在财政向银行每年补贴30亿、12亿40亿、
向银行透支加九

4. 对外开放：

主要问题是外资引不进来。问题在投资环境，环境在改革。采取的政策是以改革促开放，以外资引外资。先在小区域推行全面改革。以外引外就是先搞小的，以小引大。

外汇平衡：以内地资源开发和沿海开放平行，解决外汇大平衡和促进基础产业。

引进三类技术：（1）传统产业改造的适用技术；（2）基础结构的尖端技术；（3）高技术的配套工业。

沿海开发的四个经济圈。

开发区的地理界限要打破，同老市区的投资结合起来。因为开发区的资金要靠在市区投资来积累。

体改的思想方法：

(4)、对技术转让：

我们认为好好引进国外的（我们需要技术的地方，认真挑选）先进的设备，

以设备促开放，以好促进好学。先进的国外

推行全面改革。以好引好，以先进技术，以大引大。

与我们平衡：以内地促进开发，同时沿海

开放平衡。调整好以大平衡和促进各地发展。

引进（消化）三类技术：(1)、传统产业改革急需的

新型技术；(2)、基础结构的关键技术；(3)、高技

术的配套工程。

沿海开放的窗口作用。

开发区的地租费用的支付方法，由各市区的

投资者合作办。同时开发区的管理工作，由市政府

统一领导。

领导的思想方法：

5. 翟新华日记本（1984.8-9）

翟新华日记（1984.8.24–9.13）节选

8月24日（星期五）

收到《经济学周报社》寄来的通知书，通知书是这样的：

中青年经济科学工作者学术讨论会邀请代表通知

翟新华同志：

为了引导和团结广大中青年经济科学工作者在马克思主义旗帜下，研究和探讨我国社会主义经济建设的重大理论和现实问题，为推动当前的经济体制改革和实现党的十二大提出的战略目标献计献策，我们定于1984年9月3日至10日在浙江省杭州市召开“中青年经济科学工作者学术讨论会”。会议的中心议题是城市经济体制改革及其相关问题。您被编入第二组，该组主要讨论工业体制改革问题，在讨论的基础上，将形成具体建议方案，报送国务院和中央有关部门参考。请您届时出席。

此致

敬礼！

经济学周报社

经济日报社

世界经济导报社

经济效益报社

中国村镇百业信息报社

中国青年报社

中国青年杂志社

中央人民广播电台

浙江省社会科学院

浙江省经济研究中心

9 月 1 日（星期六）

上午在家里打扫卫生。

下午到王军处，与他一起去汽车站，上公共汽车，没有座，一直站着，到兖州。去兖州火车站买火车票，没买到，当天去杭州的票都卖光了。给二级站打电话，找到刘月华，她跑到招待所请来了李所长。李所长帮着去买票，也没买到。到招待所去住，李所长又帮着去买票，买到夜两点的特快。夜两点赶到火车站，挤上火车。

9 月 2 日（星期日）

凌晨两点上了火车，车上人多得出奇，不要说没有座位，就是坐在地板上的地方、蹲下去的地方都没有。

站着也不能自主，人贴着人，脚挪动一寸就要碰到别人。车窗都关着，又闷又热，加上人们都很烦躁，时有争吵。王军因感冒，身体难以支持，挤着在身旁人们的斜视中蹲了下去，又挤着，坐在了地板上。火车过了徐州，又过了南京，本以为到上海会有座了，不料常州、无锡、苏州过了，上海到了，仍没有座，一直站到杭州。从凌晨两点一直站到下午五点，十五个小时，并且没有喝一口开水，没有吃一个苹果，没有上一次厕所，同时大汗不止，口渴难忍，对我来说，这真是历史最高水平，就是“文革”中的大串联我也没有此景况！不过过了常州，进入苏杭，还是有安慰人的东西的，外面田水相间、风景如画，加上时紧时松的秋雨，使人赏心悦目，别有意境。这里是天堂，是鱼米之乡，富庶之邦。到杭州下车时，正值大雨，好在红楼招待所就在近处，待雨稍松时冲了过去。到报到处，江南、岐山、嘉明一个不见。我报了到，把东西放在房间，与王军一起到外面去吃饭。这时仍在落雨。吃了两碗牛肉面，回招待所借了一把雨伞，送王军去公共汽车站，红楼招待所已住满，他只得到一位熟人家里去住。返回招待所，洗澡，把所有的衣服都换洗了。晚九点多，听说江南来了，去看他，向他说到王军事。王军打来一电话，商定一些事情。江南来，聊到夜十二点。谈到：

1. 他们在与大连市、保定市、秦皇岛市签订合同，他们为这些市搞经济总体规划。

9 月 3 日（星期一）

早四点多起床，等到六点，与江南等三人坐小车去莫干山，会议在莫干山开。车行驶八十多公里到达莫干山，沿盘山道而上，道旁流水潺潺，山秀竹青，又是那么静，这情景是北方所没有的。上了莫干山，到了萌山街，太凉了，借了一件衣服，然后吃饭，去芦花荡，住在那里。九点钟到大会堂参加全体大会。会议有 160 多人参加，其中被选中论文者 90 多人（共收到论文 1300 余篇）。上午大会发言的有浙江省省长、《经济日报》的总编、国务院技术经济中心的负责同志。下午大会发言的有中宣部理论局副局长、中组部中青局的同志，还有大会秘书长、国务院体改委负责同志。吃晚饭时，王军来找我，他上午上的山，并找到了住处。饭后请了一个假（因为晚上要分组讨论），与王军到老于处。老于也被请来参加会。大家一起聊，后来中央人民广播电台的小朱来，也一块谈。谈到夜十一点多，分手。我独自一个回芦花荡。山间小路窄且不平，到处漆黑一团，走走停停，总算摸了回来。住的一般，吃的还可以，今天又谈到：

2. 北京西城区不是靠建厂发财，也不是靠办商业区发财，西城区地皮有限，办工厂办不了多少，就是开商店也有限。西城区可以采取优惠政策，吸引北京市的、外地的厂商来落户。所谓落户，不是说让他们把厂子、商店办在这里，而是说让他们把公司牌子挂在这里，经理部设在这里。给他们提供各种方便，像房屋、电话等。这样，西城区可以向他们收税。销售税、所得税。各地有各地的长处，西城区办工厂办不过人家，办商店有些优势，而招揽公司牌子，请经理部来此地落户为最上策。

3. 是计划经济为主，市场经济为辅？还是市场经济为主，计划经济为辅？这是根本性的大问题。市场经济有市场经济的一套规律，计划经济有计划经济的一套规律，总要有一个为主。计划是为了综合平衡，但这里有两个问题：①根据我们的信息水平、管理水平，我们很难作出一个较好的计划，达到一个较好的综合平衡。②计划经济，一个中心，缺少利害关系，离开了物质利益，大家没有积极性，就是实现了综合平衡，也是消极的平衡，而不是积极的平衡。这是就目前看，就长远看，人们的需求会越来越多样化，产品会多样化，市场也会瞬息万变、多样化，对这种情况，能否用计划来平衡？这也是问题。还可以思考：

a. 就是说计划经济为主，市场经济为辅是对的，那么计划经济这一概念应怎样理解。什么是计划经济？指令性计划、指导性计划应各占多大比例？

b. 计划经济是社会主义的本质特征之一，是社会主义的经济规律之一，这一命题是否正确？南斯拉夫否定这一命题，但我们承认它是社会主义。

4. 城市改革的路子：一个扁担两个筐，一个扁担是企业经营自主，自负盈亏；两个筐是：计划体系改革、价格体系改革。总之是：

自负盈亏：

- 围绕企业经营自主计划体系改革：关键是物资问题，物资统配的范围应越来越小
- 价格体系改革：是调整价格，还是放活价格，两种观点

所谓调整价格是人为地对价格进行调整，所谓放活价格，是让价格随价值波动，而价值是围绕着必要劳动时间、供求关系的。

5. 中心城市的作用

发挥中心城市作用的关键在哪里？

两种意见：

a. 扩大市政府权力，把部、省企业下放给中心城市管理，加强市政府的组织协调作用。

b. 中心城市的作用，取决于该城市企业的能力，它的横向关系，应商政放权，市政府对企业不应干预。历史上中心城市是怎样形成的，是先有企业，还是先有市政府，当然是先有企业。

中心城市的多功能作用：
- 服务中心
- 贸易中心
- 信息中心
- 经济中心
- 技术中心
- 金融中心

6. 金融问题

新课题：

a. 投资：
- 跨地区、部门、行业、所有制的投资
- 私人投资

b. 股票问题

股份经济的作用、负作用，它与按劳分配的关系。

7. 耀邦同志提出，企业内是否可以不搞什么八级工资制。

8.（略）

9 月 4 日（星期二）

早饭后先到荫山与梁谈，他是蛇口工业区管委会委员，今天下午离会赴沪，为蛇口工业区招干部。上午分组讨论。下午分组讨论。中午到荫山老于处，见到江南，把王军参加会一事落实。然后到《经济研究》的小乔处，基本是我谈，她说话不多。但她所带信息给我鼓舞。晚先到荫山家举处，我们互相通信两年多，今天下午才第一次见面。与家举一起到老于处，在老于那里的还有小朱，以及施国梁（大连市计委副主任），后来王军也来，岐山最后也来。大家聊到夜一点。岐山讲了他最近去苏联的面面观。住在王军处，没有回芦花荡。今天谈到：

9. 我国两大弊病，一是低工资，一是低物价。

10. 国家不要管企业。

11. 赵总理讲：现在要采取新的工作方法，所谓新的工作方法就是两代人对话。

12. 现在要打破原来的超稳结构，形成新的平衡态，远离原来的平衡态。

13. 新兴产业能获得高利润，带来超额利润。

14. 现在国家讲放权，企业还是觉得没有权。问题在于国家所有制。国营中小企业退到集体，集体企业退到个人。

15. 关于社会主义生产目的，斯大林讲得太抽象，太空，“满足需要”这讲不清。

16. 公司经营型，厂子生产型，而不是厂子向生产经营型转化，公司产品多样化，工厂产品单一化。

17. 破产法比整顿法好。

18. 全民所有制，国家所有制是不是好的公有制形式？还是集体所有制是公有制的最主要、最好的形式？

19. 经济系统的定理。

20. 日本人对我民族的蔑视，英、美人的虚伪，俄国人的粗放，苏联几十年政策的稳定性、连贯性。

9月5日（星期三）

早起床后，回芦花荡。早饭后到剑池，观看吴王之剑。上午分组讨论，家举、王军来这个组听讨论。下午继续分组讨论。晚饭后，与《北京日报》的刘京一起去剑池。结果，走错了路，到了天桥，从天桥又回到剑池，然后沿山路而上，到一小礼堂，看录像。九点时到荫山，与家举、王军聊。又到老于处，没谈两句话，有人来，返回芦花荡。回来时，门锁了，我的床有人在睡，另找一床睡下。今天谈到：

21. 讨论中多次使用“层次”“抽象出来”“模式”“模糊”这些概念。

22. 自负盈亏的模式。

（1）盈亏责任制：大中型国营企业，它如果亏损，亏损额就很大，它用什么去“负”，变卖固定资产去“负”？但固定资产是国家的，它总不能卖了国家的东西去付国家的或他人的债吧，所以大中型国营企业是不能自负盈亏的，它只能是盈亏负责制。所谓盈亏负责制：

a. 计划指标完不成，厂长、企业要承担经济责任。

b. 如果亏损，厂长要辞职，失去工资、职位、荣誉。

c. 如果亏损，要先用企业的奖励基金，继而福利基金，最后用部分工资来弥补亏损（下限是保留生活费）。

d. 完成盈利计划，企业得到相应好处等。

e. 实行整顿法。

（2）相对自负盈亏。

如果亏损，动用独立经营者的各项基金赔亏，直至扣发全部工资。

（3）自负盈亏。

所有者自负盈亏，独立经营者自负盈亏。

国家所有	集体经营 承包经营 租赁经营	三种形式，资产所有权没有发生变化，仍为国家所有

如果亏损，要用自有资产（包括私人财产）负债，

实行破产法。

总之，三种情况：

盈亏责任制：指令计划，下限保留生活费，整顿法

相对自负盈亏：指导计划，下限保留私人财产，整顿法

自负盈亏：市场调节，直至用私人财产抵债，破产法

23. 全面、普遍的自负盈亏的前提条件

（1）商品化生产。计划体制必须发生改变。

（2）国营中、小企业用自有资金（企业生产发展基金、折旧、更改、集资）、贷款购置、形成的固定资产，应为企业所有，也就是集体所有，而不是国家所有，这样“和平演变”，国营中、小企业的固定资产在一定时期后就全部变为自己所有，这样它就可以实行完全的自负盈亏了。

（3）放活价格。

（4）劳动力市场。

（5）生产资料市场。

24. 税收问题。税收过重，不利于企业、市场、经济。对调节税、地方税有争论。

25. 浙江省没有多少大企业，但全省产值不低，主要在乡镇企业。它乡镇企业产值占全省产值的43%。

26. 股票

湖北一个大水泥厂发行股票，一个股票 10 万元，关键是：a. 信任度；b. 股息高低；c. 付息时间等。

27. 破产法

什么叫破产：①负债大于资产；②企业宣布无法继续经营下去。

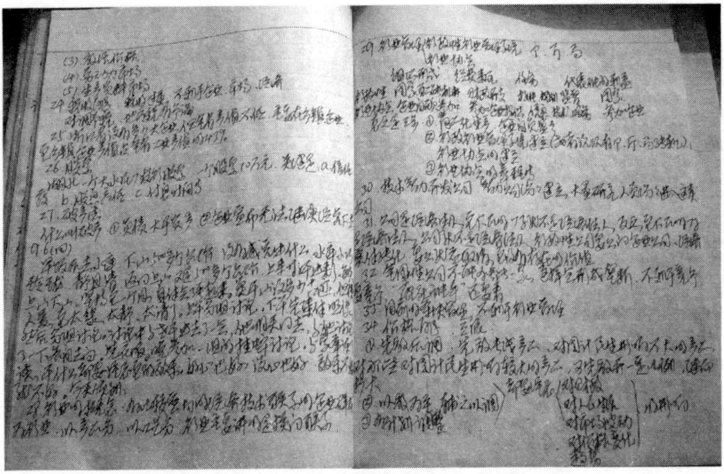

（翟新华日记影印件）

9月6日（星期四）

早饭后去水库：下山500多个台阶，没有感觉出什么，水库小巧玲珑，静且清。返回上山又是500多个台阶，上来时汗出来了。每天上山下山，坚持它一个月，身体会强起来。莫干山没多少古迹，但使人爱，它太绿、太静、太清了。上午分组讨论，下午先集体照相，然后分组讨论。讨论中与老于出去了一会儿，他明天回去，与他讨论了一下各自去向。洗衣服。晚参加一组的挂牌讨论。与家举谈了谈，干什么都要注意它的效果。好心也好，没心也好，效果不好就不好。今天谈到：

28. 行业的概念：有比较密切的经济技术联系的企业群成为行业，以产品分，以工艺分，行业主要讲的是横向联系。

29. 行业管理：①行政性行业管理系统：部、厅、局。②行业协会组织形式、经费来源、任务、代表谁的利益、行政性、国家职能机构、财政开支、标准、规划、监督、国家、行业协会、企业自愿参加，参加企业提供信息、技术、服务，总之是三步：①商品化生产，企业自负盈亏；②行政行业管理系统建立（或者说现有部、厅、局转轨）行业协会的建立。③行业协会的章程等。

30. 技术智力开发公司，智力公司纷纷建立，大量研究人员纷纷进入这类公司。

31. 公司是经济法人，它下面的厂子就不是经济法人，反之，它下面的厂子是经济法人，公司就不是经济法人，行政性公司要么向企业公司、经济实体转化，要么就应取消，它没有存在的价值。

32. 全国性公司不能独此一家，这样会形成垄断，不利于竞争。要竞争，“鹿死谁手”还要看。

33. 目前的条块管理，不利于行业管理。

34. 价格问题、三派：

（1）先放后调：先放长线产品，对国计民生影响不大的产品，对那些对国计民生影响较大的产品，可先放开一定比例，继而扩大。

（2）以放为主，辅之以调。

（3）有计划调整。

（1）（2）（3）都要注意：对财政、对人民生活、对市场波动、对价格变化趋势的影响。

35. 具有固定价格的物资，有两种价格，一是牌价，一是市场价格，也就是议价，有市场价格（议价）有好处，可以给我们信号，知道牌价的虚假成分，知道该物资的紧缺情况。这可以从两方面知道：

a. 如果议价、市场价格，大大高于牌价，说明该物资很紧张，严重短缺。

b. 通过比价看，如果一种物资的议价高于牌价10倍，而另一种物资的议价高于牌价20倍，而它们的牌价是一样的，那么后者的牌价比前者更不合理，也说明后者比前者更紧缺。

总之，两方面：①牌价、议价。②比价。

36. 计划、物资、价格是三位一体的东西，企业要列入计划，主要是想得到统配物资，而得到统配物资就可以得到该物资的统配价格，否则就要通过关系，并且用高价去购买该物资。

9月7日（星期五）

上午大会，下午分组讨论。晚饭前到屋脊头，那里有蒋介石住过的别墅。然后又到清凉亭，回来后吃饭，然后看英国电影《十字小溪》。今天谈到：

37. 我们过去对沿海城市只重视了工业的发展，忽视了它们的贸易、金融中心作用。

38. 四个工业圈：1. 大连工业圈；2. 天津工业圈；3. 上海工业圈；4. 珠江三角洲、南海油田。

它们对外开放应各有各的特点，引进与出口的东西应各不相同

39. 通过股票、股份、入股，促使资金迅速转移，加速流动。

40. 全国性的企业公司不能搞人、财、物、产、供、销的高度集中，而是要适当分散。

41.

经济发达地区
- 北京——天津搞高速公路肯定赚钱
- 大连——沈阳
- 上海——南京
- 广州——深圳

我今天想：

人的一生中既有阳关大道，又有羊肠小道，走一段阳关大道，转入羊肠小道，也可能一辈子都是在羊肠小道上奔走。走羊肠小道自有它的乐趣，虽说不那么辉煌，但很幽深。

我所面临的困境，不是一时的困难，也不是人际关系方面的困难，或者是某些领导的偏见，这些都好克服，而是一种时代的潮流。这就是知识流。现在是一个讲学历、讲名牌大学、讲职称、讲专业知识的时代。一方面是大量起用“文革”前的大学生，一方面是陆续毕业的大学生、研究生纷纷涌向社会，在这种潮流中，实际能力，以及所做出的政绩有些黯然失色，暗淡无光，无足轻重，所以我过去的东西失去了它的价值。往前看，要想有更大的实践领域，并且较快进入这一领域，也主要需要名牌，需要是研究生。以前的东西失去了价值，以后的发展，又缺少时代所需要的学位、职称等，所以我陷入了困境。这些都大大冲击了我原先的信条：靠能力、靠政绩，如果失去了这个信条，怎样自立，又怎样发展？面对这个时代的挑战（不是某个人、某个集团的挑战），我第一不准备放弃我的初衷，第二准备改造自己。形成一个新我。能否形成新我，对今后三十五年的生活，将有举足轻重的影响。参加厂长经理统考就是我力争的，统考合格，将被承认企业管理大专毕业，这是对我的第一个改造。参加这次学术讨论会，对我也是一个改造。明后年准备搞个经济方面的职称，这又是一个改造。我对学历、职称本身并不感兴趣，我感兴趣的是它们的社会作用、时代意义。

设计自己时，不是只看自身的条件，还要看环境。看自己的朋友们，看朋友们能给自己创造什么样的前提。设计自己并不容易，是一门学问。这个设计还要常常调整、修改。

从这个讨论会，我看到我们一些研究生的功夫还不深，他们缺少许多东西，但他们不保守。

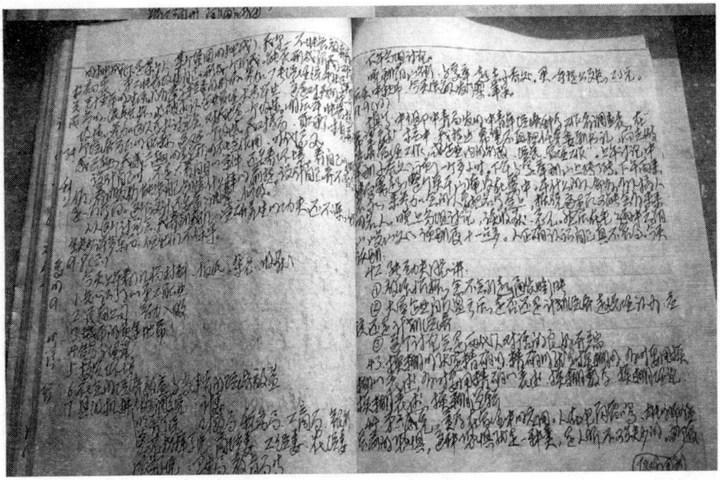

（翟新华日记影印件）

9 月 8 日（星期六）

今天上午看了几份材料、报纸、杂志。

下午分组讨论。

晚到荫山街，与家举一起去小乔处。买一手提公文包，2.5 元。后天中秋节，今天给每人发了梨、苹果。

9 月 9 日（星期日）

填写中组部中青局发的中青年经济科学工作者调查表，在“希望要求”栏中，我提出“希望不再担任党委副书记，而去做经济管理工作，或企业内的行政、经营、管理工作”。上午讨论。中午到小乔处，谈了一个多小时。下午与家举到山上转了转。下午雨来继而雾起，整个莫干山淹没在雾中。干什么的人都有，有人搞人名录，来参加会的人要把名字签上，据说这里面可能会有未来的名人。晚上分组讨论，谈收获、意见。然后在毛毛雨中去荫山岐山处，谈到夜十一点多。人正确认识自己真不容易。今天谈到：

42. 张劲夫同志讲：

（1）放活价格，会不会引起通货膨胀。

（2）大量企业自负盈亏后，是否还是计划经济，赵总理认为：应该还是计划经济。

（3）这个讨论会是两代人对话的良好开端。

43. 模糊的就是精确的，精确的就是模糊的，有时要用模糊的表述，有时要用精确的表述，模糊数学、模糊理论、模糊表述、模糊逻辑。

44. 第六感觉。美学在管理中的应用。人在电闪雷鸣、雄狮猛兽前的恐惧，这种恐惧就是一种美，是人所不可缺少的。这个原理用到管理上来，就可以解释很多现象。管理者的震怒，管理者的严历目光，管理者所做出的使人恐惧的决策，都有一种使人振奋的作用，给人一种美的享受。先是恐惧，继而愤怒，最后是解放的感觉，美的享受。这就是为什么管理者要有发威的时候，要有震怒的时候。管理上要稳，但稳不意味着平淡，平淡就失去了美，失去了美，管理者就失去了魅力。

45. 平面思维、立体思维。分析一件事情，要把这件事看成一个立体的东西，而不是看成一个平面的东西。如果看成一个立体的东西，就要把它翻过来倒过去，从上到下，从左到右，从里到外，从外到里，分层次、分部位，反复分析，琢磨透彻，在这个基础上讲问题、做论文，而不是在一个平面内划道道、列条条，这样就没有层次，没有深度。

9 月 10 日（星期一）

一天大会，今天是中秋节，晚上加餐，有鸡、鸭、鱼、甲鱼，菜很丰盛，酒有啤酒、白酒、汽酒、加饭酒、色酒，类全量足，大家开怀畅饮。互相敬酒，一片欢乐。这冲淡了人们思亲的愁绪，当然也可能增加这种愁绪。饭中，江南、嘉明早晨冒小雨从荫山街跑来向大家敬酒，饭后，与他们一起回荫山街。到江南屋，请家举也来，聊了会儿。九点多时，嘉明、江南请我与家举去参加舞会，有几个人跳得不错，我们只能看，欣赏别人跳，看了一会儿离去。我回芦花荡。山间石头铺成的路，昏暗的灯光，纷飞的细雨，遍山的雾，那么静，一个人也没有，我慢慢地走，我思亲、思家、思未来。今天谈到：

46. 中心城市在经济中心的作用不在于它把城市内的企业都紧紧绑起来，而在于使城市成为它周围区域的经济中心，成为商品市场、金融市场、生产资料市场、科技市场、人才劳力市场的中心，它之所以成为中心城市，主要在于它是这些市场的中心，而不是在于它是行政的中心。市政府职能要有相应转化。对城市的考核指标要改变（比如产值指标应取消，而代之以相应的综合指标），考核方式要改变，同时要改变财政收入的分配方法。借此调动中心城市对经济发展的积极性，使其对企业在此地开业持积极、欢迎的态度。

47. 调动国营骨干大企业积极性的问题。

48. 建立行业投资公司、行业信贷公司、行业银行。

49. 形成一个行政性行业管理少，而行业协会多、企业横向联系强的网络。

50. 改革对青年特别有吸引力，主要在于改革中有无数机会，有无数风险，机会、风险都是具有魅力的东西。

51. 因为改革中有众多机会与风险，对付这些机会与风险最好的办法是多样化，采取“可以、可以，也可以”的战略。

52. 统计系统不应是一个，而应是两个、三个，使其互相校正，尽量减少虚假成分。

53. 公路系统是个大问题，百分之五六十是等外公路，这对商品生产是极为不利的。这也是二道贩子能赚大钱的原因，他们利用了交通不发达这一点，交通不发达形成很大的地区差价。二道贩子以乘其机。

54. 用责任制调动生产者的积极性，用产业政策挖出结构的生产力。

55. 没有金库的银行，你有钱就给你登记下来，付你利息，待需用钱时，就到你家去取。

56. 对于“提倡就地加工”“反对重复建设”这些提法需再讨论，它们不一定科学。

57. 要把小市、县的经济活动舞台的前台让给企业，而县市政府退到后台去。

58. 一个产业的高速增长，必然引起结构变化，继而引起其他产业的变化。

59. 农村对城市要求，把中小城市逐步放开，把资金放开，把户口放开，把生产资料放开，给流动人口留出城市空间，允许城市知识分子搞第二职业，向农村提供智力、技术。

60. 金融市场放活：资金纵向分配与资金横向流动相结合。

不要动不动就紧缩银根，你紧缩银根依据是什么？有的说1∶6，有的说1∶8，到底一比几，谁也说不清。

61. 增加对粮食需求，主要靠发展畜牧业，这样植物蛋白就转化为动物蛋白，人们的食物构成会发生较大变化，从而增加对粮食的需求。

62. 在不同的会上讲话的方式与内容应有所不同。到这个会来讲话的有浙江省省长，还有浙江省顾问委员会的副主任。他们因为是党政领导，讲话可以学术性的东西少些，但少不意味着就讲得空空洞洞，关键在于前者讲了浙江省的改革，改革中遇到的种种问题，这些都与会议有关，能引起与会者的兴趣，也就是与会者能从中得到什么。

63. 在这个会上的发言，有的内容充实，但表达不好；有的表达较好，但内容不多。我的意见第一还是在内容上下功夫，然后在表达上下功夫，二者互相促进，再一个就是演讲的结尾，我过去倾向于（也常常这样做）讲话突然结束，在大家觉悟过来，意识到讲话已经结束时，我已离开了讲话台。这样有好处，它形成了一种独特的风格，会给人较深印象。但也有一个坏处，就是演讲形成不了最后高潮，或者说形成了最后高潮，但表达不出来，也就是说没有欢呼、鼓掌等。这样，作为一件艺术品来说，就不完美，缺点什么。

9 月 11 日（星期二）

早五点多起床，收拾东西。六点吃早饭，早饭后在时紧时松的雨中赶到荫山街，还了房间钥匙，上汽车，到海宁县观潮处。竟晕起车来，恶心，想吐，强压住了，这可是过去所从未有过的事。在车上，大家唱歌，我也唱，只是歌词记得太少，不敢放开唱。到了观潮处，仍在落雨，心情很激动，就要看到早就希望见到的钱塘江大潮了。向海口处望去，见到了一条白线，这条白线由细变粗、由远到近，渐渐可以听到潮水的声音了。白线也断了开来，一段亮、一段暗，亮处可以看到浪花翻滚着，向前涌着，一切都变得大起来，清楚起来，浪潮涌到眼前来了，突然在这时，失望感也与之俱来。愿望成了现实，神秘没有了，失望产生了。潮水的中间最高，有 1.5 米，向两边也就小下来。两边也就有 0.5 米，远不是想象的“千军万马”“汹涌澎湃”。潮头过去，海水也跟来，失望的情绪小下来。又恢复了常态。继而情绪又高了些，海的伟大又再次感到。回到红楼招待所，放下东西，坐车去王军处，与他一起到一位人家吃晚饭。饭后聊会儿天，深感江浙一带人的头脑灵活，会做“买卖”。以及会开拓事业。与王军一起到红楼招待所。两位老太太不让王军进。怎么说也不通。只好送王军回去，我到岐山处，他的话对我是一种鼓舞，也是一种安慰，使我冷静、镇定。

9 月 12 日（星期三）

早与家举、王军到一饭馆吃饭，吃的面条。然后与家举分手，我与王军先到灵隐寺、再到岳王坟，最后到西湖，一直在下雨，雨中的西湖，别有情趣。“山色空濛雨亦奇”。到一饭店吃饭，然后到邮局，给厂拍一电报，请接我。与王军分手。我边往回走边买些东西。回到招待所时很累了，睡了一觉。晚上七点多起来到街上喝了一杯牛奶，又到集市上转了转，买了些东西，回招待所。与江南、嘉明谈，后与岐山谈，谈到近夜 12 点。

9 月 13 日（星期四）

早上起来与招待所结账，然后去火车站，岐山、家举、老孙去送。在火车上有座，而且不那么拥挤。我们坐的是禁止吸烟车厢，并且有空调。在火车上看《企业家》杂志。夜 12 点多到兖州，与王军分手，我下车。下车后，厂里来接我的车已在等着，坐车回济宁。途中下起雨来，并且有几道检查卡进行检查。到家。

6. 阎 淮：

“一代新人在崛起——代表情况简析”

决策参考

第 11 期

（总第108期）

内蒙古自治区科学技术委员会
科技政策调研室

领导参阅件
1985年5月8日

按：一代新人在掘起，在成熟，在登上历史舞台，这是当前中国的又一个大趋势。下面，将中组部青干局阎淮同志对“首次中青年经济工作者学术讨论会”代表情况分析转登。望能引起各级领导和有关部门的注意和重视。

一代新人在崛起

“全国首次中青年经济科学工作者学术讨论会”代表情况简析

阎 淮

目　　录

（即提要）

会议简况

一、代表的特点

1、年轻有为　朝气蓬勃——年龄结构低

2、有理论　有实践　有真才实学——知识结构高

3、信仰坚定、事业心强——政治素质好

4、一代新人在崛起——“老六届”中学生的成长与特色

二、困难与希望

1、青年不被重视——主要是领导和社会两方面原因

2、知识分子政策落实不够——“不能只落实到知识分子的代表身上”

3、入党难——知识分子卡知识分子的倾向要注意

4、要求实践机会——可喜的萌芽　必然的趋势

三、建议

1、重视三、四十岁“新人才群”的崛起和作用

2、热忱关心、尽快解决他们的困难

3、抓紧培养各界“青年领袖”工作

4、培养“经营管理人才”的三条措施

"中青年经济科学工作者学术讨论会"于一九八四年九月上旬在浙江召开。会议的宗旨是："在城市经济改革方面为中央献计献策。。大会分宏观经济、工业企业、对外开放、中心城市、财政金融、农业改革和基本理论七个组进行了认真、热烈的讨论，最后写出的各专题报告，已向中央汇报、并得到国务院领导同志的重视和表扬。中办、中宣部、中组部，书记处政研室和农研室，国务院经济、技术经济、价格三个中心，体改委都有人参加了会议。

与会正式代表一百二十余人，是从应征的一千三百多篇论文作者中优选产生的。筹备组不看学历学位，不重职务职称，不讲关系照顾，一律"以文取士"，因此代表们的学术质量和专业水平是较高的，可以说基本上集中了全国青年经济学者的精萃。（会议情况见《经济日报》九月十二日）

一、代表特点

1、年轻有为、朝气蓬勃——年龄结构低

128名代表，平均年龄为33．9岁。其中：21——25岁（"文革"开始时幼儿）4人，占3．1%；26——31岁（"文革"开始时小学生）42人，占32．8%；32——37岁（"文革"开始时中学生，即所谓"老六届"）51人，占39．8%；38——42岁（相当于66—70年毕业的"老五届"大学生）25人，占19．5%；43——45岁（相当于63—65届老大学生）6人，占4．7%。我们不用通常的五岁一段的年龄分组法，而以"文革"开始时的学历划分；因为66——76年，人们的文化程度基本被凝固了，经历也随之各有特色。

代表年龄限制在45岁以下，原估计应以老大学生为主，但实际上“文革”开始时的中、小学生却占了四分之三。“老六届”中学生占４０％，是“老五届”大学生的二倍多，是这次会议的骨干和主导力量。原来的小学生占近三分之一，是“老五届”的一点七倍，是经济学界的新生力量。

２、有理论、有实践、有真才实学——知识结构高

有调查资料的１０１位代表中，研究生程度４７人，占４６．５％；大学文化３９人，占３８．７％；自学成才１５人，占１４．８％。

研究生程度的４７人（平均年龄３４．３岁），讨论中，可以看出他们熟悉马列主义经济理论、基础知识扎实、专业知识深厚、国内外信息量丰富；他们思维敏捷观点新颖，许多人在会上提出精确深刻的见解，引起各方面的重视。尤其在宏观经济、对外开放和基本理论三个问题上，充分显示了实力。这批３５岁左右的青年学者是：“面向现代化建设、面向未来、面向世界”的新型经济人才。九十年代至下世纪初，他们及其所代表的一层人中必将涌现出一些卓越的经济学家和高级智囊人物，在中国乃至世界的经济舞台上大显身手。当代，行政管理和经济管理日趋科学化，因此就需要在决策部门有一批管理型和学者型相结合的新型管理专家型的领导干部。组织部门应注意对这批人的培养使用。

无大专学历而自学成才者占学术讨论会代表的七分之一强，是出乎意料和引人注目的数字。他们大都来自基层企事业，其共同特点是理论密切联系实际，提出的建议、方案可操作性强（某些在校研究生这个方面相形见绌）。在工业组和城市组，这些人占的比例较大，对推动这两个专题的讨论和研究起了很大作用；从中，将产生一批优秀企业家。组织部门应注意发掘这种人才，并给予文化程度的认可和理

论方面的提高。

3、信仰坚定、事业心强——政治素质好

有资料的101人中，党员55人，占55．4%，高于全国干部中党员比例（八三年39．8%），是专业技术干部中党员比例（八三年17．3%）的三倍多。在我们的调查中，18名非党群众中，有12人在“希望要求”栏目中提出迫切要求入党的愿望，占三分之二，几位同志还专门找我们谈了这方面的困难和希望。说明在非党青年经济学者中，绝大多数人迫切要求加入党组织。

代表们在讨论中勇于探索、勇于进取、废寝忘食、严肃认真，表现出高度的政治责任感和革命事业心，确有“位卑未敢忘忧国”的献身精神。他们以天下为已任，以国家民族的存亡兴衰为已任，把社会主义当做自己的事业。就整体而言，青年经济学者们是不存在“三信危机”的他们坚信四项基本原则，在经济问题上自觉地与党中央保持高度一致。他们是我们党可以信赖、应该依靠的重要力量。

4、一代新人在崛起——“老六届”中学生的成长与特色

四十岁左右的“老五届”大学生，其德才素质、业务作用及社会地位已逐渐为群众所了解、领导所认识，社会所承认；《人民日报》八四年三月二十三日《尽快起用一代新人》中对此亦有论述和评价。但是原“老六届”中学生仍是待开垦的处女地。通过平时的调查了解，加上这次与他们的深入接触，粗浅分析如下。

“老五届”分配时尽管“四个面向”，基本分配到边远基层接受“再教育”，但仍然是：经济上有保障（毕业后46元工资，转正后56元）；文化上有学历（大学生如“臭豆付”，闻着臭吃着香）；社会上有地位（知识分子、技术干部）；前途上有希望（工资递升；技术渐长）。虽然他们比“文革”前毕业的老大学生更处逆

境，但其总体仍属于脑力劳动、国家职工、住城镇吃商品粮的范畴，处于脑体、工农、城乡三大差别的上风口。“老六届”中学生则不然。上述诸有利条件，他们基本上一无所有，处于三大差别的下风口，社会的最基层；经历了更为动荡、坎坷的生活道路，承受了更为艰辛、痛苦的磨难与锻炼。他们与人民群众有更直接、广泛的接触与了解，对社会及其弊端有更生动、深刻的体会与认识，对改善个人地位和变革社会状况有更强烈、迫切的需求和深入的实践。置于“死地”而后生，逆境之中出人才，他们能更刻苦地学习、思考、更自觉地深索、奋斗，对社会问题和经济科学更有研究。粉碎“四人帮”后，又在理论上不同程度地得到提高、深化，因此，更有成就、更有作为。

当然，“老六届”内部水平差异很大，可以分成三类人：“极少数人没学到什么，自身又不努力，是被耽误的一批人；大部分人虽然文化稍低，但得到实践锻炼，正直勤奋，成为当前基层的工作骨干；少数人有理想、有抱负，始终没放弃学习，又经过社会实践和政治风雨的磨炼，他们损失不大，甚至在某种意义上，取得了一般大学生所得不到的独特的、已被他们上升到理论上的感性知识，这是很有特色的一层人——参加此会的“老六届”大都来自这个层次。这层人有如下特色：具有青少年时期正统教育培养起来的理想主义色彩；具有十几年实践形成的求实精神，具有经过“文革”十年的独立探索形成的独立思考和创新态度；因为一直没停止学习、书读得“杂”，摆脱了以前“经院式”教育的框框，而形成崭新的知识结构和广博的知识面；最后一点是政治上较成熟。实践上他们经过十七年的正统教育，“文革”的十年内乱，粉碎“四人帮”后的拨乱反正，对“四项原则”经历了“信——疑惑——更信”的过程；理论上他们通过读书研究，自觉地科学地认识到只有坚持“四项原则”才能保证中华民族的繁荣昌盛、兴旺发达；这一过程类似中国第一代马克思主义知识分子探索科学社会主义的经历，因此他们达到了更高的信仰境界。同时也应看到，他们还在成长发展过程中；与现代化的需要，与改革的形势还有一些不适应的地方，在理论上还需更新和深化，在实践上还需进一步锻炼。

“文革”初的小学生，前几届的经历与“老六届”相似，后几届也大部分插过队，他们都不同程度地沉到社会的底层，受过命运的磨炼，其特点与“老六届”类同，只不过是“新型大号”罢了。

“老六届”离开中学虽然已十五载有余，但由于其独特的经历与特点，是在社会上仍然具有特殊吸引力的一群人，其中杰出人物在社会科学，文学艺术，党政部门和企业管理各行各业各界崭露头角、颇有作为和较有成就（自然科学研究领域稍差）。

我们的结论是：以“老六届”为主体的三十五岁左右的一代新人，（向上包括四十岁左右的“老五届”大学生，向下包括三十岁左右的原小学生。）他们的成就和作用应该得到社会的承认，他们的正在崛起应引起各级领导和组织部门的足够重视。这也是我们落实小平、陈云同志关于“大胆提拔三、四十岁青年人”多次重要指示的工作重点。

二、困难与希望

会议中我们对代表进行了书面调查，接受调查的75位代表都在“今后计划”栏中填写了自己的雄心壮志，表示愿为四化建设贡献出聪明才智。其中56人在“困难阻力”和“要求希望”两栏中填写许多困难和希望。比较集中的有以下几个问题。

1、青年不被重视（46人）——主要是领导和社会两方面原因才能得不到充分发挥，研究探索受到不同程度的压制或打击（24人）。最基层的代表，山西某县工经委主任写道："一些领导不支持，说搞研究是抄书抄报！业余时间结合本职工作搞探索研究是"不务正业"，是想出风头。"在交谈中，他诉说了更多的困难和苦恼。象他这样的县里的"高级干部"尚遭此非议，那么，想搞探索研究的一般干部和知识分子在基层的处境则可想而知了。同时，在上层领导机关也有类似现象。某部办公厅的蔡某写的是："应为致力于体改问题的、尤其是在中央机关、国家部委工作的中青年知识分子'正名'"。书记处农研室的同志也介绍了蔡在单位受到的责难与打击。在个别交谈中，大会筹备组的几位骨干都表示在本单位不能充分发挥才能，研究成果得不到应有的重视，想调换单位。

此外，反映对青年只顾使用、不重培养，要求提供学习和交流机会的12人；其中既有基层的领导（北京某商场副经理），又有领导机关的理论工作者（北京市委研究室干部），还有信息量大、交流机会多的研究生（社科院、人大等）。另有10人提出出国考察难、出书难、评职称难的问题。

青年人才不被重视的原因，主要有两条：

第一是领导原因（15位代表明确提出）。广东某市经委干部提出："领导不懂管理、不懂经营，不懂技术的小生产管理方法，改革中触及部分领导者利益时，最好的建议方案也不予接受。"经济研究中心的马小冈在当面诉说了困难阻力后，在"希望要求"栏中填上郑板桥的七绝："新竹高于旧竹枝，全凭老干为扶持，明年更有新生者，十丈龙孙绕凤池。"表达了广大青年干部对老干部的期望。

看来，领导机关、科研单位、大专院校领导班子的四化任务还是很重的。起用一代新人，实现领导班子四化，表面上不难做到。一个三、四十岁的党员大学生，似乎就符合四化条件，是一个新人。但是，新人的实质应该是观念新，应具有现代化大生产、大经济的观念及与其相适应的领导思想和领导方法。干部四化是手段，目的是选拔思想解放、锐意改革的开拓型干部，以开创现代化建设的新局面。此外，青年人才与某些领导在以下四方面的差异也影响其积极性的发挥。如：对改革的态度，知识的结构和广度，关心问题的范围和深度（是否只关心本单位与本职工作），价值观念和作风素质等。这些领导习惯于“近亲繁殖”，不自觉地压制与自己不同风格类型的新型有为青年。

第二是社会原因。中国几千年的封建社会和几十年“左”的影响，形成了根深蒂固、积重难反的传统观念和习惯势力。它主要表现为论资排辈和忌贤妒能，它具有悠久的历史渊源和雄厚的社会基础。

我们对党政部门和各级领导班子中的论资排辈问题给予了足够的重视，并采取较有力的措施予以克服纠正。但现在看来，学术界、知识分子内部论资排辈更为严重，并且解决的难度更大。这不能靠下文件、订规定来克服纠正，需全社会普遍引起重视，下大力气，做艰苦的工作才能解决。否则，将影响更多的优秀中青年知识分子发挥才能。担任领导的知识分子毕竟是少数，四化大业需要绝大多数知识分子在各行各业各界中向专家方向发展。这些优秀中青年知识分子是我们社会的财富，民族的骄傲，事业的希望。

忌贤妒能、压制探索的思想基础是中庸之道，它是儒家伦理思想的核心。“不患寡唯患不均”、“出头的椽子先烂”是其外在表现和形象表述，被人们奉为“千古真谛”。许多较有成就的代表有此看法，都程度不同的有一种压抑感。多么可悲的现象，我们的人才本来就不

外一篇 李 锐

一代新人的崛起问题[1]

中央组织部青年干部局的一位同志交给我一份调查材料：《一代新人的崛起与苦恼》，写的是参加去年9月在浙江召开的“中国青年经济科学工作者学术讨论会”的128名代表的情况。

与会代表是从应征的1300多篇论文作者中选拔出来的，不论学历与职称，一委“以文取士”用“崛起”二字是名副其实的。代表们的特点，首先是年龄情况令人吃惊。他们的平均年龄是34岁。代表年龄限制在45岁以下。原来估计入选者会以“老五届”（六六—七〇届），即年龄段以大的大学生为主，可是实际上他们只占20%，而“文化大革命”开始时的中、小学生却占75%，其中“老六届”（六六—七一届）中学生占40%，成为会议的主力。

---

① 原载[J].瞭望1985：46-47。

其次是有真才实学，不仅有理论知识，而且有实际经验。代表中研究生和大学生占 80% 以上。他们认真学习马克思主义经济理论，基础知识扎实，专业知识也比较深厚，国内外信息量丰富；他们中许多才思敏捷，观点新颖，在讨论中提出了较精确深刻的见解，尤其在宏观经济、对外开放和基本理论上表现如此，引起了各方面的重视。自学成才者占代表的 15%，他们大都来自基层企事业单位，他们的共同特点是理论密切联系实际，提出的建议和方案现实性强。在这方面，许多研究生反相形见绌，在会议中的城市和工业两组讨论时，起了很大的推动作用。

其三是政治坚定，事业心强。在被调查的 101 人中，党员占 55%，高于全国干部中的党员比例，更是全国技术干部中党员比例的三倍。其他非党群众也多迫切要求入党。这也是原来没有料到的。

我曾在《尽快起用一代新人》(发表在 1984 年 3 月 24 日《人民日报》) 一文中分析过“老五届”大学生的情况。他们的德才素质为社会公认。这份调查报告着重谈了有关“老六届”中学生的一些情况。他们的学习、工作与生活处境，远不如“老五届”大学生，他们处在社会的最基层。他们的经历更为复杂，在初谙或不谙世事时，或上山下乡，或农村落户，或到生产兵团，或在工厂劳动，甚或混迹过“三教九流”，一般都干过形形色色的工种，乃至卖过冰棍，当过挑夫。他们在不同的遭遇中经历了更为动荡、坎坷的道路与更为艰辛/苦难的磨炼。他们同广大人民群众有直接广泛的接触，因而对社会基层生活有较深刻的体会与认识。他们对改革社会现状的一些草稿（包括改善个人处境）有强烈的直接和迫切的需求，当然“老六届”内部差异较大，少数被耽误，多数得到锻炼/成为基层骨干，还有少数人有抱负，常处逆境而成才。这次参加会议的这40%的中学生，可说是这一代人中的佼佼者，他们书读得杂知识面较广，养成了独立思考的习惯，并具有求实创新的精神，对社会主义道路和党的领导，大体经历了天然信任——十分敏感更加信任这样一个辩证的历史过程。

代表中的“文化大革命”初期的小学生，其成长特点同“老六届”的中学生大体相似。上述这个情况，正是中央领导同志多次讲的要大胆使用三四十岁的年轻人的一个注脚。他们的崛起点应当引起各路领导和组织人事部门的足够重视，可是事实并非如此。

一代新人的崛起问题

李锐

中央组织部青年干部局的一位同志交给我一份调查材料：《一代新人的崛起与苦恼》，写的是参加去年九月在浙江召开的“中国青年经济科学工作者学术讨论会”的一百二十八名代表的情况。

与会代表是从应征的一千三百多篇论文作者中选拔出来的，不论学历与职称，一律“以文取士”。用“崛起”二字是名副其实的。代表们的特点，首先是年龄情况令人吃惊。他们的平均年龄是三十四岁。代表年龄限制在四十五岁以下。原来估计入选者会以“老五届”（六六——七〇届），即年龄较大的大学生为主，可是实际上他们只占百分之二十，而“文化大革命”开始时的中、小学生却占百分之七十五，其中“老六届”（六六——七一届）中学生占百分之四十，成为会议的主力。

其次是有真才实学，不仅有理论知识，而且有实际经验。代表中研究生和大学生占百分之八十以上。他们认真学习马克思主义经济理论，基础知识扎实，专业知识也比较深厚，国内外信息量丰富；他们中许多人才思敏捷，观点新颖，在讨论中提出了较精确深刻的见解，尤其在宏观经济、对外开放和基本理论上表现如此，引起了各方面的重视。自学成才者占代表的百分之十五，他们大都来自基层企事业单位，他们的共同特点是理论密切联系实际，提出的建议和方案现实性强。在这方面，许多研究生反相形见绌，在会议中的城市和工业两组讨论时，起了很大的推动作用。

其三是政治坚定，事业心强。在被调查的一〇一人中，党员占百分之五十五，高于全国干部中的党员比例，更是全国技术干部中党员比例的三倍。其他非党群众也多迫切要求入党。这也是原来没有料到的。

我曾在《尽快起用一代新人》（载一九八四年三月二十四日《人民日报》）一文中分析过“老五届”大学生的情况。他们的德才素质一般已为社会公认。这份调查报告着重谈了有关“老六届”中学生的一些情况。他们的学习、工作与生活处境，远不如“老五届”大学生，他们处在社会的最基层。他们的经历更为复杂，在初谙或不谙世事时，或上山下乡，或农村落户，或到生产兵团，或在工厂劳动，甚或混迹过“三教九流”，一般都干过形形色色的工种，乃至卖过冰棍，当过挑夫。他们在不同的遭遇中经历了更为动荡、坎坷的道路与更为艰辛、苦难的磨炼。他们同广大人民群众有直接广泛的接触，因而对社会基层生活有较深刻的体会与认识。他们对变革社会现状的一些弊端（包括改善个人处境）有强烈的意愿和迫切的需求。当然，“老六届”内部差异较大，少数被耽误，多数得到锻炼、成为基层骨干，还有少数人有抱负、有成就，置之“死地”而后生，常处逆境而成才。这次参加会议的这百分之四十的中学生，可说是这一代人中的佼佼者。他们书读得“杂”，知识面较广，养成了独立思考的习惯，并具有求实创新的精神，对社会主义道路和党的领导，大体经历了天然信任——十分疑惑——更加信任这样一个辩证的历史过程。代表中的“文化大革命”初期的小学生，其成长特点同“老六届”的中学生大体相似。

上述这个情况，正是中央领导同志多次讲的要大胆使用三、四十岁的年轻人的一个注脚。按理说，至少这一批佼佼者的成就和作用，应该得到社会的承认，他们的崛起应当引起各级领导和组织人事部门的足够重视。可是，事实并非如此。

7. 贾春峰

理论界，一股新风扑来[①]

《红旗》杂志编辑部召开座谈会，中心议题是加强思想评论，反映时代精神。这很必要，也反映了许多读者的心愿，说明编辑部同志同读者的心是相通的。

从去年以来，我多次参加过中青年理论工作者就体制改革和四化建设的重大课题举行的理论讨论会。当我听到那些富有哲理和激情的发言时，阅读那些来自改革第一线的调查报告时，似乎有一股清新的空气迎面扑来。跃动在纸上的文字，常常是一下子就吸引了我。我为之欣喜，为之感奋，为之激励。从那些新颖的见解和思想火花中，我获得营养，得到启迪，并感受到一种鞭策力和推动力。

难道不可以说，在两个伟大的三中全会精神的指引下，在推动改革和开创四化建设新局面的宏伟事业中，理论战线的一代新人正在崛起吗？

这是一个客观的事实。这是理论在当代中国的社会

---

① 原载《红旗》杂志 1985 年第 7 期。

主义实践中被推向前进，中华民族的理论思维得到新发展的一个征兆。这是我国的哲学社会科学走向繁荣的一个征兆。

一大批中青年理论工作者孜孜不倦地学习马克思主义，学习多种科学知识，虚心向老一辈理论工作者请教，积极投入改革，研究改革，推动改革，表现了对民族振兴、对关乎祖国命运的现代化事业的高昂热情和强烈责任感。拿去年九月在浙江省莫干山首次举行的中青年经济科学工作者学术讨论会来说吧。在会前短短几个月里，就收到了一千多篇论文。讨论会以城市经济改革为中心，各抒己见，畅所欲言。常常是深夜一两点钟了，寂静的山林间还在闪烁着灯光，传来热烈的争鸣声。那活跃的气氛，那追求真理的勇气，那迸发的热情，至今令人无法忘怀。讨论会形成了较好的成果，受到了领导机关的重视。莫干山的讨论会，推动了全国中青年理论工作者对改革和实践提出的课题的理论研究。中青年理论工作者在老同志的关怀、帮助下，成为理论战线上一支生气勃勃的、十分活跃的力量，这是多么可喜和令人鼓舞啊！

我们正处在一个宏伟的建设年代，一个开拓的年代。实践上的开拓需要有理论上的创新。敏锐地反映我们这个时代的实事求是、改革创新、开拓进取的精神，激发人们积极向上，奋发有为，勇于献身，为四化大业做出更大贡献，这是我们思想理论工作者的崇高使命和社会责任。为此，需要不断地从生活实践的沃土中汲取营养，需要从人民的创造性实践中捕捉那些代表了历史前进趋势的新事物、新思想、新观点，捕捉时代精神的精华。中青年理论工作者的活动给了我们很多启示。伟大的实践正在造就、推动着一代新人的成长。作为一名理论工作者，我希望我们的理论刊物能够进一步加强同中青年理论工作者的联系，满腔热情地推动他们开展创造性的理论研究，并把理论界的这股新风引到我们的评论工作中来。

8. 莫干山会议图片集

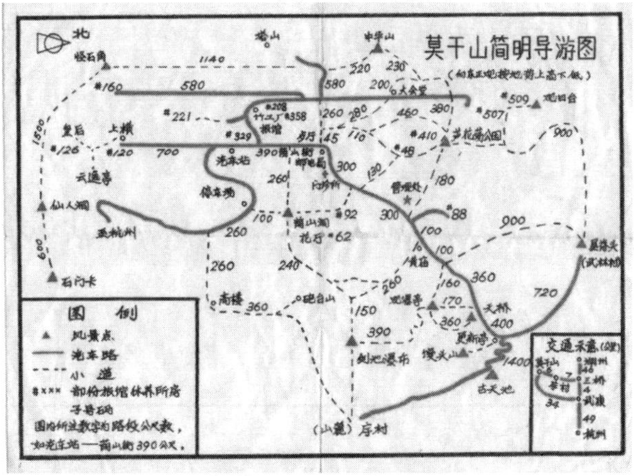

莫干山简明导游图

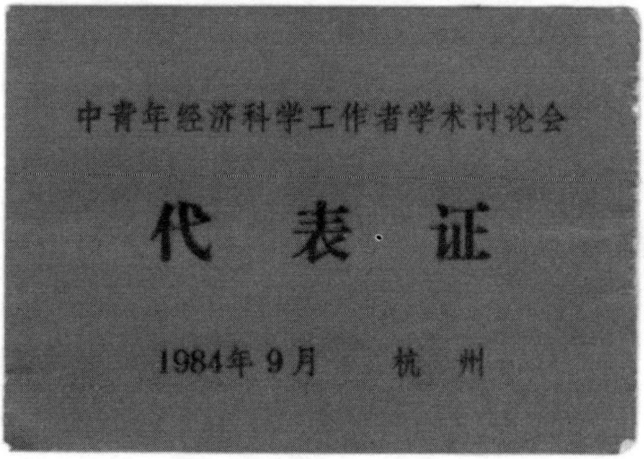

1984 年 9 月，中青年经济科学工作者学术讨论会代表证

图片由朱嘉明提供

会议筹备：

左1黄江南　左2孙皓晖　左3朱嘉明　右1刘佑成

会议筹备：

左1黄江南　右1朱嘉明

图片由朱嘉明提供

对外开放组部分成员：
左 1 常修泽　左 2 金岩石　左 3 朱嘉明
左 4 杜厦　左 5 郝一生　右 1 李罗力

左 1 朱嘉明　左 2 郝一生

左 1 朱嘉明　左 3 朱杏清　左 4 杨海田　左 5 马晓琳　左 6 杜厦　左 7 李罗力 左 8 金岩石　右 1 马力

图片由朱嘉明提供

前排左 2 马凯，右 2 马小冈，后立者张维迎。
背景为杭州钱塘江大桥，1984.9 于杭州西湖

右 1 马凯，右 2 马小冈，右 4 田源，右 7 孙建，右 8 陈晓梅，1984.9 于杭州西湖

左 2 马小冈，左 3 马凯，1984.9 于杭州西湖

图片由马小冈提供

1984.9.15 晚于西湖宋庄

1984.9.14 西湖楼外楼

图片由张维迎提供

跋（柳　红）：

发现与记忆：围绕莫干山会议的十年叙事

一

这是一本并不完整的关于莫干山会议的文献集，例如，它缺了“以文选人”的会议论文，甚至连论文题目也无处搜寻。曾经试图一位一位地征询，所获甚少，不得不放弃。一些来自北京的参会者，或因参与了会议筹备，像对 1300 篇论文的审稿等；或因来自中央或国务院机关，或因其他原因属于特邀代表，并非因论文入选。而外地代表，散落各地，时隔三十余年，找寻难度甚大。当初开会，论文本就未要求带上山；而审稿之后的论文有无保存？放到了哪里？亦无人知晓。要知道，这只是几位年轻人创意发起，众多人士和机构支持，举办起来的，虽有名头，但终究是一个民间会议，并非由一个机构统一操持。因而，其资料散失可以想象；正是如此，其会议本身的意义才格外显著。

2019 年 6 月，一些 80 年代的青年学人，因日前再次掀起的价格双轨制发明权争议，在微信群中作了一些讨论。我看到孙方明[①]先生的意见，似可作为本书的一个注释，因此摘录如下：

“十多年来关于价格双轨制发明权的争议，最大的成果是误导了许多不知情的人，以为价格双轨制是莫干山会议最重要的议题和贡献。实际上，莫干山会议的议题涉及当时经济体制改革的方方面面，不少建议对高层决策起到了直接间接的重要影响。但是以为一次聚会就决定了中国的改革方向，那就一厢情愿了，也不符合历史事实。

“今天很多人对莫干山会议的追忆，自然含有对美好事物放大的成分。但不争的事实是：一次对全国经济改革有影响的讨论会，主要不是由机构发起的，而是一些个人提议，民间串联，达成共识就开始组织，也没有谁审查批准，居然得到浙江省委的支持和助力，会议过程受到共和国高层的关注和肯定，甚至还委托时为中央财经领导小组秘书长张劲夫专程到杭州去听取会议汇报。这些黄金年代的追议，是莫干山会议最精彩，也最令人神往的。莫干山会议表明，中青年经济研究者自由自主研究的成果，可以与国家最高层直接对话，可以影

① 孙方明，1948 年生，1981 年 2 月至 1984 年 10 月任职于中国农村发展问题研究组。

响决策。在当时，类似于莫干山会议的大大小小聚会无穷多，而莫干山会议因其别具一格，成了旗帜！”

人们对莫干山会议及其相关事件，有不同的看法和解读。由此，也提出了一系列问题：莫干山会议的价值何在？20世纪80年代青年经济学人的行为特征和精神气质是怎样的？他们是怎么样聚合在一起的？又是通过什么渠道来影响改革决策的？庙堂与江湖是如何连接的？80年代的独特性在哪里？等等。

本书分三部分：一是总括性，研究性发掘和回顾会议情况；二是亲历者从自己参会、办会角度来谈；三是历史文献，包括会议文件、工作笔记、日记、报道、照片等。

二

这不仅是一本文献集，也是莫干山会议这一事件被发掘和记忆留存的记录。这条线是如何呈现的呢？是通过以文章发表的时间顺序加以编排，由此可以看到整个事件渐次被打开的过程，经由一次又一次书写，一个又一个讲述，像拼图似的，将一小片一小片拼接出大致轮廓。这也是通过民间独立研究，记录，发掘，留存记忆的过程。我格外看重，特别想强调这样一个角度。尤其是在当下，这是我们该做，能做的事，也是某种责任。

先说关于莫干山会议总体性书写部分，从2008年的第一篇到2018年的最后一篇，前后经历了十年。2008年10月，《经济观察报》发表了我写的《莫干山会议真相》。其缘起，也与价格双轨制发明权争论有关。争论各方都提及了在莫干山会议上的争论，然而人们对这个会议却鲜有所知。在莫干山会议的四位发起组织者中，黄江南当时在国内，已经接受过采访；朱嘉明和张钢在海外，我与他俩通过skype进行访谈，在写的过程中，也不断追问，请他们确认细节；而另外一位刘佑成，虽四处打听，还是未能联系上，在文中特意说明，并配了1984年年初朱嘉明和黄江南与他在杭州的合影。此外，也采访了一些与会者。文中提及四五十人，其中有20余年未在报纸上出现过的名字。文章在经济学家圈儿，也在一些20世纪80年代的过来人中产生了反响。其实，出发点很简单，就是想呈现80年代的气氛和时代感。那是由很多人，包括青年经济学人群体一齐努力，研究问题，思想激荡，有创意有行动，共同创造的历史。

而莫干山会议更大范围地进入人们视野，是2012年曹文炼先生在莫干山发起新莫干山会议以后。一年一度，他不断邀请1984年莫干山会议代表参加。从而，使之与历史有某种具体的连接。莫干山会议的故事被反复讲述，以至成为某种符号和象征。

常修泽先生，既是1984年参会者，也是2012年后新莫干山会议的嘉宾，他在2012年所写的莫干山会议史料版，被纳入中国社会科学院张卓元先生主编的《新中国经济学史料（1949–2011）》一书。它使得一桩曾彻底消失，20世纪80年代青年经济学人作为整体行动的一个典型事件，进入主流经济学叙事体系。

2014年，在莫干山会议举办30周年之前，我幸运地得到一些珍贵的私人收藏，像翟新华先生的日记等资料，也做了更多的采访，从而得以写出较六年前更为详尽的会议情况——《历史之棱镜——写在莫干山会议三十周年时》。

时至2018年，收到一位兄长微信转来刘佑成先生所写《莫干山会议始末》。1984年，时任浙江省经济研究中心副主任的他，会议的主要组织者之一，基于当时的工作笔记而写，史料价值很高。真是踏破铁鞋无觅处，得来全不费工夫。我即刻与佑成先生联系，得知他挂笔近30年，原本此生不打算再写什么，终因挨不住友人相劝，在70岁这年，将经历过的一些事记录下来，与朋友们分享。他拒绝了我提出将文章发表的建议，说既然我做相关研究，尽可以拿去用。我坚持说，要发表了才好引用，要让更多的人读到。《经济观察报》于

2018 年 6 月发表了刘佑成先生的文章，并建议我写一个推荐语。我理解，并非是因为我有“资格”推荐，而是出于某种历史延续性和需要阐释的意义。在简单介绍了之前的情况后，我写道：

“作为研究者，面对这样的‘热闹’，总感到有些遗憾：1984 年莫干山会议，渐行渐远，物是人非，存在与会者难免失真的记忆，而纠正这样的情况，将相关研究深入下去，需要有新的和凿实的历史记录问世。终于，封笔二十八年的刘佑成先生‘现身’。他以会议主办者的身份和角度，基于当时的工作笔记，写出《莫干山会议始末》，为研究者和公众提供了直接、丰富、多元的文献和信息。至此，这一曾经直面社会改革基本问题、掀起头脑风暴、汇聚思想能量，带有时代标志，并为很多人带来崭新历史机会，青年经济学人举办的第一次全国性会议，这一曾经被遮蔽的历史事件，其残缺部分得以很大程度地填补，其图像更为完整地显现。而这一历史挖掘过程，历时十年。刘佑成先生功莫大焉。”

这就是我想呈现的莫干山会议“发掘史”。

再来看亲历者说。华生和贾康两位是较早回忆莫干山会议的。除了在报刊发表文章或出版回忆录中节选的作者，令人欣喜的是，在本书编辑过程中，有几位当事人接受了约稿邀请：像时任国务院价格研究中心研究人员的田源先生；像以工人之身份投稿入选，却因工厂不准参会，愤而辞职，前往莫干山的阎卡琳先生；像操持莫干山会议劳苦功高的时任《经济学周报》编辑的大会秘书长张钢先生等，他们都专门撰文。在约二十位作者中，可以看到因为时间久远，有些自己亲身参与的经历忘记了，而较多地趋向于写被众人反复强调的事件。这可能也是某种“记忆”模式，于是，也形成了某种“叙事”。而这种叙事是符合史实的，还是建构出来的？都值得进一步研究。正如前述孙方明先生的批评。而亲历者身份、来源的多元化，可以一定程度地增加记忆的丰富性。像阎卡林先生和阎淮先生的讲述，一个是地方工厂青工，一个是中组部青干局官员，对同一事件的反映放在一起格外出彩。而孔丹先生，时为张劲夫先生的秘书，与总理秘书李湘鲁先生俩人上会，以及在青年和领导之间所做的沟通，则是另外一个难得的角度。此外，我也在学术网站上搜索到一篇文章，作者是1984年大学毕业不久，因论文入选而参会的黄汉江先生所写的回忆。而能够得到刘佑成先生的工作笔记和翟新华先生会议期间的日记，无疑是相当宝贵的一手资料。

伴随着莫干山会议的名声，与之相关的历史记忆和书写，也出现了某些新的问题。例如，当你想尽量揭开一段被遮蔽的历史时，总有莫名奇妙的习惯或力量要继续将其掩盖。媒体倾向于强调某些主流经济学家或人物的角色和作用；而对另一些实际起了很重要作用的人物则避而远之。对于这样的现实既理解，又感到遗憾。

本书尊重各位作者的表述，即便有记忆失误，彼此有矛盾处。我想，连同文献集本身，都构成历史记忆与叙事的一部分，而非历史记录和解释的最终版本。

最后，要感谢供稿供图的作者；感谢《莫干山丛书》和东方出版社对这一选题的接纳，当我向许剑秋先生介绍这本书的意图和内容后，他欣然允诺，继而利用我寒假回国的时段，与两位编辑来我家商议，特别是关于原始文献和图片部分的处理事项。并感谢编辑陈丽娜、李鹏飞的辛勤工作。

至于莫干山会议的价值和意义，留待读者和历史来评价，来回味。

柳红

2019年7月4日

写于维也纳，奥地利国家图书馆维特根斯坦－研究阅览室